西田哲学の二つの風光

科学とフランス哲学

山形頼洋・三島正明●著

萌書房

まえがき

第Ⅰ部「西田幾多郎の科学観と数理観」は、文字通り、西田の科学観と数理観について述べたもので、特に、後者を主要な目標としたものである。その際、重要であるのは、科学観、数理観が形をなすための、前提としての世界観である。数理観に行きつくにも、それだけの準備が必要である。このような表題であれば、普通なら、その基礎はおよそは決まっていて、基本的には合意があると考えてよいのであるが、西田哲学に限ればそうはゆかない。西田哲学ではその骨格的な解釈に関してさえ、合意があるとは言えないのである。そこで結局、そのための記述に力を注がざるをえなかった。西田の世界観は、普通に常識とされている世界観とはかなり異なると思える故に、誤解のないように、かつ、少なくとも世界観として認めうるか否か、自分でも納得すべく、検証もすべく、いろいろな局面で検討を加えようとしたつもりである。その意味では、正確な意味で西田哲学そのものであるか否かより、そもそも合理的に解釈できるか否かが、西田が事実としてどう理解し、どう書いたかよりも、事実として合理的に解釈可能か否かが、重要と考えた。それ故に、私の記述は西田哲学ではないと言う人がいるなら、それならそれで一向にかまわない。私自身は、これで西田哲学であると信じるのみである。

以上のような目的のため、各章はそれぞれが別の層をなし、各層が独自の進行をする。それによって、少しずつ、ラセン的に目標に接近するというスタイルを取った。その結果、重複も珍しくなくなってしまった。が、それもあくまで、説明に遺漏なきことを期したのみで、他意はない。そのためには、ヘーゲルではないが、七〇回くらいの検証はしたいところであったが、「あとがき」に書いたような理由で時間切れとなってしまった。なお、序論と第Ⅰ部は、数年前に、「西田幾多郎の科学観と日本の近代」と題して発表したものを下敷として加筆し、中心となる残りの大半は新たに書き加えた。

序論と第一章を併せて、内容的には序論と言うべきものである。特に第一章「歴史の中の科学」では、科学は歴史に含まれるという命題の意義を考えるため、思想史的な話題に深入りしすぎたかもしれない。後の話題に必要な内容は一部にすぎないから、思想史的な話題は、興味がなければ読み飛ばされてもかまわない。第二章「西田哲学の中の科学㈠──表現的、歴史的な世界観──」は、西田の重要な世界観である表現的な世界観について説明したものである。およそ、我々が関わる全てのことはこの表現概念によって説明できる、というのが、西田の見解であるし、筆者の見解でもある。第三章「西田哲学の中の科学㈡──表現の基礎的な構造について──」より、西田哲学の骨格をなす行為的直観が主題となるのであるが、ここでは、西田の基本概念を少し組み変えて、前提、固有の限定という、筆者なりの概念を中心に記述した。行為的直観は、表現のベースに位置する概念であり、これによって表現概念を根底より説明するとともに、その表現が、客観的に成立する根拠について論じる。第四章「表現的世界での論理の成立」に至って、第三章の議論の延長に、初めて命題（言語）表現、かつ、数理的な表現について論じた。これが数学を表現する表現であり、しかも、これが数学そのものでもあるのである。これで、不明瞭な西田の言葉を、多少は明確にできたのではないかと考えている。

第Ⅱ部「西田哲学の中のフランス哲学」は、文字通り、西田哲学とフランス哲学との関係を扱う。しかし、両者の関係とは言っても、それは歴史的研究が課題とするような実証的文献学的関係ではない。関心はもっぱら両者の論理的関係にある。

西田哲学は独特の論理構造を持っている。そのために、その論理の脈絡を辿って内側から西田哲学を理解しようとすると、その困難なことは、まず、絶望的と形容すべき類のものである。その理由として、西田哲学は、西洋の論理から隔絶した、「形なき者の形を見、声なきものの声を聞くと云つた」東洋の論理を体現しているからであるとの見方もあるだろう。しかし、筆者は、論理一般の普遍性からして、このような見解に与することはできない。また特殊的には、たとえ、西田哲学が、西洋哲学の論理と別種の論理を展開しているとしても、少なくとも、西田哲学が西洋哲学を批判しながら、また一面では受容もしながら自己の論理を展開するかぎりで、そのかぎりで、両者の論理は接点を持っている。そしてその接点の近傍においては、論理的な同質性がなければならない。西田哲学がフランス哲学と接するところを手がかりにして、西田哲学の論理の内側に入り込もうというのが第Ⅱ部のもくろみである。いわば、フランス哲学をトロイの木馬とするものである。

なぜ、フランス哲学か、と問われれば、筆者がこの目的のために道具として使えるのがフランス哲学であったというのが主な理由である。また、西田哲学の側にも特にフランス哲学を受け入れる理由があるように思われる。『働くものから見るものへ』の後編から『一般者の自覚的体系』を通じて、紆余曲折を極めた私の考は、此書に於て粗笨ながら一先づその終に達したかと思ふ」とその序に記し、中期西田の終わりを告げる『無の自覚的限定』の中の「場所の自己限定としての意識作用」において、以下の引用に読むように、「ノエシス的限定としてのサンチマンの方向」を取る、フランス哲学を高く評価している。「かゝる自覚の方向に踏み出したのがパスカルであつた、フランスの哲学にはかゝるサンチマンの哲学の流がある。デカルトの『私が考へる』を超越的述語面の自己限定として、『私がある』といふ有の意味を場所的有と解するならば、場所自身の自己限定として自愛といふものが考へられ、それからサンチマンの哲学が基礎付けられるであらう[1]」。

また、西田最晩年の論文「生命」において、「メーヌ・ド・ビラン以来の内的知覚の哲学と考へられるものは、私の矛盾的自己同一の場所的論理の立場から基礎付けられると思ふ。而してそれは逆に場所的論理が内的知覚の事実に証明せられることである」とも述べている。(2)

第Ⅱ部第一章「ベルクソンの持続と西田の行為的直観」では、ベルクソンの持続概念を初期の純粋持続から後期のエラン・ヴィタールまでを通覧し、生命としての持続と物質との関係を、後期西田の行為的直観を限定する弁証法的一般者の限定と関連づけて考察する。第二章「行為的直観とビランならびにラヴェッソンの習慣概念」では、メーヌ・ド・ビランとラヴェッソンの習慣論をめぐって、習慣と行為的直観とを近づけようとする西田の考察を取り上げる。第三章「後期西田哲学における働くことと彼という名の個物――ライプニッツ、もしくは後期メルロ＝ポンティの問題――」では、主観と客観との対立の克服を企てるかぎりでメルロ＝ポンティと西田との共通の努力を取り上げ、働くことを物を作って見ると捉える西田の独自性を見る。第四章「推論式的一般者」は次章の準備である。第五章「自覚的一般者とデカルトのコギト」では、デカルトの「我あり」を、西田の自覚的一般者ならびに叡智的一般者と関係づけながら、論じる。第四章と第五章では、中期西田に論が後戻りするが、それは、後期を扱う中で、中期に帰って考える必要を痛感する問題に遭遇したからである。第五章での考察は、また筆者にとって、西田哲学の研究を通して、アンリの存在論における、超越と内在との関係に新しい観点の可能性を示唆するものとなった。

なお、第Ⅱ部に関して、第五章以外は、すでに公刊した論文に若干の加筆訂正を行ったものである。(3)

二〇〇九年二月

三島　正明
山形　頼洋

注

（1）〈西田幾多郎全集〉第六巻、岩波書店、一九七九年、一一四頁。
（2）〈同全集〉第一一巻、岩波書店、一九七九年、三七〇頁。
（3）初出は以下の通りである。
第一章に関しては、「ベルクソンの持続と西田の行為的直観」日本哲学史フォーラム編『日本の哲学』第七号、二〇〇六年、所収。第二章に関しては、「行為的直観とビランならびにラヴェッソンの習慣概念」『哲学年報』第三〇号、所収、*Societas Philosophiae Doshisha*, 二〇〇七年、所収。第三章に関しては、「後期西田哲学における働くことと彼という名の個物――決済されていた後期メルロ＝ポンティの問題――」『文化学年報』第五七輯、クラウス・シュペネマン先生退職記念論文集、同志社大学文化学会、二〇〇八年、所収。第四章に関しては、「西田哲学における推論式的一般者」『文化学年報』第五八輯、吉田謙二先生退職記念論文集、同志社大学文化学会、二〇〇九年、所収。

西田哲学の二つの風光——科学とフランス哲学——＊目　次

西田哲学の二つの風光

——科学とフランス哲学——

第I部

西田幾多郎の科学観と数理観

序論

西田幾多郎は、創造者の面影を持つ哲学者という意味で、日本では異色の存在である。しかも、東洋的な色彩が見え隠れする。西田哲学は西洋哲学史の範囲には収まり切れず、単に西洋哲学として扱うと、背景を見失うであろう。その意味では、広くは東アジアの精神史的な風土の中に、狭く取っても幕末以後の精神史の中に浸して見なければ、背景を見落とす可能性がある。しかし、流布されている何らかの東洋の精神史の中に、西田哲学を位置付けるようなことは、日本の哲学を後戻りさせることだという、三木清の指摘（三木清「西田哲学の性格について」〈全集〉第一〇巻、岩波書店、一九六七年）もあるし、それは正しい指摘であろう。

西田哲学は近代哲学である。哲学である以上、精神史的な環境とは独立した内容を持たねばならないし、持っている。即ち、西田哲学のもうひとつの顔は、当然、哲学としての普遍性である。西田哲学の主要な傾向は、日本や東洋を持ち出さなくても、西洋哲学史に沿った説明も十分に可能である。西田哲学は、西欧近代を問題視し、直接、経験的な立場から出発する、十九世紀中葉以降の一般的な傾向の中に、現象学とも共通する環境の中に誕生した哲学である。その上で、西田哲学には、西洋哲学史上の位置などはるかに踏み越えたところもあるのである。そしてその部分こそが、西田哲学の本領であるし、我々の話題も、基本的には、そのような意味に沿った哲学そのものである。西田哲学は、戦中は右翼の批判を受け、戦後は、戦争に協力した哲学として批判にさらされ、やっと、ここしばらく再評価の目が向けられ始めたところである。戦中の批判に耐え、戦後の、マルクス主義からの批判のみならず、数十年にわたる冷笑に近い扱いにも耐え、没後五〇年を経た二十世紀が終わる頃になって、わずかずつではあるが、熱い視線が送られ始めたのである。一旦は時代から見捨てられたように見えても、自律的な内容を持つ哲学は、いずれ、時と所を得ることもあるのである。

しかし、かといって、哲学がその背景と独立に生まれることもない。東洋の一角で、急速に近代化を進める中に生まれた哲学、という側面は無視されるべきではない。もし、西田哲学に世界性があるとすれば、そういう環境を背景とした結果の世界性である故である。前近代の哲学だと評されたこともあるが、その実、近代を超える大きな射程を持つとすれば、それも同様の事情によるであろう。混同されることさえなければ、精神史的な背景の考察も、哲学にとって重要である。特に西田哲学の場合、そういう面は大きいのである。

単なる西欧哲学の模倣ではなく、日本で成立しうる哲学、あるいは成立すべき哲学には、どのような条件が必要であろうか。この小論は、それを問う場ではないが、そのような哲学は、少なくとも、自らの伝統との関わりを持たねばならない。日本にも、もちろん、見るべき伝統は存在している。にも拘らず、それは、明治以後の哲学者にとって、自国の、哲学史としての意義を持っていない。少なくとも、西欧の哲学者にとって、西欧哲学史が持つような意義を持っていない。いかなる哲学者も、本来、伝統は伝統として、その上に生きるべきであるが、そのことが簡単には成り立たないのが、近代日本の特殊事情である。これに対して、西田哲学は、東洋の伝統とのつながりを持ち、なおかつ、西欧の哲学史を学び、その上に築かれた、独自の思惟である。その結果、西田哲学は、日本の伝統と、西欧哲学とを媒介する役目をも果たしうる位置にいる。

そのような結果を生むには、西田の世代的な環境も大きく寄与しているだろう。青年期、西田は自由民権運動に参加することはなかった。しかし共感を持ってこれを見たことはたしかである。ところで、この民権家たちは、いかなる思想、いかなる主体を持って戦ったのであろう。それが旧態依然たる儒学であった故の欠陥を言う人も多い。

まとまった思想としては、何もないに近かったかもしれない。しかし、彼らは、滅びつつある儒学と、渡来の知識とを主体的に受け止めて戦ったのである。西田は維新の世代に続く世代である。儒学の伝統は未だ完全に消え去ってはいない。と同時に、洋学は前世代のように単に翻訳ではなく、本格的に導入され始めた時代に当たっている。日本の学問の揺籃期を築いた世代であり、西田自身がそのひとりである。この世代にとって、旧世界はあくまで滅びゆく世界であった。旧世界の学問は、衰退しつつあるものである。不動の伝統ではありえない。かといって洋学が無条件に信じうる学問とも思えない。つまり、この世代には、同時代性を持った思想が与えられることはなかった。滅亡しつつある過去のものであるか、外国のものでしかない。西田の世代にとって、このような、しっかりとした、同時代性を持った思想の欠如という状況は、不幸なことであったに違いない。しかしながら、そのことが、この哲学の骨格を生み出したとも言えるのである。単に、西欧文化の紹介者に満足する多くの学者にとっては、むしろ好都合な時代であっただろう。しかし、哲学者として生きるためには、そうはゆかない。かくて、いずれの方向にも寄り掛かりうる基盤を持たない、徒手空拳という意味でも、西田はたしかに民権家たちの後継者であろう。「自ら考える」という西田の基本姿勢は、資質にもよるであろうが、このような環境とも無関係ではないのである。

この小論では、そのような西田哲学の二面性を踏まえた上で、この哲学の持つ、ひとつの特異な位置を考えてみたい。以下、結論のみを記しておく。それは、西田哲学が、歴史も自然科学も含み、また、この両者の関係としては、科学万能の常識から見れば、転倒とも思える構造を持つ。歴史が自然科学を含み、更に、自然を含むのである(八、一四四、二一二など)(1)。もちろん、そういう意味では、哲学も歴史に含まれる。歴史学が自然科学や自然を含むと言っているのではない。ここで歴史というのは、歴史的な前提の下で、我々の行為によって動いている、現実の歴史的な世界である。抽象的に考えれば、歴史は、分析の対象、解釈されるべき対象でしかないかもしれない。が、事実は全く逆であって、我々の解釈自体が、既に歴史的であるのである(2)。歴史的な世界とは、事実的な世界、そこでの我々の行為による出来事の世界である（一〇、三六九）。故に、科学が歴史に含まれるとすれば、それは出来事の世界の中に成立する理であることになるだろう。結論としてこのことを評価できなければ、それまでである。しかし筆者は、しかるべき条件の下で、しかるべき手続きを取れば、このことは、正当に主張できると考えている。これに関しての西田の考えは、ただそれだけの結論には留まらない。その根底には、表現的、歴史的な世界観があり、何らかの意味で我々が知りうる合理性は、全て、我々が製作的に表現することから始まり、それ以外にはありえないという、行為的直観の考え方によるのである。我々が了解可能な全てのことはこれによる。そして、科学が成立するということは、この表現的な製作によって、実験がなされうることによるのである。故に、このことは単に科学論に留まらない。それは、西田哲学の根幹に関わり、もし、西田哲学が、近代を超えたはるかな射程を持つとするならば、そのことについても重要な一端を担うはずである。

西田は更に、歴史は、数理をも含むと考える。論理は数理の一面であるというのが西田の考えであるから、我々は両者を併せて数理と称することとする。論理主義、直観主義、形式主義といった、数理哲学の既存の見解について、西田は、いずれにも乗ることはない(3)。数学については、普通は、抽象論理をベースに考えるだろうが、西田はむしろ、事実真理の立場から考える（一一、一二六）。そのことは、後述するように、知の成り立ちを全て行為的直観とする西田であれば、当然のことと言えるであろう。論理を無条件に基礎に置いて数学を語ることが、西田の行き方に沿わないのは言うまでもないし、出来上がった言語の構造として、数学を語ることについても同様であろう。論理も言語も、社会的、歴史的に作られて、初めて論理であり、言語であるのである。直観の原理的な意義を認めるという意味では、直観主義との親近性は否定できないとしても、西田の直観は直観主義のそれとは異なる。それに、西田は、無限基数を拒否したりはしないのである。しかも、いずれの見解も、論理とは何か、数とは何か等々の、基本的な問いに対する決定的な答えを持っていない。西田の答えは、ここでは正確には言えないが、科学とは何かということへの答えと基本的には変わらない。科学を成立させる現実の実験に対応するものは、数学では思惟である。論理も、数学的世界も、歴史的な事実の世界、その一面であるのである。行為的直観的に見られる世界である。が、数理的な話題への西田の言及は、今ひとつ不明確に思える。この側面に関して、今、一歩を固めることができないだろうか。そのことが、この小論における、狭い意味での我々のメインテーマである。ここで、論理とは、西田が執拗に追究しようとした広義の論理ではなくて、狭義の論理、アリストテレス以来の形式論理であり、近年は、記号論理として発展し、数学の記述言語となっている論理である。我々は、以後、論理と言えば、このような狭義の論理を指すものとする。

　以上の命題が成り立つためには、まず、哲学は科学を含まねばならない。科学を標榜したマルクス主義も、極論すれば、科学に追随しているかに見える分析哲学も、果たして、歴史や科学を含むと言えるであろうか。現象学は如何。マルクスには、自然も事実上は歴史的なのだという考え方はあるし[4]、後期フッサールには生活世界から科学を見るという考察がある。それ以前に、そもそも、現象学的還元とは、世界の、素朴な、科学的な見方――フッサールによれば、世界を、ただ単に、科学的、因果律的に見ることは、素朴な見方なのである――を、現象学的な見方に還元することと言ってもよいであろう。そして、『ヨーロッパ諸学の危機と超越論的現象学』の頃のフッサールは、科学は、生活世界との脈絡を保たねばならないという視点を持っていた。しかしながら、西欧近代への批判に端を発しながら、その実、主観の側から世界を見るという枠組みから、大きくは抜け出せなかったフッサールに比べると、西田の行為的直観という発想は、はるかに大きい射程を持つのではなかろうか。もちろん、そのようなことが完全に成功していると思っているわけではない。しかしながら、もし、そのことが、一定の水準で遂行できるならば、少なくとも、我々は、自然科学を相対化する眼を持ちうるはずである。その結果、アジアでは生み出すことができず、導入するしかなかった自然科学を、あたかも自分自身で生み出したように、解釈する道も開きうるであろう。更に、そのことは、近代そのものにも拡張でき、東アジアの片隅に住む我々が、西欧近代を、あるいは、既に近代化してしまった自分たちを相対化するための、道しるべにもなるのではないか。西欧近代に関する議論は多く見受けられるにも拘らず、その根幹であるところの、自然科学の全過程を相対化するという議論は、寡聞にしてあまり聞かない。西田哲学が持つそのような部分についても、論じられることは少なかった。もちろん、事は、自然科学に留まらない。更に重要なことは、近代そのものを、如何に捉え、如何に克服するかということである。それは、単に、自然科学が、社会的、歴史的現実に含まれるといった程度で解決する問題ではなく、むしろ、本来の課題は、それを含む歴史的世界それ自体にある。しかし、その前に、西田哲学は、果たして、近代を超えて、未来を担いうる射程を持つ哲学でありうるのか、ということが先決問題であるかもしれない。この小論では、そのような議論にまで入り込むつもりはない。しかしながら、科学を含み、数学を含むという議論の中に、それなりの哲学の普遍性とともに、その射程も見えてくるであろう。

注

(1) 西田は、もちろん、科学的知見そのものに反対するわけでも、無視するわけでもない。科学の結果を前提して、哲学のベースに置くことに反対するのである。物理的法則性のみならず、生物進化の法則性も、当然、認められるべきである。「今日の如き制作的人間の生れ出るには、無限なる過去の歴史的発展が必然の条件でなければならない。そこには何処までも科学的因果の法則を認めなければならない。現実は何処までも科学的でなければならない。物質の法則に従わないで我々は指一本だに動かすことはできないのである。我々が物を作るといふこと、制作といふことは、何処までも物の法則に従ふということでなければならない。加之、我々の制作の基となる我々の身体といふものも、生物進化の法則に従つて発展し来つたものでなければならない」(八、四七三) のであるが、それが全ての基本かというとそうではなく、逆である。「物質的世界を世界と考へるかも知れないが、物質界から我々の自己の生れ様はない。科学者の世界こそ、考へられた抽象的世界である」(八、一七八)。科学も社会的、歴史的世界の中に作られるのである。ごく最近にできた知見にすぎない科学的知識の結果として、歴史は自然に含まれるという、逆転的な命題を立てること、それも、一面には正しい命題ではあるだろう。が、それも、自然は歴史に含まれるという本来の事実を変えるものではなく、その本来の関係を逆転させうるものではない。それは、歴史の近代的な展開に伴って生まれたひとつの命題にすぎない。そのような逆転現象が永遠に続くように見えても、それは現代が「そのように見える」ような、歴史的状況にあるということを示しているにすぎない。そして、そのこと自体、既に、何事も歴史的に生成するということの証明であるとも言えるであろう。なお、以下、参照する〈西田幾多郎全集〉は、第二版で、たとえば（八、一七八）は、第八巻、一七八頁を意味する。

（2）「抽象論理の立場の上に立つ人は、具体的なるものを対立的概念に分析し、斯くして考へられたものを独立の実在であるかに考へ、両者の相互関係によつて具体的なものを再生しようとする。故に具体的なものは、唯、思惟的過程の結果として考へられるのであつて、その出立点となるのではない。さういふ立場からは、時代といふものは唯了解の対象と考へられるだけである。併し時代といふのは、我々の実践の段階でなければならない。過去の歴史的段階、又は全く自己と関係のない世界は、単に了解の対象といふ如きものであらう。併し自己といふものが抽象的にあるのではなく、自己は歴史の或段階に於てあるものでなければならない。考へるということも、その段階に於て考へるのである。いつも具体的な行為的直観の現実が出立点となるのである」（八、四七五―四七六）。

（3）たとえば、論理主義に対しては、「私は数学を単なる論理に還元すると云ふ如き考に同意することはできない。数学の根底に、何等かの意味に於ての直観と云ふものがなければならない」（一一、八八）、「抽象的形式論理から数学的論理へではなくして、その逆であらう」（一一、一〇五）、直観主義に関しては、「私は数学を一歩一歩直観的に建設して、其他を排するといふ所謂直観主義者の考にも同意するものでもない」（一一、一〇六）、形式主義に対しては、「数学の根底に、何等かの意味に於ての直観と云ふものがなければならない。……私は行為的直観と云ふ語を用ゐるが、……その根底に於て、世界の自己表現的過程としての我々の自己の、自覚的直観を意味するのである。……ヒルベルトの幾何学の公理的組織に刺激せられて起つた数学の公理論は、数学に偉大な功績を齎したのであらうが、数学から直観といふものを全然排除し得るのであらうか」（一一、八八）と言い、一般に、「論理か直観かと争ふ前に、論理とは如何なるものか、直観とは如何なるものか。直観と論理とは如何なる関係に立つか。知識とは如何にして構成せられるものか。……今日数学者が有つて居る如き論理や直観の考から、数の全体系と云ふものが真に把握し得らるるものであるか、如何か」（一一、八七―八八）と言うのである。

（4）ここでは、マルクスその人ではなく、マルクス主義者、広松渉の意見を見てみよう。広松の歴史と自然に関する考え方には、マルクス、エンゲルスの「歴史化された自然」の影響があるとしても、西田ともよく似ているのである。「ひとむかし前までの常識では、知覚器官とその能力は人間の自然に属するものであり、従って『人間がいかなる社会、いかなる時代に生きているかということには関わりなく、客体そのものが同一であれば、〝物の世界〟は同様の相で現われる』ものと了解されていた。しかるに今日ではこの近世認識論の前提的了解が維持されがたい。第一・二章でみた通り、人間の知覚器官は生理学的にはほぼ同型的であるにもかかわらず、知覚的に分節して現前する世界は、音の聞こえかたといった次元においてすら、歴史的・社会的に共同主観化されている。このゆえに〝感性的に現れるがままの世界〟をもって〝自然的〟と呼ぶことは、原理的な場面では、もはや許されない」『文化』の側を問い返すことによっても、われわれは同様な事態に当面する。……ちなみに、未開文化における神話的・呪術的世界観という場合、この文化形象たる神話的・呪術的世界なるものは、未開人たちの想像力のなかにあるのではなく、彼ら未開人がこの神話的・呪術的世界のなかに住んでいるのである。それはまさしく、彼らの眼前に知覚的に展らける世界なのであり、アニミスティックな相貌で日常現われるこの〝神話的・呪術的世界〟に彼ら未開人が内存在し、それと対象的実践的に関わりあっているのであって、彼らの眼前に展らける世界（この意味で彼らの〝大自然〟）は既にして彼らの文化なのである。われわれが内存在するところの世界（大自然）も同様な意味において我々の文化形象である」。「……こうして、自然の側から考えても文化の側から考えても、われわれは原理的な場面では自然と歴史とを二元的・領域的に区分することはできない。われわれはもとより常識的な意味では自然と文化とを区別するし、況や〝自然〟の即自的存在を奪うものではない。ましてや、人類が生誕する以前には世界は空無であったなどと主張しようとするものではない。われわれがここで確認しておきたかったのは、自然と歴史との二元的領域的峻別が悖理だということとそれ自体ではなく、人びとが『大自然』として私念しているところのものが既にして歴史的・社会的に共同主観化された文化形象であるということである」（広松渉『世界の共同主観的存在構造』講談社学術文庫、一九九一年）。このような見解から、西田のような、自然は歴史的世界に含まれるという考えまでは、あと一歩であろう。西田と広松とは、外見的な隔たりにも拘らず、内実では親近性が少なくない。自ら課題とする哲学への邁進。近代への批判。とりわけ、主観、客観という近代の枠組みへの批判と、独自の認識論の提案がある。認識論はもちろんとして、後期西田哲学の基本的な考えの底には、行為的直観に見られるように、行為がベースとなっているのであるが、広松は、その点は少し異なり、少なくとも、類似の意味でのキータームとしては、広松には行為という概念は欠けている。のみならず、ベースとなる四項組織と称するその全域は、あくまで意識の範囲にすぎない。他方で、広松は西田の論じなかった、細部を含めた、広い論域を持っている。もちろん、広松の物象化論に相当するような立論は西田にはない。世界を如何なるものとして了解するかという観方についてもよく似たところがあり、西田の表現的、歴史的な世界観に対して、広松も、親近的な、社会、歴史観を持っている。冒頭の引用はその一端と言えよう。結果として、実体的な世界観は否定されるのである。広松の用語では物的世界観に対する事的世界観と言われる。そして、両者の、科学、数学への傾斜。西田は、どちらかというと、数学、物理、生命論に均等に、広松は物理にという傾向の違いはあるが、いずれも、科学への強い関心が認められる……等々。ふたりの比較は、かなり広範囲で、かつ、深いところで可能と思える。西田の表現的な世界観、ひいては、行為による表現的な製作が、全ての始まりであり、我々の持ちうる文化現象はそれを外れることはないという行為的直観の考えには、マルクスの影響があるかもしれない。ただし、マルクスにとって、人間的活動であると同時に、物象化への第一歩でもあったものは、西田にとっては、人間が人間であることを獲得した原理的な構造であり、その分析こそが全てで、まさにそれが、行為的直観の構造であるのである。そのような意味では、両者は力点がずれている。他方で、広松は、後期の西田を読んだことはあるようだが、どこまで読み込んでいるかは明確ではない。一例として、意識に関する考え方についても、両者は類似している。いずれも、通常の意識より範囲が広く、公共的であるのである。西田の言い方でも意識は公共的であり、広松の用語では、意識の各自性（意識は、個人的な意識として閉じられているという、近代での常識的な見解）への批判が重要な主題となっている。が、広松は、必ずしも西田をそのようには評価していないようである（広松渉＋マイケル・サントン「西田哲学と東西の哲理」『現代思想』一九九三年一月、青土社）。これも、西田には意識の外部があり、意識は一部にすぎないのに対し、広松にはそのような視点が欠けていることと対応しているかもしれない。以上のように、ポイントの置き方に差はあるが、両者の親近性は否定できないのみならず、両者を補完的に考えれば、相互の理解にメリットはあるだろう。

第一章　歴史の中の科学

第一節　自然科学の導入と自然観の変化

明治以来、我が国は急速に西洋文明を取り入れてきた。科学技術はその目玉であろう。自然科学は、ギリシャの自然哲学以来、西洋の長い伝統の末に産み落とされたものである。しかしながら、日本に伝来した科学は、結果としての科学であるにすぎず、産み落とされるまでの過程とは切り離されざるをえない。自然科学は、人類に共通の普遍的な認識として、世界観とは関係がないと考えられがちである。しかし、自然科学も、決して、世界に関する、普遍的な見方とは限らないし、また、唯一の見方でもないのである。歴史的に人が作ったものである以上、世界観と無縁ではありえない。世界観を伴う以上、無条件に呑み込めるものでもない。東洋では自然科学を生み出せなかった。それにはそれだけの理由があるだろう。ただ、単に、遅れていたというのみではなく、世界観的な理由があるに違いない。もしそうであれば、自然科学を目玉とする西欧近代の受容は、東アジア固有の精神風土の破壊を伴い、そこに、痛みを伴わなかったはずはない。それどころか、今に至っても、なお、条件は同じにはなりえていないのかもしれない。それにも拘らず、そういう証言が少ないのは、歴史的に、受容の必要性には論を要しなかったこと、受容に、目立った抵抗もなかったことなどで、事の全貌が、見えにくくなっている故ではなかろうか。

　そこで、まず、自然観が問題となる。西欧近代の自然観は、典型的には二元論的である。しかし、そこで問題となる自然観の違いは、単に東西の違いに留まらず、西欧近代が先行したことが前提となる。少なくとも、明治以後に関しては、日本の自然観の変化は、先行した西欧に対して、遅れた日本という対比の中で理解されるべきであろう。たとえば、〈自然〉という概念がある。伊東俊太郎に従えば、もともと、〈自《おのずか》ら〉と読まれ、その後、〈じねん〉、〈しぜん〉と、呉音、漢音で読まれても、ほぼ同じ意味を保っていた。〈自《おのずか》ら然る〉、自然と言ってもよいであろう。それが、幕末を経て、明治三十年代に至って、現在の対象的な、自然科学的な意味を含み、ネイチャーの訳語としての自然概念に変わったとされる（伊東俊太郎「自然」『一語の辞典』三省堂、一九九九年）。従来の自然にも、対象的な自然という意味は含まれてはいただろう。しかし、〈自ら然る〉という意味での自然は、対象的な自然とは系統の異なる自然であった。そのような〈自然〉概念が、明治年間に大きく変わり、特殊な観点であった、対象的な見方の方が主流となってしまったのである。

　そのように考えれば、我々の精神風土は、相当に大きく変わらなければ、自然科学は受け入れにくかったのかもしれない。もしそうであれば、自然科学的な世界観が世を覆い尽くした場合、たとえば、西欧ではかろうじて保持されている倫理は、日本でも同様に持続できるであろうか。そのようなことは、既に、過去に属することのようであるが、我々は、実は、科学的世界観を、信じ切ってはいない。しかし、自ら自然科学を生み出した西欧に比べれば、即物的に信じている度合いは、はるかに大きいのではなかろうか。そして、本当に、それを信じるしかないとした場合、どうなるであろう。様々な疑問は残るのである。我々は、科学を飼いならすには程遠く、やっとその旅路についたばかりなのかもしれない。

ところで、このような議論をする場合、その範囲は、果たして、単に自然に限ってよいのであろうか。当然、自然も含まれるだろうが、敢て言えば、むしろ、社会、歴史的な概念、更に言えば、共同主観的なもの等々といった側面が重要となるのではないか。自然観と言う時には、狭義に自然観というに限らず、むしろ、文化、社会の型を含めて、広く問題とされるべきである。〈自ら然る〉、自然とは、対象的な自然ではない。いわば、社会、歴史的な世界であり、共同主観的な側面を持っている。問題はむしろそこにある。それは、単に自然観の問題に留まらず、倫理観にも対応しているのである。そこで、〈自ら然る〉、自然が、対象的な自然に覆われた結果、本来の機能が麻痺し、ついに、対象的な自然は、社会、歴史的な世界の中に位置付けられるべき、構造的な回路を失うことになるだろう。その回路を確保し直す余裕もない近代化の結果、神なき、我々、日本の場合、自律的な倫理を持つ基盤も失われるのではなかろうか。かくて、問題は、むしろ倫理観であることになる。日本人の自然観は、維新以後、近代化に伴って大きく変わり、少なくとも、表面的には、西欧近代が日本を覆い始めたのである。

西欧では、神は死んだと言われつつ、まだ広範にキリスト教の伝統が残っている。とするならば、倫理が成立する回路は、まだ失われてはいないのかもしれない。日本とは事情は異なっている。日本には、キリスト教の神のように、見えやすい座標はない。西欧近代の枠組みは、そこからキリスト教の伝統を抜いてしまっても、その中で倫理を育むことが可能であろうか。日本では明示的な倫理観の基準はどこにあったか。儒学の伝統は西欧の倫理に太刀打ちできる内容を持っていたが、明治の間に視野から消えてしまった。東アジアの倫理を明示的に示していたものは、幕末までは、儒学の古典くらいなものであろう。そこで浮上するのが国民道徳論である。部分的に儒学の血は引いているが、安直な国民道徳が、有史以来の伝統を持つ西欧の倫理に敵うはずもない。日本の迷走はここから始まったと言えば、言いすぎかもしれないが、日本人はここで相当に難しい場に立ったと言える。かといって、西欧の近代的な自我が身に付いたわけでもない。それを可能とするためには、ギリシャ、ローマの伝統も、キリスト教の伝統も、全てそっくり受け継がねばならず、したがって、それは現実に無理なことである。

現在、マルクス主義も、唯物論も、往時に比べて見る影もないが、分析哲学は言うに及ばず、どんな系統の哲学者たちも、平均的な世界観の枠組みとしては、何らかの形で自然科学的な世界観を認め、そこから、大きくは出ていないのではなかろうか。哲学者は違うとしても、少なくとも平均的な一般人の意識としては、結論的には、自然科学的な世界観を離れようがないだろう。それはそれで仕方のないことである。しかしながら、その場合、やはり、日本の古典的な倫理観は成立ちにくいだろう。そのことは、自然科学が導入され始めた明治期、西田の青年期には、特に大きな影響を及ぼしたはずである。

第二節　科学を哲学に埋め込む

そのことは、自然科学そのものへの見直しを迫るものではないし、その必要もない。が、少なくとも、自然科学的な世界観への見直しを迫るものではあるだろう。自然科学が大前提としている物質概念も、人が考え出したものである。自然科学的な世界観などは、たかだか近代に入ってからの世界観にすぎないし、日本では、明治以降、西欧文明の導入以降に主流となったものにすぎない。言うまでもないことであるが、我々は、日本的な伝統の復活を企図するつもりはない。では、その見直しは、如何にして可能であろうか。要は噛み砕けばよいのだから、時間が解決するとも言えるだろう。が、自然科学はなかなかしたたかで、無手勝流では手に負えないであろう。俗に、科学的でないことは、虚偽の同義語であるかのように言われることもある。しかしながら、科学は決して真理の同義語ではないのである。日本では、科学は、何か、単に、事実的に、〈ある〉ものに関わる学問という域を出ず、ややもすれば発明発見物語と見られ、自然認識という、文化の問題として見る意識が乏しいのも、自ら生み出したものでないことによるのだろう。故に、この見直しは、科学自身の自律的な発展にもつながるであろう。

最もよいのは、西欧近代のように、自然科学を生み出す過程を、自ら経験し直すことである。しかし、今更、言うまでもないことではあるが、事は、既に過去に属し、もはや経験し直すことはできない。しかしながら、たとえ、論理の上に限っても、別の可能性があることを知ることは無意味ではない。そこで、次に考えうるのは、自然科学を、その起源に遡って理解し直すことである。ありうる簡単な方法は、自然科学を、然るべき哲学の、然るべき場所に埋め込むこと、これである。広範に認められうる、可能性を秘めた哲学でなければならないことは言うまでもない。それによって、自然科学の意味、あるいは更に、西欧近代の意味を、新しい、より深い光の中で見直すことが可能となるだろう。

では、自然科学に対して、そのような位置付けをしうる哲学はあるだろうか。西田哲学は、格好のサンプルとなりうると思われる。哲学が、近代哲学としての本来の資格を持つには、自然科学を含まねばならない。野家啓一は、西田哲学が自然科学の受容過程と同時並行的に進んだこと、それ故に、陰に陽に、自然科学との格闘の跡が残され、それが彼の科学哲学につながることを、結論的に、次のように述べる。「彼の初期から晩年に至る強靭な思索の軌跡の中には、主題的ではないにせよ、陰に陽にその格闘の後が残されている。それは同時に、近代日本において自前の『哲学』が確立される道程でもあった。西田はわが国最初の哲学者として、科学の受容と同時並行的に科学の批判的吟味をも自らの課題として引きうけなければならなかったのである。それゆえわれわれは、科学の哲学的基礎付けという広い意味での『科学哲学』を、半世紀にわたる西田哲学の展開のあらゆる場面に見て取ることができる。いわば西田は、西欧二〇〇〇年にわたる哲学と科学との緊張関係を軸にした系統発生の歴史を、東洋人としての彼一個の哲学の個体発生において反復してみせたのである(1)」。

その結果、西田哲学は、歴史的な世界に、自然科学を埋め込む哲学となりえたのである。そのことも、小論のひとつの主題ではあるが、しかし、そのことについて、事実としての西田哲学は、ディテールまで入れば十分な記述ができているとは言えないかもしれない。そうすると、望むべきは、あるべき西田哲学に語らせることだろう。しかし、実は、よく探せば、西田自身、あちこちで、かなりの内容を語っているのである。しかし、章の区切りも明確でないこの哲学では、一般の哲学論の中に分散して埋め込まれているため、全貌を追うことは容易ではないが、それをまとめて見るだけでも、かなりの、説得力のある内容を備えているのである。

　西田哲学は、自然科学を位置付けるのみならず、論理も、数学も、自家の哲学の中に位置付ける。しかし、特に、論理や数論については、自然科学以上に、西田本人が成功していないように思える故に、それを明確にするのは、更に、大きな困難を伴うであろう。西田自身は、論理も、行為的直観のある側面、しかも、むしろ、勝義に行為的直観として位置付けうる（九、二八〇）とするのであるが、そのことについても、「論理と生命」（全集第八巻）以来、最晩年まで語り続けているにも拘らず、必ずしも、明示的には語りえていない。それに、西田は、実は、科学、数学に留まらず、生命論も重視していて、しかも今までの議論から想像できるように、科学や数学よりも、生命論を、より根源的と見ている節もある。生命は、構造的に、社会、歴史的世界と、物理的世界との中間点に位置するものであるのである。しかし、生命論については、また稿を改めたい。それ故に、我々が、自然科学と言う場合には、物理学、化学系のそれ、特に実験による検証が可能な範囲の科学に限ることとする。科学を含むという議論のためには、当然、科学を記述する論理と数学をその中に位置付け、したがってまた、含まねばならない。それ故に、我々は、どちらかというと行為的直観になじみやすく、それ故にまた、相対的に成功しているように見える科学よりも、より、位置付けが不明確に思える、数理の基礎を固めることを、この小論の目標とするのである。我々の目標は、まず、西田自身の言葉を寄せ集めても今ひとつわかりにくい、その真意は何であろうか、ということである。それが最低限の目標であり、それ以上の望みはなるべく持たないことにする。そんなわけで、ここでは、範囲を狭め、なおかつ、なるべく、ディテールには入らず、発想レベルを重視して議論することとする。西田自身は、量子力学の観測問題などにも多大な関心を払うのであるが、これも我々の視野からは落ちることになる。ただし、西田は、量子力学によって、古典力学の抽象的世界観が真に歴史的となったと考えていて、その主旨は外さない。しかし、後半、第三章以降は、用語も必ずしも西田に沿わずに論じるため、つい、筆者の意見に引き寄せてしまう部分もあるかもしれない。それで、本来、このような議論には、全集第一一巻、『哲学論文集第六』を中心に議論すればよいのであろうが、以上のような理由で、ここでは、主に、第七～第一一巻、即ち、後期西田哲学の全巻を均等に参照しつつ、議論を進めてゆくことにする。このような事情にも拘らず、西田哲学を話題にするのは、この哲学の射程に、大きな可能性を感じるためである。しかし、いずれにしても、そのような哲学はそんなに多くはないはずである。ヘーゲルは如何、マルクスは、分析哲学は、現象学は、……と、確かめてみるだけでわかるはずである。第一、科学の哲学的な理解が、「科学哲学」という狭い形でしか扱えない現状こそ、問題であるのである。

　それはさておき、少なくとも、西田哲学が自然科学を含むとするならば、その考察は、日本における、西欧近代のやり直しの実験をも意味すると言えるだろう。たしかに、事実として、アジアでは、自然科学は生まなかった。それは、西田の考えでは文化の違いによる[2]。しかし、生みえないということではないだろう。アジアの精神風土と矛盾なく、東西を深い部分でつなぐ場の中に、自然科学を埋め込むことができれば、そのことの証明に代えうるだろう。一般的に、社会的、歴史的な世界に埋め込むことができれば、結果的にそのことをも含むはずである。既に指摘した通り、西田哲学は、日本の伝統と、西欧哲学とを媒介する役目も果たしうる位置にいるのである。そこで、もし、そのような埋め込みに成功すれば、西欧において、西欧中世以来の、あるいは更に、ギリシャ以来の経緯を以て育まれた自然科学は、同時に、アジアの精神風土の中で、現実に生み出されたことと変わらないことになる。その結果、自然科学の条件としては、必ずしも、西欧近代も、西欧の伝統も、必要ではなくなるだろう。そして、また、そのような哲学は、日本では、近代化の過程で切れてしまった、諸々の回路の哲学的な回復という課題をも担うことになるであろう。

西田自身はそんなことは言っていないし、(3)そのようなことが簡単に実現するはずもない。が、そのような可能性も含むと考えたい。哲学にそのような精神史的な課題を求めるのは、一種のミスマッチとする向きもあるだろう。しかし、必ずしもそうではない。哲学は、もちろん、その内容にもよるわけであるが、一旦、時と所を得れば、事物を一変する力を持つこともありうるのである。プラトン、アリストテレスが、中世ヨーロッパに与えた影響を、そして、引き続き、現在にまで与え続けている影響を一瞥すれば、わかるはずである。

分析哲学のように、結果としての科学に沿い、出来上がった言語の構造に沿うことができれば、哲学者にとっては安心なことであろう。哲学の環境が、科学の進歩に後押ししてもらえるし、足元を掘り崩される心配もない故である。しかし、科学も結果としては対象化された知にすぎない。対象化するものは外に前提として忘れられている(八、二一六)。現実の世界は事実的な世界である。事実的な世界は可逆的とは限らないが、科学的に記述された世界、対象的な世界は、可逆的な世界である。科学は進歩する。そろそろ、意識についても説得力のあるコミットをし始めるかもしれない。しかしながら、科学によって、〈今、ここ〉(4)の現実を構成することはできない。連綿として続き、厳然として、〈今、ここ〉に成立する、社会的、歴史的な世界は、科学で構成することはできない。(5)社会的、歴史的な世界は、科学で扱えるような形で、決定されることはない故である。科学で扱えるには、まず決定されねばならない。他方で、事実的な経験がもたらす、その時毎の一面的な像に対して、科学は、反対側や、左右から見た像を補完して、たとえば、経験を、数直線的な、時間、空間座標内の存在に置き直し、結果として、合理的、数学的な命題の形で説明する。現実は、ひとまず物質のような抽象的な要素に置き換えられる。分子でも原子でも素粒子でもよいし、古典的に剛体でもよいが、現象は、そのようにして対象化された知で置き直される。それは、既に、社会的、歴史的な、具体的、非可逆的な世界ではない。科学とは、そのような意味で、歴史的世界の中に表現される、一種の抽象的な世界である。これに対して、社会的、歴史的世界はそのことを行う現実の場であるから、これを科学的に扱おうというのは本末転倒にすぎないのである。

可逆的な科学理論の中に、〈今、ここ〉に生きることを位置付けるのは不可能である。〈今、ここ〉としての歴史的な世界は、科学理論の中には位置付けられない。事実は絶対的である。現実の世界は、科学よりも、広く、かつ深い所にあって、科学では包括できない。かといって、それは、科学の彼方に想定される本質ではない。もっと、ずっと手前、〈今、ここ〉に生起する、事実的な世界である。西田哲学は、つねに、この、〈今、ここ〉を離れない。この、〈今、ここ〉こそ、哲学が、全ての問いを問いかける、始まりであり、終わりである。判断にしても、〈今、ここ〉から始まる。(6) 哲学は、そのような現実の世界を離れてはならないのである。

西田の考えでは、――そして、筆者も、この方が正しいと考えるのであるが――、分析結果としての、論理や科学の世界よりも、分析以前の現実、〈今、ここ〉での現実の方が先である。〈今、ここ〉の現実を含んで、社会的、歴史的な世界が成立する。社会的、歴史的な世界が前提され、その上に、自然科学も築かれるのである。歴史が科学を含むとは何を意味するか。科学が成立するとは、社会的、歴史的世界において、現実に科学的な実験が行われ、その結果として科学が検証されるということを意味している。そのような形で、科学は、我々の、社会的、歴史的世界の一面にすぎないのである。分析結果としての、自然科学的な法則が先なのではない。これは、現代の、ある種の常識からすると、転倒して見えるであろう。科学万能の今日、多くの常識は逆と考えるかもしれない。しかし、西田の考えはそうではない。(7) そして、このような順序の上に全てを説明しようという西田の姿勢は、生涯を通じて変わっていない。ここの所は、西田哲学を理解するか、つまずくかの第一関門であり、なおざりにできないところなのである。もし、科学がそれ自身で、歴史成立以前の、事実的、客観的なものを反映するとするならば、数理はどうなるのであろう。それもやはり、歴史以前の客観的な法則となるのだろうか。とすれば、非ユークリッド幾何学はどう解釈すればよいのだろう。客観的なものではないとするならば、数理は単に主観的な範疇となるのだろうか。もちろん、いずれでもなく、西田の考えでは、論理も数学も、社会的、歴史的に成立するものなのである。西田が、科学の法則などより手前にある現実を、どのように理解しているかは、次の言葉から想像できるだろう。そして、このような考え方は、既に『善の研究』以前の時代からのものだったことも了解できるだろう。

フェヒネルは或朝ライプチヒのローゼンタールの腰掛に休らひながら、日麗に花薫り鳥歌い蝶舞ふ春の牧場を眺め、色もなく音もなき自然科学的な夜の見方に反して、ありの儘が真である昼の見方に耽つたと自ら云つて居る。私は何の影響によつたかは知らないが、早くから実在は現実そのまゝのものでなければならない。所謂物質の世界といふ如きものは此から考へられたものに過ぎないといふ考を有つてゐた。まだ高等学校の学生であった頃、金沢の町を歩きながら、夢見る如くかゝる考えに耽ったことが今も思ひ出される。その頃の考がこの書の基ともなつたかと思ふ。(「『善の研究』版を新にするに当って」)

これは眼を病んだ物理学者のテオドール・フェヒネルが、物質の世界は、目が見えなくなった時にも、ただ、頭の中で方程式を考えれば、それでも十分に把握できること、それと比較して、この、光も色もある、昼の光景に驚くとともに、この昼の光景こそが真実の光景であることに気付かされたという話である。もちろん、科学より手前にある現実は、昼とは限らず、明るいとも限らない。が、その場合には、暗さも具体的な現実であり、頭の中で考えられた、方程式の世界とは違うのである。読者はこのことを、たとえば、以下のメルロ゠ポンティの言葉と比べてみるとよい。知覚に傾きすぎた議論ではあるが、後期フッサールの影響の下で、知覚の場に帰ろうとしたメルロ

＝ポンティと、この西田の発想との間には、さほどの距離はないと言ってよい。「われわれはもはや、知覚とは端緒における科学だとは言わないで、逆に、古典的科学とは己れの起源を忘れてみずからを完結したものと思い込んでいる知覚のことだと言う。したがって、最初の哲学的行為は、客観的世界の手前にある生きられた世界にまで、たち戻ることだ、ということになるだろう」（『知覚の現象学1』竹内芳郎・小木貞孝訳、みすず書房、一九九九年、一一〇頁）。

西田には、西欧の哲学に追随できない理由があった。彼は、デカルトのような、心身の二元論も、カント以来の主観主義の哲学も、また、その対極であるところの客観主義も容認できるものではない。客観主義とは、我々が問題としてきた、素朴な科学的世界観に他ならない。主観主義のみならず、客観主義もまた、自己を歴史の外において歴史的世界を対象的に見る、主知主義にすぎないのである。このような近代批判は、西欧においても、既に時代の趨勢であったたし、そのことは今も変わらないだろうが、それは、西欧哲学に対する西田の原則的なスタンスでもあった。それでは、我々が、生まれ、働き、死んでゆく世界ではない。そのような前提の下にいる限り、〈今、ここ〉に生きる、我々の世界を含む、哲学にはなりえないであろう。哲学は、〈今、ここ〉に生きることを中軸に据えなければならないのである。

ところで、〈対象化されたもの〉は〈対象化するもの〉を前提している。が、そのことを忘れて、我々は、対象そのもの見ているつもりでいる。しかし、それでは、結果のみで前提が忘れられている。西田は、そのような自己を、知的自己、意識的自己と言い、また、対象論理とも言う。これが一般に、近代の対象認識のベースとなっている枠組みである。〈科学的〉な思考態度も、結果的には対象化された知にすぎない。対象化する自己を世界の外に置き、世界の外から世界を見ている限り、主観主義である。(8) しかも、その時、その対象化する自己の存在を忘れている。いくら自己を対象化しても、対象化する自己は対象化できずに残る。更に言えば、我々の生きる世界、我々が、そこで生まれ、死にゆく世界も残されている。対象化の方向のみで現実を尽くすことはできない。対象化された自己は、既に自己ではなく、それでは、主観性は免れえないのである。

自己に限らず、一般に、対象的な範疇に対して、非対象的な範疇が想定できるであろう。第一、普通には、社会的、歴史的な範疇は、対象的に論じうるものとして疑わないけれども、その実は、原理的に対象化できないものである。科学は一面に対象的であってもよいが、社会、歴史は、行為的、実践的に参加すべき場であり、行為的に作られてゆくものである。中期西田哲学ではノエマに対してノエシスと言われた側面である。後述するように、そこでは典型的な一面として、製作的な行為がなされ、そのことが対象化につながる。その限りにおいては、社会、歴史についても対象化は可能なのであるが、あくまで、対象的、知的な範囲のみでは、十分には扱いえないのである(9)。敢えてこれを対象的に扱う時、人はどこか場違いの感を残すであろう。従来、この非対象的な領域と、対象的な領域との関係を明確にできた例はないのではなかろうか。この非対象的な、社会、歴史的な世界は、直接には語れない。直接に語りうるのは対象的な範疇にすぎないのである。ただし、この非対象的な世界に扱いについて、西田は、十分に成功したとは言えないかもしれない。が、そのような形でこの問題を踏み越えようとし、少なくとも、その端緒をつかんだことは、西田哲学の大きな功績である。そして、その道筋に沿って、表現的な世界から物事を見直すこと、これは、従来とは異なった、立体的な物の見方の可能性を秘めているのである。

以下、一々断らないが、西田が扱う基本的な概念は、全て、もとは非対象的であると言ってよい。しかし、繰り返すが、非対象的な範疇は直接には語れない。述語や命題とされたものは既に対象化された範疇であり、〈対象化されたもの〉の延長として〈対象化するもの〉を表現することはできないのである。では、そのような対象化できない範疇に対して、我々は、如何にしてアプローチできるのだろうか。このことこそが西田哲学の基本的なテーマであり、そのポイントとなるのが、行為であり、表現である。対象化ということは表現することで、初めて可能とするのが西田の考え方であり、そのことを象徴するキータームが行為的直観なのである。非対象的な範疇とは、具体的には、社会的、歴史的な世界での諸々とも言えるから、歴史的世界に自然科学を含むという我々のテーマも、自然科学をそのような表現のひとつとして理解するという意味となるであろう。ただし、我々のテーマは結果的にはノエシス的な側面ではない。むしろ、対象的な側面、即ち、ノエマ的な側面が主要な論域となるであろう。ただし、そのためには、ノエシス的な行為を基礎にして表現されることが必要となるのである。

西田哲学は、人格的な行為的自己をベースにする哲学である。行為とは結果として表現的となることを含んでいる。が、更に、人格的とは、汝の人格を認めることで自己が自己となり、人格的となるということ、即ち、個の相互限定的な自覚を意味する（七、二五三）。個物は個物に対して個物となるのである。自己は行為的自己であるが、その行為は、更に相互限定的でもあるのである。このことを見ても、西田の場合は、単独の個物、個人的な存在のみでは、意味を持ちえず、社会的、歴史的な構造が基本となることがわかるであろう。個物が個物であるには相互限定が条件とならねばならない。でなければ独我論に陥るしかない。行為に関する論理構造も、相互限定の構造も、第三章で論じられるが、それは、まず、社会的、歴史的な日常性の世界における行為であり、その結果、個物は相互限定的でなければならないのである。

人格についての議論は珍しくはない。西田哲学の場合には、力点はたしかに人格にも置かれている。しかし、人格的と言うにしても、むしろ直接に相互限定的と言った方がよいだろう。問われているのは自己とは何かである。対象化された自己は既に自己ではない。それは知られたもので、真に知るものではないのである。ここまで話を続けてくれば、西田が西欧哲学に安住できない理由を明確にすることができる。それは、〈自己が自己を知るための論理的な形式〉を持っていないことである。知るものとして、どんな認識論的、超越論的自己を立てようと、結果は同じである。知る自己は対象化する自己である。身体的存在は対象化されたもので、自己ではない。では、その、対象化する自己それ自身は如何にして把握できるか。それは非対象的な範疇であり、直接に把握することは不可能なのである。

西田の考えでは、自己とは行為によって基礎付けられるもので、逆ではない（一四、一六二）。更に言えば、行為するものが自己である。[10] 行為的自己が自己であるのである。行為について、まだ何ら定義できていないのだから、ここでは、まだ正確なことは言えないが、何らかの意味で自己と言えそうなものは、全て行為的自己の一面である。身体的な自己も、思惟的な自己もその一面であるのである。思惟も一種の行為だから、思惟するものはたしかにその一部かもしれないが、それだけで自己とは言えない。西田は、知には行為が必須で、知と行為とは不可分離的であり、併せて行為的直観的でなければならないと考える。そのような意味で世界に関わること、それが自己なのである。行為によって表現が確定し、そこに自己が確定してゆくのだから、その行為的な自己が自己であるのである。が、しかし、行為的自己と言うのみで、果たして自己と言えるのだろうか。そう言えるためには、行為的直観は自覚的となり、自己は自覚されねばならない。もちろんそれは表現を通して可能となる。詳細は後回しにせざるをえないが、自覚とは、更に個の相互限定によるもので、したがって、個人的な自覚であり、その時の自覚の論理構造が、〈自己が自己を知る論理的な形式〉と言える（一〇、四八〇—四八一）のである。行為も自覚の形式を伴って成立する（一〇、四八二）。その自覚は、自己が世界の一観点としての自覚であるが、一観点とは、実は、同時に、世界の自己射影点でもあり、それ故に、自覚とは、一面、世界の自覚ともなりうる面を持っている。このように、非対象的な世界に挑む哲学が他にあるだろうか。ヘーゲルは、マルクスは、分析哲学は、現象学は、……。再び、同様に問いかけてみれば、わかるのではないか。そもそも、これらの哲学は非対象的な世界を論じえているか、と。更に、一方で非対象的な世界を語り、他方で自然科学を含むような哲学があるだろうか、と。行為的直観なるものも、自然科学の含み方についても、まして、自覚についても、我々はまだ何ひとつ説明していないのだから、前提を抜きにした議論にすぎないが、西田哲学は、行為的直観をベースとして、その上に自然科学をも含むのである。そして、科学を含むとされる歴史的な世界とは、行為的な世界、非対象的な世界なのである。

西田が考える実在の世界、つまり、我々の世界とは、既に見てきた通り、「ありの儘が真である昼の見方」である。対象的な世界ではなく、したがって、たとえば、客観主義的な哲学が考えるように、物質を実在と考えるのでもない。我々が、そこで、生まれ、働き、死にゆく世界である。そこで、まず、生まれるとは、働くとは、死にゆくとは、が問題とされねばならない。このように言えば、何か、人のライフサイクルの話のようであるが、たとえそうだとしても、対象化された自己が話題なのではない。話題はあくまで対象化する自己である。生まれるとは、対象化する自己としての主観が生れることであり、それが直観に対応する。詳細は後に譲るが、行為的直観と言われる時の直観とは、実は、客観から、主観が生まれることを意味するのである（八、一六六）。あくまで対象化する自己についての議論である。死についても、同様に、対象化する自己の主観としての死である。我々を包む実在とは、我々、即ち、非対象的な自己を成立せしめる場である。我々を生み、我々が、その中で、働き、死にゆく世界である。世界とは、社会的、歴史的な世界であるのである。

西田がよく場所的論理と言う場合の場所は、このような実在と対応している。対象化は表現によって初めて可能となるのであった。それが成立する場、これは、社会的、歴史的世界とも言われ、省略して世界と言われることもあるが、また別の表現として、一般に、場所とも言われるのである。西田は論理を重視し、論理による哲学の回天を企図したような人であるから、場所による哲学を場所的論理と言うが、本来、非対象的な哲学、場所的な哲学とでも言うべきものである。ただし、西田の場所は、そこに結晶する哲学に関してと言うよりも、むしろ、非対象的な世界に即したもので、哲学以前の事実的な場所と言うべきであろう。具体的には、社会的、歴史的な世界である。そこで働くものは、原則として表現的なものである。かくて、西田が実在と称するものは、哲学の成立する場所であり、内容としては、社会的、歴史的世界であり、表現的な世界観による哲学であるのである。

この世界は形で充満していて、その限り、対象化された世界のようであるが、それには、作るもの、対象化するものがなければならない。対象化するものを含んだ世界である。当然、非対象的な世界である。のみならず、作られたものから作るものへと言われるように、作られたものが作るものを作り、増殖してゆくのである。対象化する自己は、直接には対象化はできない故に、当然、同様な意味で非対象的な世界が対象化可能なはずはない。が、しかし、それも、自己が生きる世界であるから、単に、対象化が不可能というのみで済ませることはできない。哲学はそこを問題としなければならないのである。そのことは我々の表現を通じ、自覚を通じて行われる。世界もその結果、自覚すると言えるに至るのである。自己は、実在の要素として、実在の自覚を現実に分担するものである。このようにして、非対象的な範疇たる世界は、対象化する自己を通じて表現され、自覚する。自己とはそのような部分的な範囲にすぎないが、世界を対象化し、自覚するものである。このように言うと、我々、人間的なものの環境として、人に合せた世界を実在として想定しているように思える。しかしながら、単に我々から離れた意味で客観的世界を想定しようとするのは、逆に何らかの対象的な知識をベースとした議論であり、対象的世界での議論を出ることはないのである。[11]

注

(1) 野家啓一「歴史の中の科学――西田幾多郎の科学哲学――」(『思想』岩波書店、一九九五年一一月号)。西田は、最晩年に至るまで自然科学に拘り続けた。自家の哲学、自家の論理によって自然科学を位置付けたかった故であろう。そのため、晩年に至っても、その成果を確認し、発展させたかったのであろう。後期ともなれば、全集第九巻にも、「経験科学」があるし、全集第一〇巻には「知識の客観性について(新なる知識論の地盤)」がある。全集第一一巻は大半が、科学論、数理哲学である。しかし、西田の科学論に触れる研究は少なく、管見に入ったものは、野家啓一の前掲論文(「歴史の中の科学」)くらいである。

また、〈西田哲学選集〉第二巻（燈影舎、一九九八年）の解説も野家が書いていて、全集第一一巻所載の論文について論じている。西田は、行為的直観によって、操作的に、数学を、そして物理的な法則性を位置付ける。それには、それなりの準備が必要だろう。物理学については実験を身体的な操作と見なしうるところがあり、西田の発想に馴染みやすい面があるが、数学を論じるには、より慎重な準備が必要であろう。しかし、全集第一一巻の科学論、数学論は、単に、科学論、数学論と見なすのは早計である。たとえば、フッサールの『ヨーロッパ諸学の危機と超越論的現象学』を科学論と考えるなら、同様に科学論と考えてよいというような意味での論文であって、個別の、科学、数学に関する「論」と言うよりは、むしろ、西田哲学独自の展開と見なければならない。その行為的直観としての詳細、その上での科学論であり、また、表現的なもの、理念的なものの成立の根拠、その上での数理の成立根拠などを主題としているのであって、その意味で、それ自身西田哲学そのものの深化であるのである。西田の論文の表題は、「物理の世界」「空間」「論理と数理」「数学の哲学的基礎付け」といったものであるし、基盤を整えることも、もちろん、科学論、数学論の一部であるが、文字通り、科学論、数学論を扱っていると考えるのは早計である。数学論に限っても、野家の言うように、「リーマン、ヒルベルト、カントル、ブラウアー、ラッセル、フレンケルなど数学基礎論関係の著作や論文はもとより、ファン・デル・ウェルデン『現代代数学』、ハッセ『高等代数学』、ヴェブレン『位置解析』など当時の基本的数学書まで手を伸ばし、それを読破している」のは事実としても、具体的な意味での、科学論、数学論の結論的な議論を望むのは無理である。細部への言及、たとえば、集合論の公理系の解釈などに立ち入ったところも多々あるが、そういう部分は必ずしも成功しているとは限らない。主題となるものは、あくまで、それらを西田哲学で扱うための哲学的な基盤の整備と考えるべきである。野家の言う通り、「おそらく西田にとって、二十世紀に入って大きく変貌した数学や物理学の理論的基礎を解明することは、『行為的直観』と『歴史的身体』を軸に体系化された後期西田哲学の射程を確かめる試金石の意味を持っていたに違いない」と考えてよいだろうが、「西田は最後の仕事として、満を持して科学哲学の主題と取り組んだ」というには至らず、科学哲学という主題は念頭に置かれたとしても、実際には哲学的な基盤の整備に留まるのである。これらのほとんどは、昭和十八年の中旬から十九年の中旬まで、わずかに一年前後の間に書かれたものである。それ以前の論文でも、つねに準備はされてきたことであるから、基礎的な考え方は既にできつつあり、それらをまとめて論じ、一歩を進めたのがこれらの論文である。あくまで中間報告にすぎないと言うべきであろう。が、そのこと、即ち、西田哲学の中に、科学、数学を位置付けたこと、しかも一定の成功を収めたことこそが評価されるべきで、科学哲学も数理哲学も、本格的な意味ではここからである。

（2）「西洋文化と東洋文化を大きく区別すると、客観的と主観的であり、空間的と時間的、有形的と無形的といふように区別することが出来る。……だから東洋には科学は発達しなかった。それは知的客観的にゆかなくては発達しないからである。……東洋文化は主観を中心とし、西洋文化は客観を中心にしたものである。横に広がった文化が西洋文化であり、縦を中心とした文化が東洋文化であるといふように違ふのである。此の両方のものが結び付いたところに大きな世界文化が考へられる。将来の文化はさういふところにあるであろう」(一四、二六〇)。

(3) 西田の主観としては、むしろ、科学と仏教思想との統一を考えていたようである、「私の場所の論理を媒介として仏教思想と科学的近代精神との結合といふことは私の最も念願とする所であり、最終の目的とする所で御座いますが、もうさういふ余力もなくなった様に思はれます。この夏は大分ボケました」(一九、二四九、西田書簡、務台理作宛、一九四三年七月(書簡番号一七九八))。

(4) 〈今、ここ〉とは、必ずしも西田の基本用語ではない。が、西田もこの用語は使用している。「知るといふことも、『今此処に』といふことから出立せなければならない……何時でも今であり、何処でも此処であるから、今此処といふことは抽象的にして無内容とも考へられる。併しそれは今此処といふことを、唯対象的に考へるからである。今此処は認識対象とはならないものである。今として掴まれたものは今ではなく、此処として踏まえたものは此処ではない。併し今此処から事実の知識が成立するのである。実験といふのはいつも、今此処に於てでなければならない。……今此処といふのは考へることによって定まるのではなく、私が身体的に物を見て居る所が今此処であるのである」(八、四三四—四三五)。

(5) 「併し近代科学の立場といふのは、何処までも一般的なるものが自己自身を限定することによつて、個物を限定しようといふ立場である。現実の底に一般的法則を見ようとする立場である。かういふ立場から何処までも個物的なるものを考へることはできぬ、真に時間的なるもの、生命といふ如きものを考へることはできぬ。而も現実の世界は何処までも個物的でなければならない。現実は生きものでなければならない。何処までも自己自身を決定するものでなければならない。単に一般的なるものは可能の世界たるに過ぎない。真に働くものといふのは生きたものでなければならない。生命といふものを自然科学的に説明するといふことは、之を物理的・科学的世界に還元することに外ならない」(七、二二二)。

(6) 「私が此処に生れ、此処に居るといふことから事実的判断が成立するのである」(八、三二六—三二七)。

(7) 「是迄の多くの人の考へ方は、色々な自然科学とか精神科学とかいふものを考へ、それに由って考へられた世界から此の現実の世界といふものを考へようとした。或は自然科学的に考へ或は唯物論的に考へて物質を世界の本質であるとしたり、或は世界の根底は精神であるとして唯心論となった。併し唯物論や唯心論の立場といふものも、現実の立場に於て我々が考へるところから生じて来るのであるから、其の前に我々の現実の世界、日常の世界が何であるかをよく掴んで見なければならない。そして其処から学問、道徳、宗教などの立場を考へていかなくてはならない。我々の最も平凡な日常の生活が何であるかを最も深く掴むことに依つて最も深い哲学が生れるのである」（一四、二六七―二六八）。論理についても、論理の形式から現実を見るのではなく、現実から論理を見るべきなのである。「我我は今一度論理発生の歴史的現実に返って、考へて見なければならない。或は然考へるのが、既に論理の形式によつてではないかと云はれるかも知れない。我々は現実から推論式的に考へるのである。哲学は現実の深い直観的分析から出立せなければならない。推論式的に世界を考へると云ふ前に、論理は論理自身を反省してみなければならない。私は今日、論理の自覚と云ふものが必要であると考へるのである」（一〇、四四八）。

（8）「要するに、働く自己を世界の外に置くことによって科学が成立するのである」（八、二一六）。

（9）西田にとって、哲学とは回天の事業なのであろう。その論文とは、考え終わったことを積み上げて書くことではない。つねに、書きながら考え、思惟する内臓をさらけ出していた人であった。それ故に、書かれたものは、その時点での結論でさえない場合も多いであろう。しかし、そうは言いながら、西田の表現は、通説とは異なって、相当に厳密であり、一語、一語、かなり正確に書いていて、各々の時点での神経は行き届いている。が、その論文は、文体は雄渾ではあるが、あくまで過程にあるもので、一連の著作に共通の、精製された用語で貫かれているわけではない。その意味では、常識的に考えられる意味での体系構築的な記述ではなく、同じ用語が、食い違う意味で使われることも珍しくはない。実は、用語が分析的になりにくいのには理由がないわけではなく、西田の場合、重心は言葉ではなくて現実である。しかも、その現実とは非対象的な世界である。それでも、哲学が表現される限り、言語に依存しなければならないが、その言語で記述可能であるのは、原則として対象的な範囲にすぎない。しかも、言語は共同的なものであるから、その本来の表現領域を外れて、非対象的な世界を描くには言語は適切とは言い難い。対象的な言語による非対象的な課題の表現は、つねに対象的な意味に誤解される傾向を持つ。そこにこの哲学の難しさの根源があると思われる。

（10）「一般者の自覚的限定」時代の西田に対して、戸坂潤は『京都学派の哲学』で、現象学的と批評したが、西田は、理解のある大変よい批評だとした上で、解釈学的と考えるのも無理はなく、自分はまだ、行為を中心とした考えを書いていないとする（一八、四六〇、西田書簡、戸坂潤宛、一九三七年一〇月（書簡番号七四九））のであるが、その行為を中心とした哲学が、第六巻以降、とりわけ、第七巻以降の、後期西田哲学で始まったと考えてよいであろう。「私には哲学は未だ嘗て一度も真に行為的自己の立場に立つて考へられたことがないのではないかと思はれる。従つて我々が行為するこの現実の世界が如何なるものであるかが、その根底から考へられて居ない。ギリシャ哲学は云ふに及ばず、経験的実在を中心とした近代哲学といへども、その主知主義たるに変りはない。……実践を中心とすると称するマルクス哲学といへども、対象的なるものから行為の世界を考へようとする限り、それは真に行為的自己の立場に立つものではない」（七、一七三）。「行為的自己の立場といふのは所謂主観客観の立場を越えた立場でなければならない、所謂主観客観の対立は之に於て成立するのである」（七、一七六）。

(11) 西田は、世界の論理構造を、単に対象間の関係と見ず行為的自己から見る。そのことは、人をモデルに世界を理解するという批判を招くかもしれない。しかし、それは当たらない。我々は、我々自身の視界を通じて世界を見るしかありえない。結果は行為的自己を通じて見るということであり、かくして見られた世界が世界であるのである。「斯く云へば、人間から世界を見る主観主義と解せられるかも知らぬが、人間といふのは歴史的実在の世界に於ける個物に外ならない。……人間から世界を見るのではない。物質の世界といふのも、歴史的実在の世界に依存すると考へるのである」（八、二八二）。逆に、我々の持つ視界のうち、ある特殊な見方に限って、たとえば、知的自己として見るならば、それは、我々の行為を外に前提して見ることであり、それこそ、我々自身をモデルとして、かつ、そういう前提を忘れて、世界を理解することであるのである。知的自己とは、自己を模型に世界を見ることと言われる（八、四七）。世界を、単に対象間の関係によって見るということは、そういうことにすぎない。我々が生まれると言う時、我々の思惟も生まれる。そういう世界が基礎的であるのであるが、しかし、普通はこれとは逆に考える。思惟を前提として物事を対象的に考えるのである。

第二章　西田哲学の中の科学㈠
――表現的、歴史的な世界観――

第一節　表現の原義

表現とは何か。それはもともと、言語表現のような表現を原義とするものである。故に、拡張すれば、人工物のみならず、自然物も、表現的な性格を持つと言える。我々は、山川草木の全てを、山は、たとえば神聖な山と考え、草木も、また、そのひとつひとつを、古来、日常生活における原初的な関連で理解してきた。水も、「無色透明の冷かな水でなければならない」（七、一二二）のである。日常生活的に、とは、行為的直観的に決まるということである。水は無色透明な水とは、これを飲む者から見た意義である。我々は自然に対して働きかけ、自然はそれに答えてきた。その結果としての理解である。流通過程が介在すれば、生産物は価値を持つとも考えられるし、結果は、マルクスが考えたような商品ともなる（八、一四二―一四三）。そんなことを考えなくても、より典型的に、言語的な表現の場合には、歴史発生以来の伝統を持つ言語であり、言語は、物が、物としての単なる記号（媒体としての物の上でのマークと考えてもよい）以上の内容を持つ。それが表現の原義である。近代では、物の本質を自存的な物質と見る故に、物は単に感覚的な対象として理解される傾向があるけれども、それ以前に、我々は、物を行為的直観に即して理解している。即ち、物は、社会的、歴史的な事物として、社会的、歴史的なあり方を映しているのである。

そこで、我々の、行為的直観的な働きかけに応じて物が答えてきた、そのような物のあり方を、西田は、一般に、表現的と称し（六、二六一）、それが、物と我々との関係のあり方としては、最も基本的なあり方であり、物質的な物という抽象的なあり方もそれに含まれると考える。物質的なあり方も、もともとは我々の表現行為によるもので、表現的なあり方の一種だと考える故である。我々の衣食住は、それぞれ、単に、物質から構成された物としてのあり方ではなくて、表現的な機能を持って、衣食住として使用される。物質としてのあり方も、その近代的な解釈による一面であり、ひいては表現的な機能の一面にすぎないと言えるのである。

山は神聖な山であり、水も冷やかな水であるというようなことも、それだけで、既に、広義の合理性を持っていて、我々にとっての了解可能性を持った表現である。しかしそのことは、固定的な客観として自存的に成立しているものではない。自存的であるとして、更に、それを認識する我々の主観も、固定的に理解してしまえば、広松渉が言うように、文化圏によって異なる認識などは了解できなくなるだろう。単に、主観、客観を固定する認識論によっては、生理的組織としてはさして変わりのない、未開人と、我々とで、世界認識についてのあり方が異なる理由は説明できないだろう。西田の考えでは、我々に了解可能な合理性は、全て、我々の表現的な行為によって成立するものである。我々の行為とは行為的直観的であり、行為的直観的に表現が生成し、それによって、初めて了解可能となるのである。単に、何らかの生理的組織に依存するような固定的な意味で、合理性を想定するべきではない。理性的な能力も単に生得的なものではないのである。

第二節　表現的製作によって知るということ

ここで、行為とは製作的な行為である。製作と言っても、極めて広く、我々が、外に、何かを実現する、即ち、表現するという意味で言われている[1]。それが知の条件であり、現実に、知につながる。この表現を我々自身が映すのであるが、それは、表現的に製作されたのだから、その意味での客観的な事実を背景に持ち、そのことが広義に合理性と通じるのである（八、二六〇）。ここで、客観性とは、作ることの客観的な可能性という意味で、それは、世界と全体的に通じることによる。全体との関わりの下で成立可能ということである。ただし、そのためには、主観と客観の両面が関与しなければならず、両者の同期が条件となり、それによって、表現的製作が客観的に可能となる。その結果、表現的製作は合理性に通じうるのである。表現について、今まで、どちらかと言えば主観への偏りも含めて述べてきたが、製作が客観的に可能と言うためには、必ず、何らかの意味で、主観と客観の同期が必要なのである。

表現的製作によって知るということは、如何に理解されるべきだろうか。しかもそれは合理性の根拠ともなっているのである。このことについて、たとえば、ひとつの事実として、西田の考えでは、物事が概念的に限定されるということは、言語表現されることに他ならない。言語は認識の結果を表現するというような副次的なものではなく、より根源的なものだという認識が広汎に認められるようになったのは戦後のことである。が、西田は既にそのような認識を持っていた（たとえば六、一三）。表現的製作によって知るという考えは、そのことの一般的な構造と言える。合理性の成立は言語以前のことと思えるかもしれないが、実は、本来の根源は表現的製作にあるのである。客観的存在が主観的意味を持つこと、これが表現の意味である。そして、そのことは、逆に、主観的な表現的製作が客観的でもあると言ってよいのである。

物を作ることは、通常は、文化の発展段階に応じた応用動作であると考えられている。たとえば、まず、科学的な知が先行して、それによって作ると考えられている。が、それは逆である。物を製作することから知が成立する。表現的な製作を除いて知の契機はない。表現的製作から全ての文化現象が始まるのである。文化現象と言っても、狭義の文化のみを意味するわけではない。我々はここで、如何なる意味にせよ、何らかの意味で合理性を持ち、了解可能的なものは、その根拠を含めて全て文化と言っているのである。もちろん、一旦知識が成立し始めた後は、逆転的な面が成立することもたしかで、科学の実験も仮説なくしては成立しない。先行する知識がなくては仮説も成立しないだろう。が、その先行する知識も、行為的直観なしには成立しなかったのである。上記の、広義の合理性から、客観的な科学の成立まで、行為的直観から外れるものはない。生物進化さえ行為的直観と考えられるのである。[2] 後述されることであるが、時間も、空間も、それに、科学がそうなのだから当然のことであるが、法則の成立さえも、表現によるのである。法則の認識に限った意味ではない。自然が物理的に法則的であるということ自体、既に、表現的に成立することである。それには、我々にとっては行為が必須である。本来、見ることとは、単に受動的に映すことではなく、外に物を製作した結果を見ることである。故に、働くことと見ることとは、単に区別できないのみではなく、両者は、〈作って見る〉ということの両面であるのである。

より詳しく考えてみよう。我々は、行為のみについて完結的に言及することはできない。行為は非対象的な範疇である故である。対象化する自己を見るという意味では、見ることもそれ自身では完結しない。が、行為の結果を併せた全過程として見ることで、初めて、何とか、完結可能な糸口を持ちうるのである。働くこと、行為することは、表現的な製作の現実的な成果として結実し、その結果を見ることで、本来、対象化不能な行為的自己を対象化して見ることができるのである。そのような行為的な立場から物事を見ることを通じて、最終的には、非対象的な世界、社会、歴史的な世界を見ることはできないか。そのことは、原理的に自覚的な構造とつながるであろう。それが西田哲学の基本的なプランである。働くものと見るものとが不可分離的と言われるのも、両者は、独立した形では意味を持たないことによるのである。

第三節　物も表現的であること

合理的な解釈とは、物質をベースとした科学的な解釈とは限らない。もちろん、そのような解釈も含めて、有史以来、人は、その歴史の折々に即して、いろいろに合理的な解釈をしてきた。それらは、全て表現による解釈であり、行為的直観的な解釈として理解しうるのである。我々は、科学は歴史に含まれると言った。そのことも、科学が行為的直観の一面である故に成立することである。科学は表現的に歴史に含まれる。科学的な実験も、表現的な行為的直観として位置付けられるのである。西田が提出する世界観は表現的な世界観であり、我々が述べていることも、それに沿った考え方である。

我々の考えでは、科学は歴史に含まれるのであるが、もちろん、逆の考え方も成り立たないわけではない。しかし、単に物理の延長というのみでは、歴史はもちろん、生物現象も説明できない。近年では、情報概念で補うことによって乗り切れると考える人もいるだろう。が、情報概念とは何かについては、一般に無頓着である。情報概念も表現概念の一面にすぎないのである。普通、表現と言えば実在そのものにとっては偶然的であり、実在そのものは、表現とは別の、物であるかのように考える。が、しかし、そのような〈物〉も、実は、表現的なものとして初めて成立するのである。たとえば、表現作用的な行為そのものは、表現の条件ではあっても表現とは言えないであろう故に、全てが表現だと言い切れば間違いになるかもしれないが、しかし、我々に了解可能なものは、全て表現することで了解可能となるのである。

繰り返してきたことであるが、自然科学のみならず、自然も歴史的な世界に含まれる。自然も歴史の中で表現的に構成されたものである。歴史以前に、我々の外に、ただ客観的にあるものではない。何事も歴史的に決まると言えば、普通は、客観的に存在する自然に対して、それに対する、知のあり方の議論と考えるだろう。その場合、客観的な自然それ自体のあり方は、議論の範囲から除外されている。しかし西田の議論は少し違っていて、自然それ自体のあり方が、既に、歴史的と考えるのである。しかし、よく考えれば、両者に違いはないはずである。西田の考えでは、自然も、我々が、行為的直観的に働きかけ、そのことによって、知りうるということを抜きにして、それ自身で、自存的なあり方はしていない故である。自然のあり方は、我々の行為的直観と相関的に語られるべきで、そのことを抜きにして、自然それ自体については語ることはできない。物質が物質とされ、法則が法則とされるのも、表現的な関係によるのである。

ところが、普通には、法則的な物質の方向に不生不滅なものを考え、逆に、行為を生滅的なものと考える。そして、物質が基と考えてしまう。しかし、それでは本末転倒である。物理的な法則も、我々の実験によって現れることでのみ成立しているのである。法則性は結果にすぎない。歴史を遡れば、生物発生以前の、物の世界に行きつく。それを物質と見れば、物質から、生命、そして、意識が生まれると考えられ、それを大前提とすれば、哲学もそれに従うべきだという議論となる。しかし、その時の、物質概念は、現段階での科学の知識に依存したものすぎない。進化の知識も、科学の結果としての知識にすぎない。進化の歴史から逆に類推して、物質が哲学の基礎であると考えるのは、歴史的な結果としての科学の知識をベースにして、逆に、その前提たる、歴史的世界を見ようとすることである。それこそ、物事の順序を間違えているのである。対象界の法則性は、行為的直観の結果として成立するものであり、逆ではない。故に、我々は対象界に束縛されることはない。その限り、自由であるのである。

全ての物は表現的である。物は、より一般的には、社会的、歴史的な事物であり、表現的であるのである（八、一六七）。その意味では、物という用語は、最初から、〈表現的なもの〉と呼んだ方がよいかもしれない。西田は、物質という用語を物と峻別している。物質とは、意識的に対象化されたもので、対象的な物質である。では、物質は表現的であろうか。弁証法的物質という言い方がされる場合もあるが、それは例外で、一般的には、物質とは、結局のところ、科学的に定義されるものであり、定量的に数式として表現され、実験により検証されるものである。即ち、これも、結果として、社会的、歴史的なあり方の一面であり、表現的な対象として理解できる。即ち、物質についても事情は同様であるのである。近代においては、まず物質が自存的に前提されて、それが全ての基礎とされる。表現が問題とされる場合は、物質は表現の媒体と考えられるのである。が、その実、物質も、表現的な関係をベースに析出された科学的な概念、即ち、表現的に定義された対象にすぎない。ただし、世界を物質から構成されるものとして解釈してしまえば、世界の表現的な構造は消されてしまうことになる。

表現とは、物が物以上の内容を持つことである。我々は、上記のように、物を、通常の意味に沿った物とは考えず、表現として理解している。そのような意味で、表現とは、決して物の表面的な形とか、特殊な一面であるとかではなく、物それ自体が既に表現的である。表現とは、客観的な有るものが有るもの以上の内容を生ずることである。物が物として持っている以上の内容を持つことである（七、二七二、三〇一）。もっとも、この定義は、まず、物が物であることを条件とした定義である。が、本来は、上記の通り、物が物であることも表現の一面である。それ故に、この定義は中途半端なものとなるが、これ以上の議論は後回しにしよう。言語とか文字とかでも、それが音とか文字とかとして持つ以上の内容を持つことで表現と考えられる。家も、それが持つ形相以上に、我々が住むという目的を持っている（七、二七三）。身体も、行動も、既に、このような意味で表現的である。身体も物であるが、物以上の内容を持つし、行動も物理的に見れば物理的運動にすぎないが、それ以上の内容を持っている。かくて、欲求の対象も既に表現的であるのである。欲求は、単に感覚から起こるものではない。現在にないものである。かといって、単に無ではなく、私に対して同時存在的に迫るものであり、これも物以上の内容を持つ。即ち、表現的であるのである（七、二七八）。物が誰かの所有物であるということも、また表現的であり、歴史的なあり方をしている。表現は、了解の対象ともされるが、欲求の対象でもあり、我々を唆し、また、脅かすものでもあるのである。

ところで、合理性を持ち、了解可能的なものは全て表現的な製作によるのであった。そのことは行為的直観として、その直観は理念を定義すると考えられる。イデアの成立について、西田は、製作可能性と同等に考えているように思われる（八、一八七）。我々が表現的製作と称しているものは、二重的な意味を持っている。作られた物は、物としては個体的であって、その限り、普遍性は持たない。が、それが表現的な意味を持つ限り、既に、広義に合理性を持ち、了解可能的となるのである。そのことは普遍性にも通じ、そこに理念が成立する。(3) もっとも、それが現実に理念として流通するには、もとの表現的な製作それ自身ではなく、理念としての表現が成り立ち、それが共同性を持ち、言語として成立することが必要である。もちろん、現実に言語的に表現される理念は単独の理念として完結するものではなく、多数の関係の網を持った、構造的なものである。

第四節　表現の場としての絶対現在

我々の世界が表現的な世界であるとするならば、表現は、勝義には我々の行為との関わりで成立する故に、それに関わる全構造は、目前に、「我々が手を動かし足を動かす」ように成り立たねばならない。表現的な行為は完成まで繰り返されねばならない故に、このことを、時間、空間をベースに考え、その時の、時間、空間が、自然科学的なそれであれば、時間は、過去から未来へ直線的に延びる時間となり、現在とは瞬間的であり、瞬間的に過去に消えてゆく。が、我々は、同時に、その全てを含む時間座標の全体を現在のものとして見ることができる故に、その上に、任意の変動を映すのに何の不自由もない。そのことは、我々が現在と言っているものは、何らかの意味で、時間、空間座標を見ながら、行為の結果を理解し、記述し、更に、未来を意志するに十分な時間幅を持つことを意味している。他方で、自然科学的な時間としては、現在は瞬間的である。しかし、もし現在が厳密な意味で瞬間的であり、また、物理的な働きは現在のみの関係で働くとするならば、働くことも不可能となるであろう（九、三三一）。

しかしながら、では、自然科学的な時間の上に、物理学が記述可能なのは何故か。この場合にも、当然、時間、空間座標は目前にあるが、他方で、現実の働きは外に前提している故である。科学は、現実の働きは外に前提した上で、結果的な法則性を記述するものである故である。その限りでは、狭義の対象は瞬間的な存在でもよいのである。それ故に、現実の時間はそのための幅を持ち、その全体は絶対現在と言われる。過去と未来とが絶対現在において噛み合っている故に、それだけの幅を持つのである。ここで、絶対現在的な、過去、未来は、現在から見た、過去、未来である。そこで、時間と空間とが噛み合い、そこに世界の自己表現的な構造が成り立つ。形成的でありえるのも、直観が成立するのも、当然、このような外における前提と対応しているのである。

しかし、もちろん、時間的に動かないわけではない。時は、刻々と留まることはなく、去って再び還ることはない。が、それにも拘らず、それは不動の現在の中での変化でもあるのである。即ち、表現的な世界は、一面において、不動の、絶対現在という全体的な場の中に成立する。そのような不動の現在から見れば、過去とは、現在から過去の方向に見える、現在の過去にすぎず、現在を離れてしまったものではない。現在しかない以上、過去それ自体は、去りて還らないという以前に、我々には無縁のものにすぎないのである。未来それ自体も同様である。我々が行為的直観を行う場は、つねにそのような広義の現在であり、今である。西田は、そのような、時を含むとともに、不動とも言える全体を絶対現在と言うのである。「我々が手を動かし足を動かす」、日常性の世界（八、二二八）とも言われる。全集第七巻では弁証法的一般者と言われ、第八巻の図式的説明ではMで示される全体とされ、より一般には〈場所〉とも言われるものである。全ての学問は、もちろん、哲学もこの上に成立するのである。

ここで、絶対現在の構造が理解されるのも表現による。表現を抜きにすれば、我々はほとんど何も言えないことになるだろう。過去は、去って再び還らない過去であるとともに、一面にあくまで絶対現在における過去であり、つねに現在的である。現在に同時存在的であり、それ故に、座標表現も現在において可能となるのである。過去に表現されたもので、既に過去にすぎないものも、現在において扱えるという意味で、現在的な意義を持っている。それによって、過去は現在からは一応区別されるとは言うものの、あくまで現在の範囲で扱えるものとして、我々は、これに関わることができるのである。記憶も、そのような意味で表現的に成立する。しかし、そうは言っても、それが、事実上、現在での行為的直観が現在として成立するという意味で、狭義に現在的という意味ではなく、行為的直観的に関わることはできても、それはあくまで、表現的に現在に残っている過去のものという、広義の現在、絶対現在の意味である。行為的直観が行われる狭義の現在とは、現在における他者との関係、即ち、相互限定も含めて、事実上、行為的直観が行われる現在である。過去の表現は過去にすぎない。が、それでも、その表現は、表現の内容としては現在的な意義を持ち、現在の直観の内容ともなりえて、その限りにおいて、現在の我々との相互限定も成立するのである。そのような諸々の構造的な関係を明確にするには、我々は、表現以前に戻り、表現成立の原理としての構造に立ち帰って考え直さねばならない。が、それは後の宿題として、ひとまず先に進もう。

表現的製作は広義の合理性の根拠であった。しかし、このことは行為する当人にとって合理的であっても、他者にとってはそうでないとすると、相互の関係は成立しないことになる。しかし、相互限定は、表現的製作によって成立する故に、表現的製作の合理性を引き継ぐことが可能となる。詳細な説明は後になるが、西田は、相互限定の構造について、全集第七巻の頃は、個物の相互限定即一般者の自己限定と言う。この関係は、典型的には科学的実験の客観的な成立の根拠となるものであるが、このことは、法則的な構造が自存的に成り立っているというような意味ではない。むしろ、法則的な関係は、行為的直観的に見出されることを意味している。科学的実験的な意味では、そのような一般的な関係が見出しうるということが、ここで一般者の自己限定と言われている側面である。時間推移についても、どこまでも共同的な意味で定義でき、どこまでも共同的な時間推移の関係が見出しうる。空間も同様である。

それらのことは法則性が発見可能ということと相関的であって、それは個の相互限定と対応して一般者の自己限定が成立することによるとされるのである。科学を記述する数理においても、類似の共同的な関係が成り立たねばならない。数学はそのような一般的な方向に発展しうるし、そのような意味を含めて、一般的な関係となりうるのである。が、しかし、全てがそうとは限らない。一般の言語にしても倫理的な当為にしても、それらはローカルな範囲を出ないように思える。しかし、これらと、科学の法則性、数理の一般性とは、質的に異なるものではない。違いがあるとすると、一方はどこまでも共同的な範疇が、法則性、一般性として見出しうるのに対し、他方はそうでないというにすぎない。その意味では、これらは、併せて共同的と考えてもよさそうにも思えるが、西田はそのようには言わない(4)。

第五節　歴史を貫通する表現概念

ところで、個物の成立は必ず相互限定を条件とする故に、行為的直観が持ちうる合理性の内容も、結局はその相互限定に依存する。そこで成立する知識は、個々独立的に成立するものではない。勝義に共同的と考えることができる。かと言って、どこかに全体的なものがあって、それがそのまま現れるわけでもない。行為的直観は個的なものである故である。かくて結果は世代的となる。故に、西田が言う世代とは、親の世代、子の世代、……というようなものも含むが、それは我々が持っている原則的なあり方、行為的直観と、その相互限定という基礎的な構造から必然的に成立するものである。第八巻での記号によれば、Mを世界（絶対現在的な世界）とする時、世代はMxで示される。

歴史はイデヤの発展ではないし、唯物論的な物質的必然でもない。西田は、ランケとともに、いずれの時も、時代の神に接していると言う（一〇、三八三）。断っておくが、我々は、全ては、社会的、歴史的前提の下にあると考える故に、必ずしも、西田の言葉を言葉通りには理解しない。後述するように、敢えて神を持ち出す必要はないと考えるのであるが、ここでは西田の言い方に従うものとする。歴史は単なる過程としてのみ動いてゆくのではない。歴史とは、社会の歴史であり、その底には、神に接する面を持つ。そこに、時代は固有の文化を持ち、個性を持つ。時代は世代から世代に移ってゆくと考えられる。世代から世代にというのは、世代をつなぐ論理によって、ある世代が終わり、次の世代に移ってゆくという意味ではない。世代をつなぐ論理はない。それぞれの世代、新旧の世代が、それぞれ、神に接しながら、同時存在的に、個別に盛衰してゆくのである。メタモルフォーゼとも言われる。

歴史的現在においては、前の時代を形成したもの、次の時代を形成するもの、あるいはまた、いつかある時代を形成するものも含まれる。歴史的現在はこれらの傾向の総合統一の場所である。対立する連続と連続、時と時とが、非連続の連続的に対立する故に、現在を否定するものが現在においてある（八、九二―九三）。それは、いつも、この世界が滅んで他の世界が現れる可能性を持つことを意味する（八、八四）。自己はひとつの世代に属し、世代とともに動き、これを超えて永遠に対する意味を持つ。時代を超えて時代と時代とをつなぐ意味を持つのである（八、一〇二）。歴史的実在の世界は、絶対に触れながら、現実から現実へと進みゆくのである（八、三七六）。誤る場合もあるが、誤りも含みつつ、神に接している。たとえ誤った傾向が表面を覆うように見えても、その底には神に接しているところがあるのである。

この場合、西田の念頭に置かれているのは文化であり、経済は視野の外である。少なくとも西田の得意分野ではない。経済を視野におけば、そこには、必ず進歩してゆくという側面があるはずである。経済的な範疇は、共同的な世代とは独立に、後戻りすることなく進んでゆく。『資本論』の根底にも、そのような前提がある。しかし、西田は、マルクスを積極的に学んだにも拘らず、そのような発想は眼中にないようである。西田にとっては、経済的な過程は視野の外にある。それは欠陥であるかもしれないが、西田の歴史観は、もっと別のところにある。噛み合っていないだけである。つまり経済的な範疇は西田自身の視野からは欠落しているが、それを西田哲学に導入することは困難ではない。のみならず、実は、原理的なところでは、既に含まれているのである。

西田には、経済的範疇よりも、より一般的な、表現概念がある。表現概念の射程には、当然、商品も含まれる。それ故に、そこには、当然、経済的な蓄積も含まれると考えねばならない。とするならば、この経済的な蓄積構造の現段階は、現在の行為的直観に重要な影響を与えることもわかるだろう。経済的な範疇、その発展的な過程と、いずれの時代も神に接しているという考えとは矛盾しない。神に接しているとされるのは、〈作るもの〉の側の話、非対象的な側面での議論である。これに対して、経済的な範疇は、いわば、〈作られたもの〉の蓄積の構造である。表現結果であり、対象化されうる側面の構造である。経済的な発展史観は、〈作られたもの〉の蓄積に関する議論であるのである。歴史には、この両側面がともに成立している。西田は、作られたものが作るものを作るところから、社会が成立すると考えるのである（八、五〇二）。

西田の世代概念は、〈作られたもの〉の世代ではない。作る側、神に接する方向に重心を置いているから、世代から世代へとしか言いようがない。したがって、発展的であるか否かに拘らず、そこでは、前後の関係は、原理的に成り立ちようがないと言える。発展史観は、西田哲学の中に、表現の歴史過程として築きうると思われる。それは、経済的な範疇を含んで、より一般的なものともなりうるであろう。それに、上記では経済過程のみを考えてきたが、我々の主題は自然科学であった。科学も、ほんの先頃、近代になって生まれたものにすぎないが、これも、経済的な過程と同様に、原則として、必ず発展してゆくものである。そのような科学のあり方を、西田が知らなかったはずはない。科学は歴史に含まれるという命題には、当然、このような事情も含んだ上で、言われているはずなのである。

もちろん、このような世代的な範疇の上に、そのままで、科学や、数理が成立するわけではない。つまり、世代が変われば科学的真理も変わるわけではない。そのために、科学などで成立すべき客観性の条件については既に触れてきたし、今後も、引き続き我々のテーマであるのであるが、それも世代のあり方と全くベースを異にしたものではない。客観性の条件を持ったとしても、そのベースは行為的直観によるもので、その上で成り立つ共同性ということには何ら違いはないのである。そこで西田の記号に戻れば、西田は、世代をM_1、M_2……M_n、M_x……と記すのに対し、ロゴスはM_0と記された時があった（八、二六二）。いわばどの世代にも共通のものという意味合いを含むとともに、しかしまた、その根源は、世代的な性格を持つものであるという意味をも含んで受け取るべきであろう。

ところで、表現は、表現という限り、表現されて、初めて表現である。表現は、狭義には、〈表現されたもの〉に限って表現と言われるが、広義には、〈表現するもの〉も含めて表現と考えねばならない。しかもその時、表現する何かも、表現される何かも、表現に先立って決まっているわけではなく、表現に伴って明らかになってくるものである。表現するものは世界と切り離された自己ではない。自己とは行為的自己であり、世界が自己表現するための要素、世界の自己表現的要素である。したがって、このことを勘定に入れた上で言えば、表現するものは世界であり、表現されるものも世界とも言える。その意味では、表現とは、〈表現するもの〉としての世界が自己自身を表現すること、即ち、世界の自己表現である。

が、その世界も表現を通して世界となるものであり、表現に先立ってあるわけではない。表現は、表現された時、表現によって初めて現れるものとしての世界を表現している。これによって、物が物以上の内容を持つことだと言われた表現の定義が、多少は、本来の姿に近い形で理解できるであろう。表現は、世界の自己表現的な構造として成立し、更に、それによって世界自身も決まってゆくのである。表現の成立には、何らかの形で世界の自己表現的な構造が必要である。自己表現を離れて世界の実在性はない（一〇、四八二）とも言われる。表現的な行為的直観によって合理性が成り立つのであったが、そのことは、視点を変えて世界の自己表現として見れば、それは世界の自覚の成立をも意味するのである。が、単に世界の自己表現という形が成り立つわけではない。我々の表現的な行為が世界の自己表現を行い、そのことに対応して、我々は世界の自己表現的要素と言われるのである。

我々の歴史は、全て、このような表現的なあり方をベースとしている。表現の内容は歴史的に変わってゆくし、したがって、合理性の内容も変ってゆくが、表現的という一般的なあり方それ自身については、永劫に変わることはない。世界を表現的に理解し、したがってまた、それは歴史的だとする考え方は、如何なる過去においても事実上成り立っていたことだし、また、未来においても変わることのない不易の考え方と言える。表現と言えば、一見、転変極まりないことのようだが、表現的なあり方それ自体は、実は、不易であるのである。表現的なあり方を体現している世界は歴史的世界と言えるであろう。故に、歴史的世界は表現的世界の別名と考えることもできる。

ただし、その表現、世界の自己表現は、我々、世界の自己表現要素を通じて行われる、という考え方については、同列には語れないかもしれない。我々自身の位置付けについては、世界観の変化で大きく変わる可能性はあり、このことについては、表現概念一般に比べると、同列に論じうる普遍性はないようにも思える。が、我々は、何らかの意味で世界の自己表現的要素であるしかない。主観、客観の枠組みを取り外した上で、他に、どんな選択肢がありうるだろうか。表現概念をベースに据える限り、何らかの意味で我々の役割なしに成立することはありえない。その意味では、西田の考える表現的な世界観は、十分な普遍性を持つと言えるであろう。そのベースとなるものは行為的直観である。もちろん、真に客観的な知が成り立つためには、更に条件は必要であるのであるが、しかし、まず、表現的な製作の可能性ということが、行為的直観のベースであり、そこに、既に、何らかの客観性は前提されている。そこに、全ての、合理性の根拠があるのである。

全ては世界の自己表現によるのであるならば、我々は、世界の自己表現という構造から議論を始めればよいのかもしれない。が、しかし、そのことは、世界は単に世界として自存的に自己表現的であるという意味ではない。表現するものの表現の構造について、世界の自己表現という言い方は、後期の、しかも、かなり晩年に近い頃のものである。しかし、それのみでは、世界の自己表現要素としての自己の役割は必ずしも明示的ではない。「無の自覚的限定」の時代、西田は、時と場合に応じて、場所の自己限定、現在の自己限定、絶対無の自己限定、永遠の今の自己限定、等々の言葉で語っていた。場所が場所自身を限定する……と言った方がよいかもしれない。しかし、その場合にも自己の位置は明示的ではない。そこで、我々は、そのような自己の位置を含めて、表現の原点に戻って、表現するものの構造から考え直す必要があるだろう。非合理性の合理化が行われる現場の構造であり、ひいては自覚の現場の構造である。世界の自己表現的要素と言ってきたものの構造、もしくは、自己表現要素から見た世界の構造である。そのためには、表現が、表現として顕在化する以前の姿から始める必要がある。そこでまず、世界とは、〈前提的である〉ことと考えることにしよう。前提も表現であることにして、表現から始めてもよいのであるが、表現概念も前提から説明されるものという意味も含めて、我々は、まず、前提から始めるのである。これは西田の用語ではなく、残念ながら、あまりこなれた用語でもないため、少し詳しい説明が必要となるだろう。

注

（1）製作とは、外に何かを実現するという意味であるから、我々の関心の範囲内でも、科学の条件としての実験の成立とも対応するし、論理の成立とも対応する。「ポイエシスと云ふ語は製作とでも訳すべきと思ふが、それは単に人為的として主観的に解せられる恐が多い。それも無論ポイエシスではあるが、私のこの語によって云はうと思ふものは、一層深く広い客観的意義を有つて居るのである。自然の創造と云ふ如きこともポイエシスと云ふのである。ギリシャ語で、家を作ることもポイエシスであるが、ポエムといふ語が示す如く、詩作もポイエシスである。アリストテレスは水鳥の足に水かきがあるとか、足が長いとか云ふ時にも、『ヘ・ピュシス・ポイエー』と云つて居る。ポイエシスという語を便とした所以である。しかしこれには我々の語にて適当な言表を見出さねばならない」（九、三〇六―三〇七）。我々は、以下、主に表現的製作という用語を用いることとする。表現的製作と言えば、狭く製作の意味に響くだろう。しかし西田の趣旨は、欲するとか、決心するとか、考えるということすら、全てこの世界で物を作ることであると言う（一〇、三五一）。表現的製作と言えば製作的でなければならないようだが、西田は行為的直観という用語を表現的製作とほぼ同様に使用している。何事も、存在さえも、行為的直観と無関係ではない。山があるということも行為的直観によるのである。山は、もちろん、自然物であり、狭義に、人が製作した結果として存在するわけではない。が、山に近付くこと、移動しながら見ること、登って見ること、いろいろな行為的直観がありうるのである。薪を取り、狩をする山でもある。山は神聖な山だと言ったが、もちろんそれは、地質学的な山でもよいし、水も冷やかな水とは限らず、化学的な結合による化合物という認識でもかまわない。いずれも歴史的な認識のひとつであり、したがってまた、表現的製作による認識のひとつであろう。

（2）我々の生命は種を媒介として生まれる。種も既に一種の表現であり、種という表現を通じて生まれるという意味である。生物が生まれるということも表現を通じてであるのである。西田は、生物的進化の過程についても、行為的直観的と解釈している。もっとも、この件は、行為的直観というよりは、注（1）のアリストテレスの言葉のように、「自然の技術」とでも言うべきものかもしれないが、行為的直観とは、もともと自然の技術も含んで行為的直観と言われているのである。環境的に与えられる課題と、それに対する生への意志を持った過程として、進化の過程も行為的直観的である。ただし、もちろん、その時の行為とは、広義には行為と言えるとしても、単に個の行為とは言えない。しかし、個の行為がなければ、種としての行為も成立しないから、相互限定によって、個によって種が生き、種によって個が生きるという過程を含めて、行為、もしくは行為的直観と言うこともできる。そして、そのような行為的直観によって進化が成立するのである。動物の眼も、無限の形成の結果としてできたものであり、その種的生命と離すべからざるものである（九、一八九）。もちろん、このことは、動物に限らず、植物にも同様に拡張されうるであろうし、そこに生物なるものが生成してきたということも、世界の自己表現のひとつ、と言えるであろう。

（3）数学的な対象を典型として、普遍的な概念は如何にして成立するか。たとえば三角形である。誰にとっても、何処においても成立するはずの普遍概念である。まずは、表現的製作が必要であろう。その上で、命題的な表現を介して、〈誰の目にも、何処においても〉共同的な対象、つまり、この場合には、一般的な三角形が定義可能となる。〈誰の目にも、何処においても〉とは、趣旨を理解する限り、従わざるをえないという意味での共同性である。命題的な表現を介することでの相互限定としてである。命題に依存するものである。もちろん、表現とは、単独の表現ということではないし、同値の言い換えも含め、この世界のあちこちにコピーを持ちうるし、また、その周辺に、それを解説し、その正当性を説得する多数の補助文書を持ってもよい。経験的な対象については、現象的な物と、これとは対照的な、理念的な概念が不即不離に対となっている。現実の机は傷が付くし、火事ともなれば焼けて失われるであろう。が、机の概念は経年変化することはない。概念にも歴史的な変化はありうる。が、現実の物の経年変化とは意味が異なるはずである。そのような経験的な物に相対する理念は、数学的な対象とは区別されるべきである。数についても物の数と考えられるし、幾何学的な形は物の形である。そのように考える限り数学的対象も現実の物から離れない。数理も、少なくとも、歴史的にはそのようにして発展したという側面はあるだろうし、フッサール『ヨーロッパ諸学の危機と超越論的現象学』でも、数学は測量から発達したように理解されている。が、非ユークリッド幾何学の成立以後は、そうとばかりは言い切れないであろう。その結果、数学的対象と、物に付随した限りでの、数とか形とは、一応、別物であるはずである。

（4）本来の意味での共同性は全体性を条件とする。規範的な共同性も、同じ起源を持つと言ってよいかもしれないが、しかし、その共同性は、現実には、あくまで部分的であり、それはむしろ、多様な文化の個々の中に成立する共同性で、そこから真に全体性に向かうとは限らない。全体的な意味の共同性は、これと起源を別にするとは限らないが、あくまで全体として共同的なものである。ただ、現実には、この両者の関係は簡単ではない。言語規範などは、多元的な文化に依存した根拠を持ち、全体的な意味の共同性との関係は明確ではない。が、少なくとも、科学、数理は、共同的な根源につながっていると考えられる。数理を記述言語として持つ科学を主題とする限り、全体的な意味での共同性が主題とされることになる。社会的、歴史的世界は、個性的である。多様な文化に依存する共同性も、全体的な意味での共同性も、その特殊な一面と考えられるのである。

第三章　西田哲学の中の科学㈡
——表現の基礎的な構造について——

第一節　行為的直観と表現の成立

以下、議論をやりやすくするために、用語を含め、現実の西田哲学から多少離れて、自由に論じることにする。あるべき西田哲学解釈に向けての一歩などと自負するつもりはない。筆者なりの西田哲学理解の試みである。この後、数理成立の前提部分に関しても論じる予定であるが、それも、必ずしも西田の議論そのものではない。が、少なくとも、主旨としては、西田哲学の進路を離れていないと信じるものである。西田が多用する〈限定〉は、まず、〈前提〉から始まるとする方が、適当ではなかろうか。〈限定されるもの〉からの限定ではなく、逆に、何事も、その結果を受けること、即ち、〈前提するもの〉が〈前提されるもの〉を前提することから始まると考えるのである。ただし、世界に対して、全体的に、まず、〈前提的〉ということが主旨で、あらかじめ、定まった内容の前提を意味するものではない。我々は、〈前提されるもの〉については、直接には言及できないし、〈前提するもの〉についても、一般には、前提するという以上には何も決まってはいない。前提とは、〈限定されたもの〉の前提に限られるわけでもないし、〈限定されていないもの〉のみの前提に限られるわけでもない。内容的には、そういう制限を一切持たない全てである。その意味では、むしろ前提しないことを前提するとも言えるだろう。

故に、普通の意味での、形式論理的な前提とは別の事柄である。が、全く無関係ではなく、結果的には、それも、特殊なケースとして含む、極めて一般的な意味で使用されるのである。世界の前提、絶対現在の前提でもある。前提は、事実を例に取るならば、事実としての前提結果が成立するための条件と言ってもよい。任意の事実は、任意の他の事実との関係を自己成立の条件とする。我々は、このような意味で、該当の事実の事実成立に関わる全ての前提を、その事実の事実成立の前提と考えるのである。逆に、事実についても、その任意の前提を含めて事実と考える。限定された、結果としての事実に限れば、自己や物の存在をも含む。前提の結果は、我々の場合、身体と言ってよいのである。しかし、結果に限ってしまえば、それは既に結果にすぎず、全体としての事実ではない。事実は、その任意の前提を含めて初めて事実であるのである。そこで、我々は、前提も結果も含めて、広義に前提と称する。その意味で、前提とは自己が世界を前提することと言ってもよい。全ては、〈前提的である〉ということを基礎として、そこから始まる。そこには既に、世界と自己との接点が前提として定義されている。ただし、世界も自己も、前提すること以前からあって、その上で〈前提的〉な関係が成立するのではなく、全ては〈前提的である〉ことから始まる。その限り、全ては前提の構造であるのである。そこで、では、その前提の構造とは如何なるものであろうか。それがまず問題となるであろう。

何故に、限定と言わず前提なのか。前提は世界の中での我々の立場、我々の視座に依存する。(1) 我々は、もちろん、世界そのものでもないし、世界の外から世界を限定できる立場にいるのでもない。世界の中の、世界の要素として、世界を前提して成立するし、世界の中で働く立場にいるのである。そのように、我々が、我々の視座に位置する故の必然的な結果として、物事は〈前提的である〉のである。ただし、〈前提的である〉こと以前に、我々の視座が、自存的に〈ある〉わけではない。この時点で問題とされることは、あくまで、〈前提的である〉ことのみであり、そのことが、前提の構造である。厳密な意味において、〈前提的である〉ということ、それのみで、全てであるのである。自己もそのような構造の延長で成立するであろう。以上の説明では、前提と言えば、そこに、既に、全ての現象が与えられているように思えるかもしれない。が、それは違っている。前提的に与えられることは前提のみであり、未だ、いわば質料的であるのみで、形相的となりうる内容は何ひとつ現れていない。形相は、後述する固有の限定によって初めて生まれる。そして、知は、そこで成立する表現的製作と、更に、それを受けることによって成立するのである。

〈固有の限定〉は、前提を前提しての固有の限定として定義される。前提が前提として成立するには条件があって、前提は同時にその否定を条件とする。否定とは、〈前提的であること〉自体に伴う否定である。前提は前提としての規定性を持つが、そのことは、〈他の前提〉との対他的な関係を条件として成立し、その時の〈他の前提〉との関係を、我々は否定と言っている。相互否定的な関係である。全体としての〈前提されるもの〉と、規定性を持った該当の前提との関係と言ってもよい。前提が前提的であるということを〈前提するもの〉から見れば、〈前提されるもの〉は〈前提するもの〉とその否定とを含む。換言すれば、前提的であるとは、〈前提されるもの〉の中に、限定され、映されることを意味するとも言えるであろう。否定とは、〈前提するもの〉から見た、〈前提されるもの〉の中での〈前提するもの〉の相互の関係、対他的な関係であるのである。が、前提とは物事の決定面である。決まったものである限り、相互否定的な関係と言っても、それはあくまで決まった面である。したがって、前提の範囲に即している限り、この否定は否定としては顕れないであろう。この意味での否定は、前提における、自己、他者の定義に沿っている。したがって、否定を含んでも前提としては無矛盾的であり、調和的と考えてもよいのである。

他方で、固有の限定は、前提を前提して固有の限定的である。固有の限定とは、前提を前提して、〈前提に対する〉ことである。前提はその否定と相関的である故に、〈前提に対する〉とは、否定に即すということ、否定に沿って対他的な関係を持つことである。前提は相互否定を伴い、個々に、他とは異なるものとして成立している。そして、固有の限定によって、そのことが、関係の関係とされる。固有の限定は、個が否定を介して全体を包もうとするものであるから、そこでは、前提としての、自己、他者の潜在的な区別が顕在的となり、それによって、前提の側では、個物の相互否定的な関係が顕在的となるのである。そこで、固有の限定は、前提における相互否定的な関係に対して、その関係の関係として、唯一的事実的となる。固有の限定は、全世界を映して個として始まる。一々の事は、全世界を否定して唯一の事実として成り立つ。故に、かかる事実は、全世界を否定して成り立つという意味では、自己から世界が始まり、働くとも言えるのである。

固有の限定は前提を前提して固有の限定となり、関係の関係として成立する。故に、前提が〈前提的である〉ことと、固有の限定が前提して固有の限定となる〈前提的である〉こととは別のことではない。同じ〈前提的〉という構造の、相互に相反する両面であるのである。固有の限定は、前提の自己否定を含んだ、その延長として固有の限定であるが、前提は、自身の延長として固有の限定を持つことで前提である(2)。そこで、前提と、固有の限定について、両者を併せた構造について明確にしなければならないであろう。前提が前提を前提するとは、〈前提するもの〉、即ち、前提の結果が、〈前提されるもの〉の中に〈映される〉ことである。これが、世界の自己表現の一面で、〈存在〉を意味する。前提としての表現であり、物の世界への表現である。これに対して、固有の限定とは、前提を前提することで、〈前提するもの〉が〈前提されるもの〉を〈映す〉ことを意味する。ここでの〈映す〉とは、前提が固有の限定的となることで、主観の成立を意味し、次いで〈働く〉ことにもなる。唯一的事実的でもある。前提とは〈存在〉であり、そのことが、同時に、固有の限定としては〈働き〉を主とする事実を意味するのである。

前者は物の世界への表現であり、後者は我々が生まれることであり、直観として始まる。ところで、以上の、〈映される〉ことと〈映す〉こと、存在と、知と働き、これらは同じ表現とはいうものの、相互に逆の構造、矛盾的な構造を持つもので、我々はこれらを別々に論じてきたが、実は、これらはもともと不可分離的な過程である。このことは後に呼応する前提が定義された後には、前提と固有の限定との循環的な構造も含めて、全てはより明確になるであろう。したがって、単に表現と言えば、我々はこの、不可分離的な表現を指すものとする。全体として、初めて統一的な機能を持つものである。それ故に、働くものは見るもの、見るものは働くものと言われるのである。個物が前提を映し、他者を映し、過去を映し、それによって、物が直観的に我々に迫ること、我々が表現的に動かされること、それが、即ち、自己が生まれることである。これは結局、上記の、不可分離的な過程の結果としての事実、統一的な事実として自己が生まれることである。かかる事実は、我々の自己がそこから成立する事実、自己成立の事実であり、疑うことのできない事実である。我々が疑うことのできない事実とは、かかる、自己成立の事実であるのである(一〇、三七一)。

固有の限定が全体的でありうるのは、前提を前提する故であるが、それはまた、相互否定的な任意の他者との関係を持つことでもある。その結果、唯一的事実的な固有の限定は、相互否定の否定とも言える。つまり、相互否定的な現在は、固有の限定的には、相互否定を否定的に結合した現在でもある。前提と固有の限定とでは否定の意味が逆転し、そこに働きが成立するのである。これが、固有の限定が行為につながるということの意味である。〈映される〉こと、〈存在〉とは決定を意味し、〈映す〉ことはその否定を意味する。それ故に、この相互矛盾的な関係は働くと考えることができる。唯一的事実が事実として働くことは、前提的な相互否定的な関係を変えることである(3)。そこに、行為は、唯一的事実が、その成立の根拠たる、相互否定的な前提の構造を解消し、それによって自己成立の根拠を失ってゆく。しかし、単に消滅するのみならば、それで終わりであり、自己は再生する根拠を持たないことになる。が、消滅とは、固有の限定的な消滅にすぎず、そのことは、前提的には、〈映される〉こと、新たな〈存在〉の成立を意味する。このように、固有の限定は表現的な製作の意味を持ち、そのことが、固有の限定としての消滅と、新たな前提への表現を意味するのである。固有の限定的な消滅は、前提的に保存される。そのことが、前提と固有の限定との同期の可能性につながり、また、表現的な製作の可能性をも意味するのである。歴史の世界は、前提と固有の限定による世界である。それは、以上のような意味で、徹底的に、事の世界、出来事の世界である。実体的な因果関係の世界ではない故に、この世界は、個の自由な働きを容れる余地を持つのである（一〇、三六九）。

そこで、表現とは、前提から固有の限定へ、固有の限定が生まれるという意味で表現であるとともに、固有の限定によって、相互否定的なある前提の現在から、新たな結合によって、新たな相互否定的な現在へという表現でもある。そして、固有の限定が前提に〈映される〉という意味での表現と、固有の限定が前提を〈映す〉という意味での表現とは、逆の方向を持ち、全く異なったものでありながら、両者がつながっていることで、併せて、統一的な表現が成立してゆく。既に述べた通り、両者は併せて統一的に理解されなければ意味はない。原理的に不可分離的であるのである。新たな結合的な現在は、それ自体が、再び、新たな前提として、相互否定的な関係の一面となる故に、この過程は持続的に続いてゆくのである。従来、我々は、自己とは行為的自己と考えてきたが、行為的自己でありうるには、場所的に〈映される〉前提であることも条件としてであるのである。

働きについては、その結果が、再び前提として現れてくることも併せて、働きと言われるべきである。表現作用は結果としての前提につながって完結するのである。固有の限定は生滅的で、消滅と再生を繰り返す。他方で、前提は、大枠としては不変であるが、固有の限定に呼応する意味では変化する。その意味で変化する前提を含めて、我々は、前提を〈呼応する前提〉と称する。狭義には、呼応する意味での前提のみが、固有の限定に対応するのであるが、呼応するという範囲に限った狭義の呼応する前提では、世界に対応する内容は持ちえない。前提については、より広く理解するべきだし、その結果、真に全域的でもありうる。故に、呼応する前提とは、狭義に呼応する部分を含んだ全域的な前提として、広義に考えるべきであろう。故に、我々は以降、呼応する前提と称するときには、一般に、このような、広義の呼応する前提を意味するものとする。事実は固有の限定的に唯一的事実的であった。しかし、事実も、固有の限定として解釈するのみでは一面にすぎず、結果としての呼応する前提によって決定したという意味も含めて、事実として理解するべきなのである。このような意味で、固有の限定を経て呼応する前提に至る全過程、その繰り返しの全過程として定義されるものを事実と考えるならば、〈事実が事実自身を限定する〉とも言えるし、形と考えるならば、〈形が形自身を限定する〉とも言えるだろう。かくて一般に、西田が〈場所の限定〉と称することについては、我々の用語では、固有の限定が呼応する前提として、一応、完結するという単位を媒介とすれば定義できる。このようにして、西田の限定の意味は、我々の用語で解釈可能となるであろう。呼応する前提によって結果が見える故である。

我々は今まで、前提、固有の限定について、別々の範疇として語ってきた。が、もともと両者は表現の一面と言ってもよいのであって、前提は前提的な表現であり、固有の限定は固有の限定的な表現であるのである。本来は、前提的な表現、固有の限定的な表現とでも称すべきものである。今後、特にそのような記述はしないが、表現の一面であることも事実なのである。しかも、両者は、各々、別の範疇として完結した意味を持つわけではなく、表現は、両者が、呼応する前提として完結することによって、ひとつの単位としては一応の完結を見る。表現的製作の成立であり、非合理性の合理化でもあり、自覚もそこに成立するのである。前提は存在的であると言ったが、呼応する前提によって自覚的となる。知は行為の結果でもあるが、続きの行為はそれによって始まる。我々は、本当の意味では、自覚なしには次の行為に移ることもできないのである。

第二節　客観的表現の根拠としての同期と共同性

表現的製作が、単に恣意的な製作に見えてそうでないのは、実は客観的な根拠があって製作される故である(4)。これが知につながり、知の条件であるのは、その表現的な製作が、表現として一種の合理性を持つ故である。では、働くこと、表現的な製作は如何にして客観的でありうるか。客観性とは、恣意的にも見える固有の限定が、前提と同期を持つということである。が、同期と言っても、その構造に、何か特別の判別式のようなものが期待できるわけではなく、実証されねばならない(5)。このことは、同期のみに限らない。我々の固有の限定の定義、その成立自体が、既に仮説の域を出ず、そのことも含めて、呼応する前提は実証の意味を持つと考えることができる。我々は、以降、この同期を、端的に前提と固有の限定との同期と言うが、そのことは、何らかの意味で、共同的な関係が成立することを意味している。前提との同期とは、また、任意の他者との同期とも対応する。それによって製作された物は、ある種の共同性を持った上で製作されるのである。

ここで、同期するのはどの前提と固有の限定であろうか。まず、前提と、それに対応する固有の限定との関係である。矛盾的自己同一的な関係である。呼応する前提はその結果にすぎない。が、同期が成立するという以上、当然、呼応する前提も含めて同期は貫徹していなければならない。前提との同期が条件である限り、更に、この同期に関わる他の任意の固有の限定、呼応する前提についても、これと同期するという関係がなければならない。西田のように、前提を限定的に見ること、それに伴って、一般者の自己限定などということは、呼応する前提での完結を単位として成立すると言ったが、正確に言えば、更に、このような同期的な条件の下で、初めて可能となるのである。同期とは矛盾的自己同一の自己同一(6)、(矛盾的)自己同一と言ってもよい。矛盾的自己同一とは、前提と固有の限定の一般的な同期的な構造を意味するのである。故に、同期とは単に客観性というのみではない。合理性が成り立ち、知が成り立つことも含めて、全てが成り立つ根本の構造を意味しているのである。そして、そもそも、前提と固有の限定それ自体が、両者の矛盾的自己同一的な同期を条件に成立すると言うべきであったのである。同期とは、あくまで同期であり、対象的に同じであるという意味ではない。故に、一般に、（矛盾的）自己同一的側面と言っても、対象的な同一性ではないし、自存的にそのような側面があるわけでもない。

表現は、前提、固有の限定を併せて、非合理性の合理化として成立する。この過程の全体が行為的直観と言ってよい。行為的直観は、どちらかというと固有の限定に偏った意味合いに響きがちである。しかし、我々は、呼応する前提を含めて行為的直観と称する。西田の真意もそのはずであり、行為も結果を伴わなければ行為とは言えないし、行為に何らかの客観性がなければ行為も成立したとは言えないのである。直観とは、直接、呼応する前提を意味するのではなく、新たな呼応する前提から、再び、固有の限定が生まれることを意味する。まず、前提的に表現される。その延長として固有の限定が生まれ、そこに、〈外が内である〉という形で、対他的な関係が成立するのである。

その結果が行為であり、この〈外が内〉という行為的な関係が、矛盾的自己同一的に、〈内が外〉という呼応する前提として現れてくるところに、行為は客観性ともつながって一段落するのである。行為が客観を包むということから、固有の限定は非合理性の合理化の意味を持ちうる。直観とは、既に述べた通り固有の限定が生まれることであるが、固有の限定は〈外が内〉という関係を持つ故に、直観も〈外が内〉という関係と言えるであろう。行為的直観は全体として不可分離的に成立するもので、その意味では、前提、固有の限定、更に、呼応する前提は、一括的に取り扱われるべきものである。これにより、我々に明晰判明な直観的知識とは、我々の自己が、行為によって、更に、その呼応する前提において物に証せられる知識である。そこに、我々の自己は、行為的直観的に見るのである（一一、一七〇）。

前提は課題的と考えることもできる（九、一八〇）。自己が世界の自己表現の過程、自己表現要素である故に、全ては我々の課題として現れるのである（一一、一五四）。単純な事実を考えれば、課題ということも、その解決ということもないだろうが、我々の場合、欲求することも、決断することも、思惟することも、全て課題的と考えることができる。欲求もその解決を必要とする課題なのである。我々が今日のような人類としての機能を持って現れてきたこと、そのことは、全て、表現的な機能の蓄積として理解されるべきである。課題の解決とは、広義に表現的製作によるものであり、それはまた、課題としての意義の解消である。ただし、解決の過程にしても、その結果の了解にしても、自己のみで可能なわけではない。他者がいれば課題も相互限定的に決まり、自覚されるのである。その上で、課題解決の努力は、〈外が内〉となり、〈内が外〉となることで、（詳細は次節に譲るが）これもまた相互限定的に行われる。課題解決の一段階が終了すれば、固有の限定としては一旦終了する。が、固有の限定は課題解決の方向である故に、それは単なる課題消滅ではない。課題を持って成立する個別の固有の限定は、解決して課題としての自己を失うが、その消滅は事実上の消滅ではなくて、前提的に表現されることであり、そこに新たな課題が成立するのである。

知も、このような固有の限定の対他的な構造の延長に成立する。与えられた前提に対し、主観は一々これに適合している。盲人に色は与えられない。聾唖者に対して声は与えられない。故に、単なる主観に対して単なる客観が与えられるのではない（六、二二〇）。前提に対応して固有の限定が成立し、固有の限定は、各々の他者、他の事実に対して、対他的な関係を持って唯一的な事実となる。固有の限定は、任意の他の事実に対する関係を含めて統一を持つ故である。それによって全事実をまとめることができる。この統一によって、唯一的事実は、唯一的事実となるのであるが、それはそれのみで、既に一種の認識主観の機能と考えることもできる。もちろん、それのみで知が成立するはずはないが、つねにその前に表現があり、呼応する前提があり、……ということを条件として考えれば、事は明らかであろう。我々の知識はここに始まる。物はその前提側に成立するが、主観は固有の限定側に成立する。固有の限定は表現作用的であるが、既に述べた通り、その表現は客観的でありうるし、また、この表現を通じて成立する知は、非合理性の合理化をも意味するのである。表現し、呼応する前提を経て、再び固有の限定……という行為的直観を繰り返すところに、認識も固まってゆくのである。更に、以下に見るように、呼応する前提は他者による表現を含んでいて、そこに相互限定が成立し、自覚が成立するのである。行為的直観は、結果的には自覚的となるべきものである。知の成立の根源は全て自覚にあり、したがって、自然を含まない行為的直観も、即自的には自覚を含む。行為的直観は、そのことを含めて行為的直観と言えるのである。

第三節　相互限定的な行為的直観と自覚

ここで、相互限定と、行為的直観、自覚の関係について考えておきたい。前提が決まり、固有の限定的となり、相互限定的となる中で、自己の存在も、他者の存在も成立する。ところで、一般に、他者の固有の限定は、自己にとっては単なる前提と変わらない。逆も同様であり、自己の固有の限定は他者においては前提となり、これに対する他者の固有の限定が、自己にとっては前提となる。即ち、自己と他者とでは、前提と固有の限定とが、相互に逆転して現れる。他者の固有の限定は自己の前提となる。従来、前提が含む〈否定〉と考えたものを、自己と他者との、前提、固有の限定という形で見れば、このような関係となるのである。たとえば、物は単に物として前提的であるだけでも前提ではあるが、単なる物と勝義の他者とは、一応分けて議論した方がよいだろう。物としては、直接、自己の表現的製作に対して呼応する前提的となるわけであるが、勝義の他者の場合は、自己の表現のみならず、他者の表現も媒介することで相互限定的となり、それによって、他者による固有の限定が、自己にとっては呼応する前提の意義を持つ。それで初めて、他者に依存する前提が合理的な意味を持ってくるし、また、それによって、自覚は自覚的となりうるのである。他者による固有の限定が、単に共同的なものとして了解可能なのは、既にこのような関係が前提されている故である。単なる物を含めて一般に成立する呼応する前提では、特に他者を意識せず、したがってまた、他者の固有の限定も、その前提への逆転も、意識されていないが、意識しなかっただけで、事実としては、同じ構造をミニマムに含むものと考えることができる。

そのことは相互に成立する故に、前提、固有の限定は、一般に、相互限定を含んで、前提、固有の限定として成立する。その場合には、前提、固有の限定は、それ自身の構造によって、他者とは相互限定的と言えるのである。そこで、前提とは、一般に、自己、他者の固有の限定を含み、その固有の限定は、他者にとっては前提となる。呼応する前提を、狭く、単独の固有の限定についてのみ呼応するものと仮定するのは無理であろう。呼応する前提は既に他者としての性格を持っている故である。そこで単に個物のみの範囲に制限された行為的直観というものはありえず、したがって、行為的直観は、つねに相互限定を含んだものとして想定されねばならないのである。ただし、そのことは、自己、他者の自存的な区別が、前提概念に先行することを意味するのではない。前提概念は、既に〈否定〉として他者概念を含み、相互限定的な構造も含んでいる。ただし、その時の、自己、他者概念の内実的な意味は、歴史的な蓄積によると考えるべきであろう。

このような関係を、特定の他者との関係に限って想定するならば、前提と固有の限定とは、単に逆転すると言うのみでよいだろう。が、一般的な相互限定である以上、そこに関係する他者は任意であり、したがって、一般の構造としては、やはり相互限定的な構造と言うしかないであろう。現実には、この相互限定的な関係は、各自の表現が表現として保存された上で、それを含んで前提的となるのである。行為的直観の一般化と言えるであろう。が、実は、もともと、行為的直観が、既に相互限定的な関係を含んで行為的直観であったのである。相互限定を含まねば行為的直観は成立しない。その結果、行為的直観は、同時に、自覚の構造をも意味することになる。自覚は相互限定を含んで初めて自覚と言えるであろう。西田は、自分の認識論はカントの意識一般と正反対で、徹底的な個人的自覚である（一〇、四五七）と言い、したがって、自覚とは外から呼び起こされるもの（一〇、四〇八）と言う。この自覚の形式によって、初めて〈自己が自己を知る論理的な形式〉も可能となるのである。

ところで、自己と他者とは、もともと、前提的な結果としては同じではありえないのだから、固有の限定的な関係のみからは自覚は成立しない。固有の限定は行為的直観の一面であるが、あくまで一面であるにすぎず、都度、生まれるものである。そういう意味からも、固有の限定という単位のみで自覚が成立するはずはない。自覚の成立はあくまで呼応する前提によるのである。ただし、それも客観的な自覚ではない。客観的な自覚とは、世界の自覚なのである。(7) 世界とは場所的である。場所という限り、任意のレベルで想定できるが、世界という限り、それは唯一で極大の場所を意味する。絶対現在的な場所であるのである。自己は固有の限定として世界の一観点であるが、矛盾的自己同一的に自己と世界とを交換すれば、呼応する前提が、同時に世界の自己射影点でもあることになり、同じ呼応する前提が、単に個人的な自覚の範囲に限らず、世界という単位で自覚的となりうるのである。

前提的ということが〈存在〉を意味するのであるならば、前提は、固有の限定による呼応する前提の成立過程を含めて、〈それ自身によって有る〉とも言える。他方で、呼応する前提を経ることによって、固有の限定は自覚的となる。〈映す〉ことは〈働き〉につながるが、その結果が、任意の他者、前提との関わりの下で、呼応する前提として現れてくること、それは自覚の成立につながるのである。〈映す〉、〈映される〉は、いずれも世界のこととして言われる（たとえば、一一、一七）が、我々としては、あくまで、〈映す〉とは、自己が前提を映し、他方、〈映される〉とは、自己が前提に映されると考えてよい。呼応する前提は、自己が〈映される〉前提であり、自己を照らすものである。そこに自覚が成立し、実在は、〈それ自身によって知られる〉ことにもなる。外からのみ知られる世界は、それ自身によって知られる世界ではない。実在は、理解することその事を自己の事として含まねばならないのである（一〇、四八九）。外からのみ理解されるのでは、外から理解するものは、その実在には含まれないことになる。それでは、それ自身によって有る世界とも言えない。が、実在は、自覚を含むことで、〈それ自身によって知られ〉、かくて、実在は、上記のことを併せて、〈それ自身によって有り、それ自身によって知られる〉ことになるのである。

ところで、〈前提されるもの〉は、任意の前提結果、即ち、任意の表現を含んで〈前提されるもの〉である。更に、任意の前提は、任意の〈前提するもの〉にとって、共同的に前提的である故に、そのことを意識すれば、これを〈共同的前提〉と称することができる。〈前提されるもの〉は、任意の〈前提するもの〉に共同的という意味で、共同的前提と考えられるのである。〈前提されるもの〉の超越性と、その共同性とに注目すれば、この前提との同期は、表現的製作の場合の客観性の根拠であるのみならず、それは我々の自覚の根拠でもあり、結局、我々の自己成立の根拠もそこに求めることができる。西田はそのことを以て、宗教的な議論、「真の文化は宗教から生れる（九、二一五）」というような議論に入る。が、しかし、筆者の考えでは、これはあくまで、実在の構造、社会、歴史的世界の構造に関する議論にすぎず、敢えて宗教的に理解するには当たらない。(8)〈前提されるもの〉が、任意の〈前提するもの〉も含めて、共同的に前提されるというにすぎないのである。しかし、実は、事はそれのみに留まらないかもしれない。客観性の根拠は、社会的、歴史的世界の構造とも関わりを持つだろうし、その限り、自己成立の根拠とも通じる面はあるだろう。としても、そこにはより詳細な議論が必要であろう。ここでの我々の課題は制限されている故に、ここで詳しく触れることはできないが、客観性成立の原理は無造作に拡張してはならないのである。

第四節　時間と空間の表現的な構造

前提とは〈作られる〉ことと考えてもよい。固有の限定には、我々が作られて、身体を持つことが条件であろう。何事も、前提することから、即ち、〈作られる〉ことから始まる、と考えてよい。〈作られる〉ことからと言うには理由がある。絶対者の立場からは、〈作るもの〉からと言ってもよいであろう。が、我々の立場からは〈作られる〉ことから始まって、〈作る〉とするしかないのである。我々が、全ては前提からと言ってきたこととも対応している。作られたものは結果であり、既に終わったことである。そこでは、我も、他も、狭義に前提的である。〈作られる〉とは、前提的、結果的に決まることである。と同時に、それは否定されるべく作られるものである（八、四八〇）。形が決まってゆくにつれ、それは固有の限定として自己自身を否定してゆく。それが、働くことである。西田はこれを〈作られたものから作るものへ〉と言うし、また、形が形自身を限定するとも言う。表現、即ち、作られた形以外に、何があるわけでもない故である。

意志が働きうるためには、何らかの意味で、現在的ではないもの、即ち、未来が、自己否定的に現在にならなければならない。未来は、全体として、自己否定的に、現在に映されているとも考えられる。が、絶対現在的には、あくまで現在が先にあって、過去、未来は、現在から見て、過去、未来である。そう考えるならば、現在の自己否定的な表現が、未来を表現しているとも言える。現在が過去となり、それが実は前提的には現在であるという循環をなすことで、任意の過去が現在的である。この時、過去に去った現在を現在と仮定するならば、新しい現在は、相対的に未来と言える。少なくとも一瞬前までは未来だったものである。その意味で、現在から未来を見るという時、未来は、現在からせいぜい一歩出るのみであろう。過去からの未来は現在への表現の範囲を出ない。それが意志の形で未来に延びてゆくには、同期を前提しなければならない。同じ同期とは言いながら、論理は前提をベースに、意志は固有の限定に力点を置いた同期である。この同期によって、同じ構造は任意に反復可能となり、それによって、単に現在の一歩先ではなく、任意の、内実を持った未来が成立しうるのである。これが、未来なるものの表現的な成立と言えるであろう。任意の未来への表現という意味では可能性の世界の成立とも言える。過去についても同様である。未来が、現在の自己否定的に未来であると同様に、過去も現在の自己否定的に過去である。現在が過去となり、それが実は前提的には現在であるという循環をなすことで、任意の過去は現在的である。そこで、現在の一面は、〈過去の、任意の固有の限定〉が共同的に表現されているという意味では法則が成立しうるのである。ところで、自己と他者では、前提と固有の限定とは逆転するのであった。任意の過去での他者も他者である。その意味で、任意の過去での表現は、全て、現在において共同的に前提的であり、したがって、法則的な側面を持つ。更に、それは、現在の行為とも共同的であるならば、それは現在において法則的であることを意味し、したがってまた、現在の実験に対する呼応する前提も、これと共同的であることによって現実に法則的となる。換言すれば、現在において、行為的直観的に見れば、世界は法則的でありうる（法則云々については、一一、三三五—三三六）[9]。かくて、法則性の成立も表現によるのである。

任意の過去の固有の限定ではなく、もう少し具体的な、有限の過去についてはどうだろう。過去は過去としての自存的な実在性を持つわけではない。過去はあくまで現在から見ての過去であり、その限りで実在的なものである。既に見た通り現在が過去となり、それが、前提的には現在であるという循環によって、過去は、履歴的に現在に表現されているのである。と同時に、これも既に見た通り、過去成立と同じ構造によって、未来も現在から見ての未来である。過去からの表現であると同時に、未来への自己否定的な表現とも言える。このように、表現作用とは過去の厚みに一歩を加えてゆくとともに、未来の可能性を蓄積するものでもあり、それが、社会、歴史の形成でもあるのである。西田が考える実在とは、社会的、歴史的世界である故に、全てはこのような表現的な構造を原型とするものである。固有の限定的な事実は、過去、未来を否定して唯一的事実的である。そのことは、同時に、過去、未来が、全て現在において絶対現在的に結合していることを意味し、それがまた歴史的世界の成立を意味している。かくて、我々の自己は、かかる世界の創造的な要素として、無限なる過去を負ってこの世に生まれ、無限なる未来を望んで生きる(一〇、四八五)。我々の決断も、このような構造の中に成立するのである。

西田の考える、時間、空間は、通常の自然科学的な意味を含むが、それのみとは限らず、より広い意味で言われている。[10] そこで、自然科学的な意味でのそれは、広義の、時間、空間の中に、更に制限を加えることで定義されるべきものである。自然科学的には、時間推移も共同的でなければならない。そこで、時間推移とは何か、等々についても考えておく必要があるだろう。時間は固有の限定的であって、前提たる共同的前提を全域的に包もうとして、包めないところに成立する(六、二〇三―二〇四)。時間とは、固有の限定的であるのである。そこには、もちろん、客観性の条件も成立する。そう考えれば、時間は、表現的製作の客観的な成立と同様に、より正確には、表現的製作の一面として成り立つのである。現在は、行為によって過去となり再び帰らない。しかし、その、一旦消滅した過去は、呼応する前提によって保存される。そこに時間推移が成立するのである。[11] 時間の本質は、固有の限定的には過去に去り、それが、前提としては現在に前提されるということである。固有の限定的に消えゆく方向が過去なのである。ところが、それが、呼応する前提的には現在であるところに時間推移が成立し、そこに、消えゆく方向にある過去が、過去となるのである。固有の限定は一旦消滅して過去に去っても、それが前提していた前提は、現在的な前提となることで保存されるとともに、過去に消滅した部分は、表現的、履歴的な過程として残る。時間履歴の成立とは、表現的製作において表現結果が保存されるのと全く同様の構造であり、同様の事情である。かくて、時間は表現的に定義され、しかも、実証されると言える。同様に、空間も、呼応する前提の構造として、表現的に定義されるであろう。

空間とは前提的なものである。空間は単に共同面として定義されるべきではない。空間は、呼応する前提であり、単なる自己同一面ではないのである。時間が固有の限定として始まるのに対して、空間は呼応する前提である。〈前提されるもの〉からの戻りである。しかし、だからといって、空間移動も向こうからの戻りというイメージで考えるべきではない。空間移動とは、呼応する前提の結果たる〈ここ〉をベースとしたもので、時間的、空間的に成立するものである。したがって、空間移動も時間と同様に、〈今、ここ〉からである。〈今、ここ〉とは、つねにその時々の前提結果であり、決まった所であり、したがって、時間は〈今、ここ〉から始まるのであるが、空間的にも同様に〈今、ここ〉からである。時間も空間も、原点は〈今、ここ〉であるのである。空間は時間と対照的に可逆的であるが、その時の帰り道も、やはり、その場合の〈今、ここ〉から始まる。我々が、空間を延長として認知しうるのも、このことによるのである。論理の証明が公理からであるのは、論理の場合、〈今、ここ〉は、共同的な公理系、もしくは〈そこ〉から証明された既存の命題群でしかありえない故である。現実には〈今、ここ〉から、論理としては〈そこ〉からということであろう。もちろん、これも固有の限定を条件とする。時間なしに空間的ということはない。逆も同様である。時間推移も、呼応する前提によって決められた位置が条件となる故に、空間なしに時間が決まるということもない。空間的な測定のみで時間推移が測定可能なわけではないが、〈決定する〉というイベントは呼応する前提によるものであり、空間的であるのである。

時間履歴とは何であろうか。履歴は、絶対現在の中での、過去、未来の表現である。もちろん、共同的とは限らない。それらは、現在における表現という意味で、現在に同時存在的であり、それ故に、これは、たとえば、共同性を持った知識形成のために参照されるべきベースとなる。しかし、そのうち、共同的なものも共同性としての履歴は持ちうるから、共同的な時間の履歴というものを考えることはできる。普通に考えられている時間履歴とは、共同的な時間の履歴である。従来の、現在における共同面を狭義の共同面とすれば、共同的な履歴の構造は、広義に共同面と言えるであろう。しかし、実際には、共同面に、狭義、広義の区別はできない。本来、共同面とは、共同面の履歴を含めて、初めて共同面なのである。現在が過去となり、それが、実は、前提的には現在であるという循環が履歴を生成する。それに、何らかの、共同的な履歴を含めて考える時、広義の共同面が成立するのである。履歴を除いてしまえば、共同面は、厳密な意味では共同面としては成り立たない。瞬間のうちでは働くこともできない故である。したがって、共同面とはつねに履歴を含んだ広義の共同面であるのである。そのような履歴は、後述する意味で数学的な証明の構造のベースとも対応すると考えられるが、それ以前に、言語の成立がそうである。ただし、これは、あくまで言語表現的に現れた実在的内容と考えるべきものである。これに対して、時間履歴とは、自然の表現によって定義されるものとでも言うべきであろう。

一般の履歴において、過去の履歴は不動である。そのことは、狭義の現在的に成立する行為的直観が、そこでは成立しないことを意味している。その議論の前に、我々は、過去に消滅したものの保存の構造について、今一度、振り返っておく必要があるだろう。過去は現在に保存され、現在に同時存在的である。ただし、同時存在的という意味では現在的であるが、そこにも、表現的には区別はあるのみならず、その全体を参照した上で、行為によって成立する新しい履歴は、最新の履歴として、今までの現在の後に追加されて新しく現在となる。それ故に、行為によって、それ以前の履歴が動くことはない。我々は過去を直接的に変えることはありえない。過去が変更不能な履歴となるのは、このような根拠によるのである。過去の不動性とは、終了して再び動かない、前提としての不動性を意味しているのである。履歴も前提であり、またその前提は、任意の〈前提するもの〉にとっての共同的な前提である故に、履歴とは、一般に、共同的な前提である。故に、履歴は時間的な履歴とも言えるとともに、結果としては、前提的な履歴であり、前提的に保存されていると考えられる。これが、時間履歴の保存の構造である。故に、保存の構造も表現的なものと考えることができる。ここで、履歴は、つねに最新の履歴として追加されるとは言うものの、ではその場合、通常、単に対象の履歴として想定される履歴構造のように、過去の履歴は、全てそのまま前提として残っているのかというと、そうとは限らない。履歴はあくまで、前提の構造として成立するものであるから、前提の構造としては、最新の履歴が、現在的な前提に最も近いものである。それ以前の履歴はそれに重ねられる可能性を持つ故に、つねにその全てが見える形で残るとは限らない。そのことが、過去の時間的な変化を意味する。過去それ自体は変えられない。にも拘らず、過去を辿るために必要な履歴の一部は、より新しい履歴によって塗り変えられ、変化してゆくのである。これに対して、共同面も一般に不動と言える。たとえば、法則性の成立には、共同的に表現されることが条件である。共同的な現在への表現である。故にそれは、単に不動ということではない。むしろ、動くけれども、共同的な表現である故に法則的でしかありえないものである。動くことを条件に〈不動のもの〉として成立するものである。

注

（1）限定的ではなく、前提的に見ることとは、世界を中心に物事を考えようとした後期西田哲学の行き方と矛盾しないはずである。西田は世界から自己を考える。比喩ではなく、我々の自覚の事実を、世界との関連を持って位置付け、意識作用もそこに位置付けるのである。その、世界の中の我々という、西田の考え方を継承し、しかも、世界の自己表現とか、自己限定とかという世界を単位とした用語の不可解さを払拭するには、主体はやはり我々の側にあること、そして、にも拘らず、我々は、世界の中の我々として、世界の中の自己表現的要素として、世界を受けて成立するという、西田の考え方を構造的にも明らかにしつつ継承する必要がある。したがって、ベースを個に還元したいという意味ではないのである。ついでに言えば、前提という概念から始める場合、そこに自己表現要素という構造は含まれる故に、我々としては、西田の、自己表現要素という用語は基本的に不要と言ってもよい。〈前提するもの〉は個物的であっても、前提の構造には、もう一面、〈前提されるもの〉が想定されねばならなず、これがその隠れた主体である。前提はその全てを含んでいる。が、しかし、その〈前提されるもの〉に、直接、言及するのは我々の趣旨に反する。それでは、無条件的な限定に直接言及するのと変わらないだろう。「無の自覚的限定」の頃までの西田哲学は、「場所」については既に議論されていたにも拘らず、自己と世界とが分化する途上にあったと思える。無数の試行を経て、その後、個物の相互限定という視点、他者の視点が明確になったこと、空間（我々の用語では、前提、あるいは、後述する、呼応する前提）の位置付けが明確になったこと等々により、世界という視座が確定して、議論の場は広くなった。それに正当に対応するためには、限定のみでは整合しえなくなったと思えるが、その点に関して西田の体系は必ずしも明確ではない。

前提自身に固有の意味があるわけではない。より具体的に、西田的な用語によって、全ては表現と言った方がふさわしいかもしれない。前提概念は表現概念のための準備と言ってもよい故に、全ては表現から始まるとしてもよいだろう。にも拘らず、我々が前提について論じるのは、単に、その方が普遍的な説明が可能というのみではない。〈表現されるもの〉には〈表現するもの〉が先行しなければならない故に、我々は、〈表現するもの〉の構造をおいて、結果としての表現から議論を始めるわけにはゆかない。〈表現するもの〉を問題とするには、前提から始めねばならないのである。たとえば、〈表現するもの〉は〈前提するもの〉でもあるとして、これを、個物的なものと考えるとすれば、それは、何らかの形で一般者の限定として考えられねばならない。が、一般者からの限定によって、直接に個物に至ることは不可能であり、その限り、一般者の限定として個物を考えることはできない。〈前提されるもの〉は、直接には言及できないから、そこから〈前提するもの〉は限定できないのである。が、個物は現実に成立している。故に、西田は、逆に、個物は現実に成立しているという、前提的なあり方を認めた上で、それと固有の限定との関係によって自覚に至ることで、個物と一般の関係を解きうると考える（六、三二）。ただし、西田は前提概念を持たぬ故に、我々の言い方が許されれば、という意味である。実在は、まず前提であるから、根底において非合理的と考えねばならない。が、非合理が非合理と言えるためにも、そこには、既に最低限の合理性がなければならない。それは、前提が、既にミニマムには自覚的であることを意味している。前提が前提であること自体、既に即自的な自覚である。前提は、ミニマムには自覚的であるのである。個物が一般者の自己限定によると考えられるのも、そのような自覚を背景に持つことによる。そこで、我々の基本方針は、前提とそれが含む否定から出発し、まずは自覚に至ることである。自覚とは、まず、個人的な自覚であるが、矛盾的自己同一的には世界の自覚である。我々が一般に、世界の〜という単位で物事を考えうるとすると、それは、このような構造によるのである。

（2）固有の限定を伴わない前提を即自的前提と称することにする。しかし、前提には、必ず、ミニマムには固有の限定が対応するとすれば、我々のような主体を仮定しなくても、原則として、即自的前提というものはない。即自的前提を前提して固有の限定ということは、絶対の非合理の上での行為である。前提は、即自的前提として非合理的であっても、呼応する前提としては、その表現的な合理化として、合理的な側面を持つことになる。過去にこのことが成立していると考える限り、即自的前提には固有の意味はない。それ故に、我々は、以降、特に意識したい場合を除いて、即自的な前提と、既に合理的な側面を含んだ呼応する前提とを区別しない。西田は、歴史的世界である限り、単なる質料はないと言う（一〇、三五八）。単なる質料とは、即自的前提と考えてよい。本来、即自的前提ということ自体が、既に、表現的にのみ定義可能であるのである。表現により非合理的な世界が合理化するということ、これは一面、全体としては非合理な世界の中での、ごく表面上の出来事のようにも思えるが、我々にとっては、むしろ、かかる表現的な構造こそが現実であり、それ以外の現実があるわけではないのである。

（3）

固有の限定として働くということは、ただ単にむやみに働くのではなく、法則性を知って働くことである。ただし、法則性は結果であって原動力ではない。そこで、働きが法則的であり、結果として目的に沿うためには、固有の限定は、表現の結果と自己自身の形を見て、自覚的に働かねばならない。法則はその背後に見えるものである。そういう意味では、物理的な働きも、実は通常の考え方のように、単に客観的に物と物との関係としてのみ働くのではなく、固有の限定として、世界を映すことで働くのである。単に法則性として受動的に働くわけではない。働きが成功裡に働くには、後述するように、固有の限定は前提と同期しなければならない。が、その同期は、現実には、固有の限定が前提を積極的に含む形で成立して、初めて成立するのである。物とは歴史的世界における事物である（一一、二八九）。自己を離れた単なる物というものはない。故に、物と物とは、我々の意識と独立に、客観的に働いているのではない。固有の限定的に働くのである。働くものは、あくまで固有の限定的であり、勝義には、我々の自己であるのである（六、三一五）。故に、働くとは世界と世界との関係とも言われる。が、そこには、前提としても相互否定的に働くものがあり、それらはいずれも、この固有の限定の中に現れ、固有の限定とも同期して相互に働くのである。にも拘らず、そこで働く物が客観的と言えるのは、固有の限定が客観的に働いていること、即ち、前提と同期していることによる。では、物は本当に独自には働かないのであろうか。はるかに遠方、銀河系内外での諸々の現象は、我々の固有の限定と如何なる関係があるのだろうか。それも、我々の目前の光景と何ら変わらない。もちろん、恒星は、我々の視野とは完全に独立にと言えるほど、独立に動いているだろう。が、たとえそうでも、我々に見える限り、あくまで我々の固有の限定の中における現実である。働くとは、行為的直観的に働くことである。物理的法則性はその結果として成立するもので、それを単に結果的な物理的関係として見れば、単に物と物との関係に見えるのである。それに、法則性は、客観的に、そしてまた、後述するように共同的に働くものであるから、そのような意味でも個々の固有の限定とは独立的に見えるのである。しかし、我々の生まれる以前の、過去からの連続線上に現在があるという科学的な所見を信じれば、過去の物にも働きが認められねばならない。が、過去は既に過ぎ去ったことであるから、現在の固有の限定としての働きではなく、現在での相互限定でもないが、過去のことは現在への表現であり、したがって、過去も、現在から見て、働いていたと理解できればよいのである。物の起源は事実であり、事実が反復するところに物は成立する。故に、過去の物は、現在から見られた過去の事実であり、その現在への表現から理解するしかないのである。

（4）製作の客観性は、全域的、一度的に決まるわけではない。行為的直観の繰り返しが、その全過程として成功裡に完結すれば、結果として製作が完結しうるが、逆に、そこには、つねに錯誤の可能性がある。一連の製作という過程において、その過程の一々、過程から過程への一々は、何らかの行為的直観によるのである。その結果として、行為的直観が客観的に成り立てば、製作は、客観的に、なおかつ、予想通りに完成する。前提との同期は、製作過程の一々において事実的に成り立つものであり、それ以前から自存的に成立しているわけではない。製作には意志作用が重要な役割を果たすが、意志とは固有の限定の側から製作過程を見たものである。が、その意志の結果は前提との同期に依存して決まり、両者が食い違えば、現実は期待通りには動かない。が、そのことが自覚されて修正が可能であるならば、製作は客観的に成立しうるのである。

（5）合理性成立の構造は、客観性成立の構造を含めて実証的なものである。自存的に成立しているのではなく、実証的、経験的に、呼応する前提として成立するのである。何事も、現実に、具体的に実証してゆくことで決まってゆくし、また、見えてくるものである。世界の自己表現的な構造と言っても、自己表現的な法則性が自存的に成り立っているという意味ではなく、あくまで検証してゆくべきことである。徹底的実証主義（一一、七四）とも言われる。西田は、「古来、経験論の強みは此にあるのである」（七、三二四）。と言い、また「絶対弁証法の哲学は却って真の実証哲学と結びつく」（七、三九四）とも言われる。実験の客観性も同様に実証的に成立し、そこに科学も成り立つのである。知も表現の結果が行為的直観的に見られるという意味で、経験的であるのである。

（6）矛盾とは、本来は、前提と固有の限定との背反的な関係である。普通には、矛盾とは命題上の矛盾的な関係を意味し、現実の関係に関しては矛盾という用語は用いない。が、西田は、命題の矛盾も含めてではあるが、表現的製作を形成する現実の関係を矛盾と言うのである。しかし、その矛盾的自己同一的な関係は、自己同一的な範囲に限れば無矛盾的となりうる。その無矛盾の範囲で成立しうるのが狭義の論理であり、数理的な構造もそこで成立するのである。しかし、矛盾もひとつの定義である故に、表現なしには成立しない。とするならば、矛盾という用語ひとつ使用するにしても、表現の範囲を超えると困難を生じる。故に、一般に、前提と固有の限定との関係を矛盾的自己同一ということさえ、表現の範囲を超えた議論となり、我々の基本的な考え方を逸脱するのではなかろうか。が、それを可能とするのが行為的直観であり、自覚である。行為的直観は、その結果として、自覚的に、合理的に前提を垣間見ることでもある。矛盾的自己同一という関係に意味があるとすると、そういうスタンスにおいてである。表現によって、矛盾的であればあるほど、前提としての共同性が、非合理性の合理化として、自己同一的な面として現れてくる。これは、表現の内部に成立しうる限定された論理でのことではないし、絶対に非合理な外部のことでもない。外が内となり、内が外となる、境界面的なところでの議論である。論理成立の原理であるのである。

(7) 科学は、世界が如何に自己自身を形成するかである。故に、科学は自覚とは言わない、が、哲学は、世界は如何に成立するかであり、自覚によって成立する(一〇、四七〇)と、西田は言う。科学は世界の自己形成の形を見ることである(一〇、四七一)。世界が自己を形成する形とは、実験によって現れるものと考えてよいであろう。世界と個との関係である。にも拘らず、この場合は共同的であることで客観的に知的となりうるのである。が、それは特殊な範囲にすぎない。その意味で、科学の真理は、行為的直観的な実験に同期して呼応する前提の方向に現れるというのみである。この場合には世界と自己との関係でよいのである。その結果、科学の対象は、それを見る者と同じではない故に、端的に自覚とは言えない。あるいは、自覚的でない側面は残る。しかし、哲学は、世界は如何に成立するかであるから、世界の自覚としてのみ成立する。個的な認識であるにも拘らず、矛盾的自己同一的には、前提の全体を単位とした自覚でなければならない。個の自覚として成立するとともに、世界の自覚であるのである。それ故に、西田は、哲学は世界の自覚によるが、科学は行為的直観によるものとして、両者は、一応、区別されるのである。しかし、このことは、自覚と行為的直観とが、対極に位置することを意味しない。行為的直観はもともと自覚的であるのである。そうではなくて、ここでの主旨は、哲学と科学とは、上記の意味で対極に位置するという意味である。本来、自覚は行為的直観によるし、また行為的直観は必ず自覚的となる面を持つのである。

(8) 我々は、表現的製作の客観的根拠について、前提と固有の限定との同期と考えてきた。しかし、このことは製作に留まらない。拡張すれば自己成立のあり方とも言えるだろう。西田は、この、自己超越に根拠を持つという自己成立のあり方について、それは、自己成立の根拠でもあり、それは宗教の根源とも考えられる故に、宗教的な問題と考える。のみならず、科学の客観的な成立根拠もここにあり、全ての根拠でもある故に、科学も含めて、全てが宗教に依存すると考える。そこで、「真の文化は宗教から生れるものでなければならない」(九、二二五)と言われ、世界を映す、行為的直観を神の言葉を聞くことにもなぞらえる(八、一五三)。この考え方は、初期から後期に至るまで、西田の不変の見解である。神は矛盾的自己同一に位置し、矛盾的自己同一そのものである。ここに神が位置するとすれば、諸々のことが調和的に解決されるであろう。哲学は、少なくとも宗教哲学を含むとするならば、神の位置も必要だろうし、それには矛盾的自己同一は格好の場所であろう。が、しかし、このような世界の構造に対して、我々も、西田に倣って、ここに神を見る必要があるだろうか。それは世界の構造であり、したがって、そこに、世界が、ある種、宗教的とも言える構造を持つこと、そこまでは認めうるとしても、それは、あくまで世界の構造である。科学が科学的実験のひとつの結論にすぎないのと同じく、宗教も、自己成立の根拠を求めてのひとつの結論にすぎないのではなかろうか。世界が神の映像を持つと言う（一〇、四四二）のも、そのような結論のひとつを意味するものである。西田自身、絶対的一者を基底的に考えるのは、自分の根本的立場に反するとも言っているのである（一〇、五三一—五三二）。少し強引かもしれないが、その限りでは、神は根源ではなく、むしろ結果であり、神なしでも世界の構造は成り立つであろう。

(9) 共同的な前提は、任意の〈前提するもの〉にとって、任意の他者を含んだ前提として、共同の前提である。〈前提されるもの〉の構造である。それを〈前提するもの〉から見ると、各々、〈前提するもの〉として異なった前提であるにも拘らず、〈前提されるもの〉の共同的前提の下にあることになる。そのことは、如何なる局面においても成立し、それを法則性の成立と見ることもできるであろう。共同的前提の下にある限り、それなりの法則性の下にあると言えるなら、それは行為的直観的な法則性と対応するであろう。しかし、我々は〈前提されるもの〉を直接議論することはできない故に、そのことは、実証されない限り意味はない。したがって、このような法則性の理解も、結局、本文のような、任意の過去の固有の限定の表現という定義と同値となるであろう。法則性は、実験的に検証できれば、世界の自己表現的な構造の一面が見えてくるものという意味で、初めて〈ある〉のである。客観的に、〈ある〉と考えられていることも、つねにそういうあり方を意味している、と、西田は考える。このことについて、西田は、「プリズムによる分析の前に無色の光線の中に七色があつたと云へば、あつた。併しそれは我々が実験をすれば、現れるといふ意味に於てあつたのである」（八、四三八）という、ド・ブローイの言葉に、繰り返し言及している。測定ということも、行為的直観のひとつである。物によって物を測る故に、光の速度が最大と見なされることにもなる（一一、五一）。「所謂測定 measurement と云ふのは、此の如き世界の自己表現作用でなければならない。……我々の身体的自己が、世界の自己表現的過程として、自覚的に、物を以て物を表現する。これが測定である。……物を測る尺度も亦物であるのである。測定とは物の世界の自覚的過程でなければならない」（一一、四〇）。

(10) 時間、空間は、我々の用語では、固有の限定、前提に相当する概念である。が、西田は独自の説明を与えている。時間は、どこまでも多にして、多が自己否定的に一において表現されることであり、空間は、どこまでも一にして、一が自己否定的に自己において無限なる多を表現することである（一一、一二〇、二〇〇）。一々が、自己否定的に他の部分であることが時間的ということである。時間は一々が他において成立するもの、即ち、固有の限定的であり、固有の限定が前提においてあることである（一一、一二八）。動きゆく世界、亡びゆく世界の形式である（一一、一二〇）。逆に、どこまでも非自己的なるもの、自己に対立するものが、自己の分割、自己否定として自己であるということが空間的である（一一、一二八）。一が自己否定的に自己において無限の他を表現するというのが空間の形式である。空間とは、他を、即ち、固有の限定を自己の部分と見なすこと、即ち、前提的である。それはどこまでも自己自身を保つ世界、永遠の世界の形式である。ただし、このことは限定的な解釈で、我々としては前提的に解釈し直さねばならないが、その上では、空間は、前提として解釈可能である。我々の定義では固有の限定は前提を前提として固有の限定であるのであった。それ故に、時間（固有の限定）は空間（前提）に依存して始まる。時間的な多は、多が自己否定的に一において表現されること、空間は、一が自己否定的に自己において無限なる多を表現することという関係は、固有の限定と前提との関係によってわかるはずである。ここで、〈表現する〉、〈表現される〉という関係は、固有の限定的に消えゆくことが、前提的に保存されると言ってきたことと対応しているのである。時間は、固有の限定的に消滅することで自己を空間的に映し、それによって推移する。故に、生滅を繰り返すとしても、その生滅も含めて、時間として持続的、空間として前提的と考えられる。時間的に過去に去ることは、空間的には現在的であるのである。

時間、空間の関係は、いわば循環的である故に、観点を変えれば、定義は逆転しうるのであるが、事実、全集第一一巻とそれ以前とでは、定義が逆転したように見える。上記の定義は第一一巻でのもの。それ以前は、時間は一から多、空間は多から一と言われていた。しかし、これについて、西田は、時間が一から多へとして作るとは、多を一として形作るという意味であり、空間が多から一へとは、一が多の関係として現れることだと言っている（一〇、四八三）。それ故に、表面上は逆に見えるが、意味は変わらないようである。が、第一一巻では、用語が変わって以降、これとは背反的に、時間を多から一、空間を一から多とも言っていて（一一、一二〇）、この場合には、明らかに用語は混乱している。

なお、このままでは自然科学的な、時間、空間とは言えないであろう。自然科学的な時間は、単純に、過去から未来へという直線的な構造を持ち、座標的に表現可能な共同的な構造を持つ。その場合、空間も、これに対応した座標的な構造を持つ。行為的直観的な関係、表現的製作との対応は残っているとしても、それは抽象化されて、対象的な、時間、空間となる。当然、自然科学的な、時間、空間も、絶対現在の中に、行為的直観の一面として構成されなければならない。実は、自然科学的な、時間、空間とは、共同面的な一面を意味しているのである。時間、空間に関しても共同的な側面は成立し、そのような一面が自然科学的な、時間、空間であるのである。また、それ故に、これらは座標ともなりうるのである。自然科学的な時間の単位が瞬間的となるのも共同性による。西田は、自然科学的な時間は、空間に従属する故に瞬間的と言う（一一、五四）が、我々の考えでは、共同的に推移する故に瞬間的な単位を持つとも言えるし、またそれ故に、瞬間は同等となるとも言えるのである。自然科学的な時間が物の動きと切り離されるのは、この共同性のためで、空間に関しても同様である。もちろん、本来の、時間、空間はそうとは限らない。時間、空間は、本来、行為的直観の両側面であり、したがって、物の動きとも不可分離的である。時間は、本来は生滅的であるが、自然科学的には、自己も他者も区別なく、共同的な、時間推移の繰り返しとなる。対応して、空間的にも、同じ形で相互限定を繰り返す。が、この場合は、自己のみならず、相互限定する他者も、物の動きも、外に前提されていて、したがって、空間的にも物の動きとは切り離されて、単に物が動く空虚な場とされる。時間的にも空間的にも、物の動きは外に前提されている。時間が瞬間的であるのに対応して、空間も連続体として現せるものとなるのである。

(11) 時間推移は物理的な動きと対応はするが、それとは区別される。物理的には任意の異なった動きをしているふたつの系も、時間推移に限れば同じ時間推移をする（相対性理論以降の物理学に関する議論はここでは対象外とする）。時間推移は、表現的製作と同様に、固有の限定的な生滅と前提的な保存という関係に依存する。しかし、それは行為であるから、そこに物理的な変化がないわけではない。が、そのような変化にも拘らず、時間推移はそれとは独立に成立するのである。もちろん、両者は無関係ではない。固有の限定としての消滅と、その呼応する前提としての再生が、時間的な足踏みを意味する。その限り、時間推移は表現的製作と何ら変わらないのである。そして、それに対応する共同的な履歴的構造が時間推移と言えるであろう。故に、時間推移は表現的製作の共同的な一面にすぎない。それは物理的変化に伴って見えるものである。物理的変化がなければ、時間は推移しても知られることはないであろう。ところで、この共同的な時間推移は、意識を持たない単なる物についても成立しなければならない。そのためには、物にも、事実上、共同性が成立するための保証がなければならない。単なる物にも時間を想定可能とすると、それは何によるか。そのことは、我々が、身体として（身体も物である）、物に対して相互限定しうることから理解しうるであろう。我々が生まれるはるか以前にも、当然、時間推移はあったはずであるが、これは過ぎ去った過去のこととしてしか実証できない。が、共同的な表現は残っている。時間的には、過去は去って帰らない。が、表現的には現在に同時存在的である。全ては絶対現在的であるのである。過去に如何なる時間推移があったかということについても、現在からの実証可能な想定があって初めて測定できるのであって、そのことを除いて、自存的な時間推移があるわけではない。実証はつねに可能とは限らなくても、不可能ではないのである。何事にせよ、合理性を持って成立するということは、実証可能な形で成立することだからである。

第四章　表現的世界での論理の成立

第一節　共同性と命題表現について

前提と固有の限定との矛盾的自己同一的な行為的直観的な世界において、その一面として共同的な自己同一面が成立するであろう。と言っても、どこかにそのような面が、自存的に存在するわけではない。実証できないことに意味はない。実証されるという限り、前提として見えねばならず、それは、ひとつには、行為的直観の呼応する前提によるが、もうひとつ、勝義の他者に関しては、任意の他者の固有の限定は自己への前提となるという関係による。前者は後者の一部とも言えるし、前提、固有の限定を拡張的に理解して、前者が後者を含むとも考えられる、であろう。いずれにせよ共同性とは同期と対応するものであって、呼応する前提において現れる。自己と他者とでは、前提と固有の限定とが逆転する故に、任意の他者の固有の限定は自己への前提となる。その意味で、任意の他者の固有の限定が、前提となるのであるが、その際、この前提が自己の固有の限定とも同期的であるところに相互限定的な共同性が成立するのである。ただし、勝義の他者を想定する場合には時間差がありうるため、実際には表現を媒介とすることになるであろう。それによって、一方の同期と他方の同期とが、時間的にずれてはいても、同期的に相互限定しうるのである。共同的な自己同一面とは、従来、我々が客観性の条件と考えてきたこと、即ち、前提と固有の限定との同期と対応している。この同期は、表現的製作の客観的な成立の原理であり、科学的な法則性の成立の原理であり、自覚成立の原理であるとともに、それはまた論理成立の原理でもあるのである。

同期という定義は、今少し、その内容を明確にする必要があるだろう。前提としては、個々の前提は別のものである。それ故に、前提と固有の限定とが同期するというのみでは、個々に関する同期は成立しても、共同的な意味での同期、自己同一面が成立するとは限らない。それ故に、同期が共同的な意味を持つためには、同時に、任意の、他の固有の限定に関しても同期しなければならない。しかし、ここで前提とは、〈前提されるもの〉としては共同的な前提である。したがって、同期については、その場が、深く、〈前提するもの〉との関わりに近くなればなるほど、任意の固有の限定に関して、共同的な前提との同期が成り立ちうることになる。共同面とは、単に、ある限定された一面に関して共通というような意味ではない。全域的で、相互に矛盾的な個物と個物、世界と世界とが矛盾的自己同一的という意味である。前提と固有の限定との関係であり、他者との関係も、相互限定として、この前提との関係に含まれると考えてよい。その結果の矛盾的自己同一的な関係である。それ故に、同期的であるとは、既に共同的な自己同一面であったのである。そのことが、実際の表現によって実証的に示される範囲、我々はこれを〈共同面〉と称することにしよう。西田の概念からは外れるかもしれないが、我々の考えでは、彼のように、肯定面と言われる現実的世界に対して、矛盾的自己同一的に噛み合う全域的な否定面ではなくて、むしろ、矛盾的自己同一的な現実的世界に含まれる、（矛盾的）自己同一的な一面であり、したがって、共同面と言った方がふさわしいと考える故である。(1) 共同面を想定することにより、呼応する前提も、任意の前提に関して共同的なものとなり、そこでの同期が論理成立の原理であるのである。

この同期を、表現的製作の面から見れば、製作の客観性の保証にすぎないが、科学の理論的な仮説とその検証というような場合には、実験的な表現的製作の客観的な成立の条件という他に、その命題表現という側面においては、固有の限定によって前提の構造をなぞるものである。勝義に製作的な場合にも、意志は、前提との同期によって前提をなぞるには変わりはない。が、命題表現の場合は、前提との同期の構造それ自体が表現され、それが呼応する前提によって保証されることによって、命題表現が成立するのである。それ故に、論理の成立に際しても、共同的な自己同一面というものが自存的に想定されるべきではなく、むしろ記号的な表現、命題表現が同期的な構造を持つことで、自己同一面となるのである。

一般に、同期の構造は〈表現するもの〉の構造の側にあるもので、表現結果はその結果にすぎない。が、命題表現の場合にはそうとは限らず、内容的には、同期の構造が表現結果の側にも含まれる。即ち、同期の構造それ自体が表現される。このことは、表現が共同的である故に可能となるのである。それによって、逆に、共同的な表現が主題となってゆく。そして、それこそが命題表現の主題と考えねばならない。一般の表現的製作とは異なって、命題表現では、表現結果の側にも内容としての同期の構造を持つのである。一般的に考えて、表現の深まりとともに、命題は表現自身の諸々の根拠を含めて表現するようになる。世界の自覚の一面とも言えるであろう。そして、そのことは、自らの根拠である同期の構造を、命題の側に含んでゆくことでもある。対象とは、その時の原初の前提としての〈これ〉である。それが、同期的に命題に含まれて対象となる。それによって、後述するように、対象は、命題に相対化される一面として定義可能であるのである。

命題表現が成立すると、最終的には、前提と固有の限定との関係それ自体、矛盾的自己同一的な関係それ自体が、命題として表現可能となる。固有の限定は、相互否定的な前提に対して唯一的事実として成立するのであった。ここには任意の他者との関係が含まれ、唯一的事実的な固有の限定が成立するが、更に、呼応する前提まで含めて、たとえば、同期は成立しているか否かということまで含めて何らかの形で表現されうる。命題表現では表現内容が表現媒体と分離して、そこに言語というものが成立する故に、内容が表現媒体に依存した表現と独立に表現されうるのである。換言すれば、表現的製作の場合にも、表現の根拠は表現に、直接、不可分離的に含まれていた。この場合には、同期の構造は呼応する前提の中に成立し、製作物の中に、いわば前提的な構造として含まれている。が、命題表現ではそれが分離するのである。と同時に、表現とその表現根拠との不可分離的な関係も自由になる。もちろん、この場合も表現的製作的な側面が皆無となることはない故に、完全に自由にはならないが、表現的製作的な一面を残して、残余は自由となりうるのである。狭義の表現的製作ではそれ自身が制約となり、それ以上の内容は表現されえない。が、命題表現ではその関係が自由となる代わりに、本来の表現的製作から離れた内容も表現可能となってくる。それによって個々の表現の単位と表現の内容ともずれてくるのである。それ故に、数理の証明の構造についても、表現の根拠は表現的製作のように、表現の単位毎にその根拠が含まれるのではなく、命題の組合せが固有の系列的な構造を持って、そのような組合せが根拠からの系列を持ち、証明の構造ともなるのである。命題表現が同期の構造を内容としうるのは、命題表現が共同的である故である。そのことは、また、意識的であるということとも対応している。意識とは、前提と固有の限定との同期的な境界面として定義されるものである[2]。表現が個別の範囲では完結しない故に、表現は、全体として成立する内容とも分離することになり、全体として見れば、結局、表現は模擬的なものとなる。この時、言語表現には形成は成立しないように見える。が、形成がないわけではない。本来、形成なき表現はなく、表現と形成とは不可分離的である（一〇、四一八—四一九）のである。命題表現も表現である限り、形成されて初めて表現である。形成は、個別には物とのつながりを持ち、その限り、形成的な側面を持つとも言えるが、それは個別の表現に対しての形成にすぎず、それのみでは命題表現は完成しない故に、命題表現は内容まで含めて、物と対応を持つとは言えない。その意味で、内容に重心を置いて考える限り、命題表現は形成を持たないと言ってもよいかもしれない。我々は客観性の根拠と言ったが、それも、表現されなければ根拠とも言えない。即自的な根拠が前提であり、表現されて初めて合理性を持った表現と言えるであろう。我々はこの件に関連して、狭義の表現的製作と命題表現とを区別したのであるが、現象的には、両者には著しい違いがあるにも拘らず、それも相対的な違いにすぎない。ベースは、全て前提と固有の限定との関係に帰するであろう。その意味で、狭義の表現的製作と命題表現も、結局、前提と固有の限定との同期、その共同性に帰するのである。そして、その関係は、当然、実証的にのみ決まるものである。もともと、同期と言い、共同性と言い、自存的に同期的であったり、共同的であったりするわけではないのである。

形成を伴わなくなった固有の限定は、行為としての意義を失って表象的となる。対応して、呼応する前提においては、前提的な場所的限定は単に性質となり、これが命題の結論的な部分を構成し、個物的なものは否定されて、単に外延的な対象となる（一一、八二）。行為が行為の意義を失った表象から対象が限定される過程と、場所が限定される過程とは、固有の限定と前提とに対応し、両者は同期する故に、呼応する前提において対応していて、それが命題となるのである。対象とはその限定の、両者に共通の、最終的な結果と考えられるであろう。対象は、このように対象化されて対象とされるものである。対象化とは表現による対象化であるが、それは表現的製作による表現のように、表現の全体が〈映される〉ことで対象化されるという側面を持つとともに、もちろん、〈映す〉という側面もこれと同期する。命題表現の場合には、その中で、更に、対象と対象間の関係が定義され、命題の内容は、更に、この対象間の関係として表現されるという二重的な構造を持っている。

命題表現は、共同的であることによって無矛盾的ともなるであろう(3)。命題を構成する個々の固有の限定が、呼応する前提的に包括されて、一応、完結したとする。その時、一般的には、他者における呼応する前提も、また同様の構造を持ちえて、一般的には、両者は矛盾的自己同一的となるであろう。が、ここで我々が共同的と言っている関係は、この矛盾的自己同一的な関係が実は共同的であり、同一的に重なり、（矛盾的）自己同一的となることを意味している。論理の証明の構造とは、公理としてひとつの命題が成立した時、その時の同期の構造と同じ水準に限った範囲での、他の命題の導出過程を意味している。それ故に、一定の同期の構造の範囲を出ることはなく、したがって創造性は失われるが、その代わり、行為的直観の特殊ケースとして、一種の必然性を持った論理の証明が可能となるのである。もちろん、そこにも公理や推論規則という制約は必要となる。

第二節　数理的な共同性について

ところで、共同性の前提を別にすれば、一般に、命題表現の場合には、大きく二種類の前提が考えられる。ひとつには、命題表現がその外部を前提するという側面である。前提を志向性と考えれば、通常はこの方向のみが志向性として議論される。外部の前提を志向するのである。が、他方で、時間履歴に関して共同面は履歴を含めた広義の共同面でしかないと考えたのと同様に、もうひとつ、〈履歴的な前提〉がある。数理の場合には、わかりやすく言えば、証明に関する前提と考えることができる。一般の言語表現における前提としては、この両者がいずれも成立している。その時、命題として定義される対象は、このような、両方向の呼応する前提を前提すると言えるであろう。他方で、数理の命題の場合は、後者、即ち、〈履歴的な前提〉のみによって、一応完結して命題となる。対象はこれによって証明的に構成されて存在することになる。(4) 数理の場合、外部の前提は存在しない。かく、外部の前提との対応関係を失って、内容的には同期の構造のみを持った言語表現が独立したところに、数理的な表現が成立する。このことは西田が明示的に言ったことではないけれども、本来、西田の考えでは、何事にせよ了解可能なことは、全て表現によるものであるから、数理も数理的な命題表現によって定義されるとするのは当然のことであろう。数理はこのような形で成立するのである。

前提にせよ固有の限定にせよ、一般には共同性成立以前のものである。が、共同性の成立を条件に成り立つ、前提、固有の限定がある。数理の証明は典型的に後者の上に、かつ、数理的な表現という条件の上に成り立つものである。今少し正確にしよう。上記では、前提、固有の限定が共同的と言ったが、その実は、勝義に共同的であるものとは呼応する前提であり、これに対して、固有の限定は、同期によって前提に付随して共同的となるものである。即ち、前提と固有の限定とが同期するところに共同性が成り立つ故に、固有の限定も、その結果、共同的となるのである。一般の命題は単に共同的である故に、同期の内容のみならず外部の世界も含み、それによって、いわば現実の世界を含むかに見えるところに、命題表現的な知識の世界が成立する。更に、同期の構造を持った言語表現が独立して、外部の前提との対応関係を失った時、数理的な表現が成立するのである。

行為的直観なしには何事も成り立つことはなく、固有の限定なしに行為的直観が成り立つことはないから、固有の限定、したがって、それに伴う、直観は必須である。故に、数理も、一面に直観を前提している。数理は共同的な表現によるとはいうものの、それは表現の結果としての一面にすぎない。行為的直観は、単に共同的なものではなく、個人的に成立するものである故に、共同的な数理に対して、これを含んだ行為的直観として成立し、そこに我々の直観は必須であるのである。したがって、数理の場合にも直観の役割りは外すことはできない。共同的な命題表現として定義されるという意味で、公理的、論理的であるとともに、そこでの固有の限定として直観的と言えるであろう。そこで西田は、数とは、公理的であるとともに、直観的、論理と直観が一となる（一一、八八、一〇七―一〇八、一二〇―一二一）と言うのである。直観の意味は、表現的製作の場合と、原理的には何も変わらない。物理的な法則性の世界は、もちろん、現実の表現的製作的な世界において成立するものであるが、それも、実験によってのみ現れてくるものである。他方で、その時の物理学の記述言語である数理では、その対象界は、純粋に共同性の内部の世界にすぎず、外部との直接の関わりは持たない。とすると、両者の接点はどうなっているのだろう。両者を媒介するとも考えられる物質概念は、物の側と考えてもよいし、数理的な側と考えてもよい。両者は同期するのだから、いずれとも言える共通的な範疇と考えられ、そこに数理による記述が可能となると言えるであろう。

言語表現が、呼応する前提によって客観的表現を持つとする場合、客観的な共同性はどのような根拠で成立するだろうか。外部の現実を前提した言語の場合には、それは志向性にも依存するだろう。現実の言語表現としての前提の構造である。が、純粋に〈履歴的な前提〉のみに依存する数理の場合には、外部に対する志向性は問題にならない。また、公理系からの証明系列が必要なため、単に一回毎の呼応する前提に限った範囲では実証にはならない。都度、証明を検証することが可能なのみであり、この過程こそが検証と考えることができる。数理的な表現に関しては、その行為的直観はつねに繰り返しが可能であり、そこに検証可能性が保証されている。表現的製作でも、特に科学的な実験に関しては、つねにその繰り返しが可能であり、したがって検証が可能である。故に、検証可能性という事情については、形成を伴う物理的な真理に関しても、伴わない数理に関しても、何ら変わることはない。(5) しかも、ここでの検証可能性は、他者においてもつねに同様に成立し、したがって、相互限定的なものでなければならない。これが数理的な共同性の保証となるのである。ただし、形成を伴う物理的な真理においては、主に該当の実験の検証のみが問題であるが、関連する言語体系の全体に依存する数理においては、逆に該当の表現のみでは完結せず、したがって、該当の命題の証明に関わる全体系の検証が問題となるのである。

では、一般に数学的な対象とは何を意味するであろうか。当然、それは命題の外にある対象ではない。かと言って、命題的に記述される、単なる規約的な対象を意味するわけでもない。行為的直観の中で、数理的な命題が命題表現として決定する時、そこで数学的対象も同時に決まると考えられる。何事も表現によって合理化し、それによって定義されるのである。ただ、この時の命題表現は数理的な表現である。即ち、外部の現実に関わりを持たず、

〈履歴的な前提〉にのみ関わる表現である。その結果、数理的な対象界は、命題表現的に限定される、即ち、命題表現に相対化される対象界となるのである。(6) 以上で、数理成立に関する基本的な構造について、予定の範囲は論じ終えたつもりである。必ずしも西田の論法に従わなかったし、用語も同じではなかったが、進路は外していないと信じたい。その上で、あいまいで不明瞭な西田の言葉を、多少は明確にできたのではないかと考えている。ただ、西田が数理に関して論じた範囲はより広く、本来、西田の数理観という限り、それらを省いたのでは、羊頭を掲げて狗肉を売ることになるかもしれない。が、筆者の準備不足もあり、このあたりで打ち切りとしよう。(7)

注

(1) 西田の考える自己肯定面と自己否定面は、実在の両面とされ、そこには弁証法的な関係が想定されうる。しかし、そのような関係は我々のスタンスにはそぐわない。そこで、共同面は自己同一面と考えるのである。このあたりで西田の基本的な概念と、我々の概念との関係を考えておこう。前提と固有の限定は、一般的限定と個物的限定とに相当するとも考えられる。これらについて正確に論じるには、西田哲学の中期以来の関連する概念を積み上げねばならないだろう。が、今は筆者にはその準備はなく、従来の議論の中で大まかな網をかけるしかない。前提という用語は、前提と言われる範囲では、内容的には何も決まってはいない。現実そのままの前提である。内容は表現的に決められてゆくものである。そこで我々は、西田の用語とは一線を画すことになる。西田の場合、たとえば一般的限定には、前提概念を導入した際、議論した限定と同様の疑問が残る。一般的限定は、共同面を意味するわけではないとしても、共同面に近い限定された範疇ではないかと疑われる。西田は、これと個物的限定との両項を世界の相反する両面、弁証法的な両面と見ている故に、こういう対比は成り立たないだろうが、個物的限定も、個物的な一面に局限されているようにも見える。媒介者的には、個物的、一般的限定は、各々、内的、外的媒介者に対応し、同様のことが言えるであろう。前提と固有の限定の関係としての全体のうち、内的媒介者E（八、二一九―二二二）とは、あくまで固有の限定を意味するにすぎず、外的媒介者Aとは共同面に対応する固定的な概念を出ないようにも思える。一般的限定、個物的限定という定式化は第七巻に留まるし、内的、外的媒介者は第八巻のみの図式的説明に限られた説明にすぎず、結局、この頃の概念構成は、いずれにしても体系化の中途にある暫定的な概念で、西田本人も、必ずしも体系の基礎として耐えうるとは思っていなかったのではないか。西田は、後期に入って以後も、その場、その場で、試行を行っている。その結果、本来、体系的となりうべきものが、必ずしも体系的にまとまらず、理解を困難にしているように思える。西田の、時間、空間概念については既に述べたが、特に空間に関しては、一般的限定に近い説明がされる時もある（一〇、四二九―四三〇）。逆に、空間は時間を含むとされる所もあり、全ては絶対空間に映されているという言い方もあり（一一、一二二）、その場合の絶対空間とは、我々の前提と変わらないかもしれない。結局、西田の真意は我々の考え、即ち、前提と固有の限定との関係と変わらないように思える場面もあり、不整合は残るが、希望的観測も含めて、西田の真意は我々の考えと合致するというのが筆者の想定である。時間と空間の関係に限らず、一般的限定、個物的限定の関係についても同様と考えたい。上記では一般的限定は制約を持つと書いてきたが、個物的限定と一般的限定とは、もともと自覚を媒介して、したがって、呼応する前提を媒介して、と、読める面もあるのである（第三章、注（1）を参照）。そこで、最晩年の西田の体系は、時間と空間の関係として一応の完結を見たと思われる。が、時間と空間では用語的に、通常の時間、空間との区別がつきにくい。そのような前置きの上で、以上のいずれかの概念を中心にして、後期西田哲学を統一的に記述できればよいのであるが、いずれも帯に短く……の感を拭いえない。そこで、やむをえず、我々は、独自の説明を試み、その中で、西田の基本的な諸概念も位置付けることとしたのである。別の用語で解釈することは、より混乱を大きくするのみかもしれないが、これも、西田哲学の全体を俯瞰的に解釈するための試みのひとつにはなるだろう。

（2）　意識は固有の限定の一面である。その意味では意識は個人的なもので、意志も感情も含むのであるが、他面で、呼応する前提とも対応する面を持っている。意識はもともと、固有の限定としては個人の意識から始まるとしても、逆の面があって、意識とは呼応する前提にも依存し、したがって自覚にもよるのである（一〇、五二六）。西田が意識という場合、単に、個人的に閉鎖された意識ではなく、公共の場において成り立つものとされるのも、自覚の結果として考えれば理解できるであろう。固有の限定は呼応する前提を映して始まる故に、当然のことであろう。前提と固有の限定との中和面が、意識である（九、二四五）とも言われる。表象的な映す意識である。世界の鏡（一一、六二）と言われ、時間的空間面（一一、七六）、円環的限定面（八、一二〇）、円環的な時（八、一四三）とも言われる。前提と固有の限定の同期という両者の共同面に意識が成立するのである。しかし、前提と固有の限定との同期は、表現の客観的可能性の根拠であって、これのみでは意識の定義にはならないだろう。意識は根拠ではなく、むしろ、表現の結果、現実に自覚が成立した結果である。行為とその呼応する前提という根源的な構造を抜きにはできないから、それを外に前提した結果である。この場合、表現も、当然、外部への表現を経由した表現であるが、意識としては、固有の限定内部での直接の表現となる。時間は直接に空間的となる。現象に現れてくる限りにおいて意識的であり、その限り、現象即実在（八、一五五）とも言えるし、物自体が現象するという一面でもあるのである（八、一三六）。

（3）狭義の論理においては、矛盾は、命題の矛盾である。具体的には、無矛盾性が要求されるのは命題表現に関してである。命題表現は共同的であり、その内部で矛盾するということはそれ自体の破綻を意味する故に、命題表現では無矛盾性が要請されることになる。狭義の論理とは限らない。学問とさえ限らず、命題表現が意味を持つ場合には、同様に無矛盾性が条件となる。論理は、矛盾的自己同一的な関係の中で、命題表現として成立する無矛盾的な一面である。故に、矛盾的な現実の中に無矛盾的な論理は成立する。が、逆はありえない。無矛盾的な論理は、現実の部分的な一面として成立するものにすぎない故に、その上に現実の一面を表現することはできても、そこに現実が成り立つことはありえない。現実は矛盾を含んでいる。唯一的な事実は矛盾の上に成立している。その限り、無矛盾的な論理で、この現実を構成することはできない。科学では、〈今、ここ〉は構成できないと言ったこととも対応している。しかし、逆は成立する。矛盾的な現実の中に無矛盾的な論理は成立しうるし、現実に成立しているのである（八、三六二）。

（4）証明は、数理的、共同的な行為的直観によるもので、命題表現を条件とし、その活動の範囲は既存の命題群という固有の表現形式に制限される。まず、既存の、既に証明された命題が前提され、参照される。その上で、これに対する行為的直観によって新しい命題が証明される。一般には、行為的直観は形成的に物を作ることで動いてゆくのであるが、証明過程の場合には、形成はなく、命題の構成のみである。しかも、一旦表現された命題群に相応して、その折に条件とされていた同期の構造の範囲内で、他の命題を表現することが使命となる。証明も行為的直観であるが、この場合、非合理性の合理化とは、決められた同期の構造の範囲、合理性の範囲を出ないことである。そのことは証明に関する細部の構成（通常の言い方では推論規則によ る）で決められる。そして、この場合には、物が製作される代わりに新しい命題が証明されるのである。ただし、これは共同的なものであるから、特定の具体的な行為的直観ではなく、任意の他者にも共同的な行為的直観である。故に、約束のようにも考えられるのであるが、そうではなく、あくまで行為的直観、共同的な表現に制限された行為的直観であるのである。この場合、自己が生まれるとは、既存の命題群を参照することを契機に、新しい課題が再生することであり、その解決が、新しい命題の証明につながる。新しい命題が証明されるということは、通常は、参照された命題を、推論規則的に組み替えることである。推論規則と言えば、普通には、思惟の規約か言語の規約のように考えられるが、その本義は、行為的直観である。行為的直観である限り、固有の限定から呼応する前提へという過程を持つものであり、したがって、時間推移とも対応するものである。ただし、論理の場合には共同的である故に、実質的には変じるものではなく、それ故に、変じるものは論理の外に前提されるにすぎない。この場合の固有の限定は、同期によって前提に準じると見なしうるため、論理に証明が成立する限り、結果的には、非時間的な範疇と考えられる。しかも、共同的な行為的直観は、既存の命題群（ひいては公理系）成立のための同期の構造に制約されている故に、その結果、一般の表現的製作のような創造的過程は成立せず、推論規則的な単なる証明過程となるのである。この証明の過程は、過去の共同性の履歴とも対応している。一般の履歴では、過去は参照はできても、過去と同じ行為的直観が再び成り立つことはないが、証明の場合には、既存の過去も現在と共同的であり、過去がそのまま現在的でもありうる。それ故に、既存の証明はつねに反復可能であるのである。命題は同期の構造を表現するもので、任意に複雑な構成を持ちうる。証明は呼応する前提に相当する過程を持つが、呼応する前提も、命題的表現に呼応するもので、決して単純な過程とは言えない。ただし、それは任意に拡張が可能なわけではなく、整理すれば、定められた推論規則と公理系の範囲となる。公理はそのように整理された始まりにすぎず、本来の始元は、より広く考えるべきである。命題というよりも、より一般に表現から始まるとすると、ある歴史的段階での表現を前提し、それを直観的に受けることから始まり、課題解決の行為となる。それが呼応する前提となり、結果は再び新たな表現となる。この行為が共同性を持った時、共同的な思惟となり、更に、表現が命題表現とされ、更に、行為的直観が既存の命題群の同期の構造の範囲に制約される時、その過程は証明の過程となるのである。かくて、新たな表現として新たな命題を得て、そこで証明が完了する。固有の限定的に表現されることは、固有の限定的な過程の終了（消滅）を伴う。それは、証明された命題が既存の証明済みの命題群に入ること（前提的に保存されること）を意味する。我々は命題から議論を始めた故に、他者の議論は省略されているが、本来は、他者との相互限定的な関係についても、前提との関係についても、同期することで、初めて命題が決定するのである。そこに論理の客観性が成立する。そのことについては、思惟も、証明も、表現的製作と同様である。製作と証明とは全く同じとは言えない。製作では表現的製作的な行為が中心であり、固有の限定は、条件さえ整えば、任意の時点、任意の場所で成立しうる。が、証明においては、作られた公理系からの証明である。故に、固有の限定も任意の形で成立する固有の限定ではない。証明で参照される任意の命題は、全て、公理系から証明でつながっている故に、当然、それなりの制約はあるのである。

（5）科学の実験と数学の証明の構造とは原理的には変わらない。仮説を検証するための実験と証明過程とが異なるのは、実験の過程が事実上の形成的な行為であるのに対して、証明は、数理的な命題表現であるというにすぎず、そのことを除けば、両者は原理的に違わない。たとえば、実験過程の確認と、証明による確認方法についても、相対的な差異にすぎない。実験において、その過程で可能な範囲を超えて、新たな追加的な実験が必要となる時は、追加分の確認を得るには、新たな実験過程を必要とするだろう。数学的な証明過程においても、該当の公理系の枠内で事が終わらなければ、新たな公理も必要となるかもしれない。事は同様である。ただし、狭義の表現的製作と命題表現の違いは無視できない。製作の場合は成立すればそれでよい。が、しかし、命題表現の場合には内容と表現とがずれているため、製作の完了が表現完了とは言えない。しかし、果たして両者は同一の結果に集約されるだろうか。その結論は実証的なものでしかなく、それ以上の何ものがあるわけではない。実証的に見てゆく他はないのである。該当の論理の証明に関して、その論理自体によってどの範囲が証明可能であり、どの範囲が証明不能か。該当の論理自体によっては証明不能の部分があり、制約があるということ自体は、固有の限定の制約からも想像はつくであろう。固有の限定は前提を前提して成立し、その限界は越ええない。とりわけ、該当の論理自体の無矛盾性が証明できないこと等々については、詳細は数学的な証明を待たねばならないが、結果は不完全性定理が示す通りである。客観性という意味での、前提と固有の限定との同期の大枠については、科学と、数理とでさほど変わらない。前者は個別の呼応する前提において、後者は証明の全過程においてという違いがあるようだが、その実、前者も事実上は、必要な前提は個別の表現において前提されている。いずれも、原則としては呼応する前提による。数理の場合にも、その真理性の保証について結果として言えるのは、科学的な実験の場合と同様に、経験的、実証的な範囲を出ないということである。西田は明言はしなかったと思うが、行為的直観的な知を実証主義と言い、また、数学も行為的直観的であるという以上、それは当然の結論のはずである。前提と固有の限定との同期が成立すれば、大枠としては無矛盾性も成り立つであろう。が、そのこと自体については、該当の体系での証明可能範囲に完全に含まれることはない。命題表現は、本来、同期の構造、共同的な構造を含んで表現しうるものではあるが、該当の論理それ自体の根拠についてはまた別で、それを全て含むものではない。狭義の表現的製作は別であるが、命題表現は、あくまで結果としての表現にすぎない故に、それのみで、その根拠を自己完結的に含むと期待するのは本末転倒であろう。命題表現は、同期という、いわば表現の根拠を含んで表現するものである。が、そのことは、該当の論理の根拠を完結的に含むことを意味してはいないのである。根拠は本来、実証的に成立するもの、換言するならば、創造的に成立するものである。論理も数学も、その真理性の保証は、社会的、歴史的に成立するもので、新しい公理の創造も、公理系の創造も、社会的、歴史的な世界での創造であるのである。

(6) 数学的な対象は、命題に相対化されたものとして成立し、それによって、任意に抽象可能となる。ここで命題とは、現代においては記号的に構成された命題かもしれないが、ユークリッドの時代のような幾何学的な図も、そこに付与される言葉による説明も、証明も含め、したがってまた、証明に際して補助線を引くことも含めて、全て、広義に命題の範囲に属する。もちろん、普通には、証明の構造は命題の範囲に含まれない。が、我々は、命題の成立過程を含め、したがって、証明過程も含めて、数学における命題表現と考える。如何なる対象も、このような命題に相対化され、命題的に対象化可能である限りにおいて、対象として成立する。それが数理的な行為的直観であり、数理的な非合理性の合理化の形である故である。たとえば、数学的対象としては、非ユークリッド幾何学のように、必ずしも経験と合致しないものも許容されるのであるが、それも、命題に相対化されて定義されるという対象の性格によるのである。換言するならば、我々が関与可能である対象は、命題を媒介した結果に限られる。命題表現の制約が対象の制約となるのである。命題を媒介としない限り、直接に対象に言及する方法はない。言及可能な限り、定義は、少なくとも、命題によらねばならない。我々の共同的な対象界とは、あくまで命題に相対化されたものである。数学はそのような制限の下に進歩してきたのである。

命題は、対象の定義に必須である故に、それが対象の定義の限界となる。たとえば、無限集合では、部分と対応しうるのであるが、それもこのことと無関係ではない。命題による定義以前に対象が自存的なものとすれば、部分と対応することの是非が問題となるだろうが、もともと、対象は、自存的な対象ではない。有限の場合にも、定義は同様に命題による。が、その場合には、個別的に数えることとも対応しなければならないが、無限の場合には、純粋に、命題による定義のみに依存する故に、このような結果も不思議はないのである。固有の限定による記号的な構成は、現実の行為の積み重ねである故に高々可算であろう。したがって、その組合せである命題の構成過程も高々加算であるだろう。しかし、もちろん、これらは、数学的な定義による対象ではない。これに対して、対象は、命題として証明可能であれば定義可能であり、結果は非可算的でもありうる。そこで、事実上、定義可能な対象と命題的に定義可能な対象との間には、落差があるように見える。が、そうではない。対象は、もともと自存的に成立するものではなく、命題に相対化されて定義される故に、非可算数とは、可算数と対応不能という命題上の事実にすぎない。それ故に、命題上の定義から離れた事実上の対象というものがあるわけではなく、したがってまた、両者に齟齬があるわけではない。対象は命題に依存する。それを自存的なものと想定してしまう故に、非可算個の対象が実体的に存在するように思えてしまうのである。

もっとも、命題は構造如何によっては矛盾することもある。「クレタ人は嘘つきだとクレタ人が言った」というような命題の場合、クレタ人は「クレタ人は嘘つきだ」という述語の中にいると同時に、話者自身としてその外にもいて、併せてひとつの命題とされている。そして、両者の関係は背反的である。しかし、命題とは、もともと、そのようなものである。述語なるものの成立の構造は、前提と固有の限定との矛盾的自己同一である。述語は主語を包括するとしても、その関係の全体を対象化する話者はその外にいるだろう。更に、そのことを併せて命題とすることも可能である。より一般的に言えば、何事も相互限定による世界なのである。命題は相互限定的な世界から構成されるのである。しかも、そのような命題の全てが無矛盾的とは限らない。上記の命題は、その無矛盾性が成り立たないように構成された例である。クレタ人である自己は、前者の述語の中にも後者の述語の中にもいる。そして、嘘つきだとされる対象としてのクレタ人と、クレタ人は嘘つきだと言うクレタ人とは、同じクレタ人であり、それ故にまた、背反もするのである。このような命題は、単に命題成立の条件の不成立を意味しているにすぎない。命題成立の条件とは、一般的には、命題的な表現が、内容として共同面的な構造を持つことであり、したがって、それがまた無矛盾的ということでもあるのである。表現の客観的な可能性の条件と同値である。意味論的逆理は、文面通り、命題が矛盾的となって逆理となるわけである。が、共同的で、無矛盾的に構成された数理であれば、内にいるものが外にもいるということはない。しかし、数理の場合にも、たとえばラッセルの逆理であるが、x NOT ∈ x なるxの集合Xについて、X NOT ∈ X ならば、X ∈ X となり、X ∈ X ならば X NOT ∈ X となり、いずれにしても逆理となる。これは、x即ち、Xが自己矛盾的な関係にあることを意味している。同じ集合の体系で、xと表示される場合と、Xと表示される場合とが、矛盾するように定義されている。これもまた、その無矛盾性が成り立たないように構成された例と言えるであろう。

（7）　西田の数理論には、細部になれば腑に落ちない点は多々あり、筆者の理解は必ずしも行き届いているとは言えない。たとえば、集合における集合と要素との矛盾的自己同一的な関係（たとえば、一一、一〇〇）、即ち、〈要素である〉という関係についての見解。同じ事情を意味するかもしれないが、集合は推論式的一般者的だという見解（一一、九三―「論理と数理」最後まで）。対応の理解として、通常とは少々異なった見解（一一、二四三）等々の議論はその一例であるが、そこでは、数理、もしくはその対象が、その背景まで含めた、一般の、世界の構造、個物の構造と融合していて、うまく区別されていない。それでは、野家啓一のように、「集合論や群論に名を借りた西田哲学の『例解』ないしは『ケース・スタディー』に留まっている」（〈西田哲学選集〉第二巻（燈影舎、一九九八年））と言われても仕方がないだろう。数理は共同的という筆者の見解とも相容れない。しかし、これのみであれば、本来、我々の考え方の上への射影的な構造であるものを、背景も含めて説明したものと考えれば解釈はできる。その上で、西田の集合論理解について、今少し解釈を進めることはできないだろうか。まだまだ課題は残っているのである。西田が好んで例に取った群論についても同様である。ただし、こちらは集合論以上に「例解」としか考えにくいのであるが。

第Ⅱ部

西田哲学の中のフランス哲学

第一章　ベルクソンの持続と西田の行為的直観

第一節　意識としての持続

持続の概念はベルクソンの最初の著作『意識に直接与えられたもの』（『時間と自由』）において、純粋持続として提示された。しかし、この概念は、彼の初期の思索を駆動して役目を終えたわけではない。それどころか、彼の思想の発展そのものが、持続概念の成熟に促されて進行したと捉えることもできるほど、この概念はベルクソン哲学の全体を貫いている。それはちょうど、西田哲学において、その純粋経験が場所の概念を得て、後期の行為的直観として精緻化されると同時に力動的に展開されるのと事情は同じである。

以下『試論』と略記する上述のベルクソンの最初の論考において、彼が提起した問題は次のようなものである。デカルトの定義に従って、精神が広がりのないそれ故に分割不可能なものであるとすれば、我々が自分の心的状態を記述して、より大きな悲しみとか、より大きい、より小さいあるいは弱い音の感覚とか、表現することがどうして起こるのか。というのも、より大きいとかより小さいとか、より強いとかより弱いという強度の大小の観念は、空間的な観念である。空間の包摂関係に基づく考え方である。このような空間的な観念がどうして、本来的に非延長的で不可分な心的状態に適用されるのか。

ある意味ではベルクソンはあくまでもデカルト的であろうとする。すなわち、非延長的でいかなる意味でも広がりを持たない精神から、一切の空間的で量的なものを排除して、精神の規定の純粋性をどこまでも確保しようとする。そのために、意識状態の記述に用いられる強度の形容詞を、すべて空間的なものからの借用ないしは翻訳であると考える。すなわち、心的状態に関する強度の表現は、身体ないしは外的物質世界の空間の言語によって翻訳された意識状態であり、その結果、意識本来の性質が、空間によって汚染され変質してしまっている。たとえば、ある課題を達成しようとする努力の強さの意識は、その努力に関わっている身体の空間的な広がりの大小に、たとえば、関係する筋肉の多寡によって決定されている。意識状態としての努力が、努力が増加するにつれて、心的状態全体の中で、だんだんと面積を増していくわけではない。意識状態としての努力の意識はそのまま変わらない。変化するのはその努力の遂行に必要とされる身体の寄与すなわち筋肉の参与の度合いである。また、外的な知覚が問題である場合は、たとえば、音の知覚の大小の判断は、その音を出すのにどれだけの力が必要かという物理的ないしは身体的原因を、知覚されている結果としての音から逆に類推する仕方で行われるのである。心的状態としての音そのものに、大小があるわけではない。音の大小の知覚は、その音を生み出す原因の物理的量を意識するところから来る。

しかしながら、外的物理的原因のみならず身体的要素とも無関係な心的状態が存在する。たとえば、悲しみや喜びに関係する深い感情がそうである。このように純粋に魂の状態と言われるような意識状態についてもなお強度の評価が可能である。その場合の評価の基準は何か。悲しみという要素的意識状態があって、それが心という心的空間をだんだんと多く占有していくことで、悲しみの深さ・大きさが決まるわけではない。というのも、心は、精神は、定義上、広がりを持ち得ないからである。身体的要素の関与しない純粋な感情の強さは、空間的、量的な強度ではない。純粋な感情の強度の違いとして言い表されているものは、実は、悲しみという心的状態の質的な差異に基づいている。言い換えると、淡い悲しみと悲嘆との違いは、悲しみの心的状態が心の全領域に占める割合の大小によるのではなくて、心そのものの全体の状態が、両者において、質的に異なるからである。

しかし、二つの質的に異なるものの間に比較の関係を入れることは原理上できないことであるから、その場合我々はいかにして、二つの質的に異なる感情を比較することができるのだろうか。この問いに答えるためにベルクソンが用意したのが、量的多数性から区別される質的多数性の概念である。さらに、この質的多数性の概念を可能にするのが持続という時間の考え方に他ならない。

数ないしは数的多数性は空間を前提とするというのが、ベルクソンの主張である。数えるという操作を例に取ると、たとえば、羊の群れを数えるとき、まず、個々の羊の個性的な特徴を無視して、羊を他の動物から区別する羊に共通な性質だけに着目しなければならない。しかし、そうして羊の共通な性質だけに注目することは、今度は、一匹一匹の羊を区別する手だてを失い、数えるという動作を不可能とすることでもある。というのは、個性を失った羊は、どれも同じ羊となって、区別するための特徴を持ち得ないからである。複数の同一物を区別する手段として、空間が要請される。全く同一と見なされた羊も、空間において占める位置の違いによって、区別が可能となる。したがって、数的多数性にとって、空間は必要条件である。同じことは、空間内に同時には存在しない連続する鐘の音を数える場合にも言える。同一の音が連続して鳴るとき、音は鳴る端から時間とともに消え去っていくから、それらの音を数えるためには、まず、一種の空間を設定して、そこに音を区別して並べる必要があるだろう。時間の空間化が要求される。この種の空間化された時間が、これまで時間として理解されたものであるという洞察のもとに、ベルクソンはこの空間化された時間に、真の時間として、持続の概念を対置する。

持続概念は、質的多数性という考えとともに導入される。等質空間を前提とする数的多数性に対置されるこの多数性は、鐘の音の別の「数え方」として提示できる。すぐさま結論を述べると、一つだけ鳴った鐘の音を聞いたときの我々の印象と、その同じ音が続けて五つ鳴るのを聞いたときの印象は異なるということである。また、雨だれの音など同じ音を続けて聞いていると、我々は眠くなるが、その眠気は、一つ一つの音の性質ではなくて、多数であるが故に新たに産み出された音印象の性質に基づくものである。言い換えると、等質空間に基礎を置く量的な加算とは別に、質的なものの加算すなわち質的多数性を示す現象が現実に存在するということである。この質的なものの加算を可能にしているのが、持続という時間の特質に他ならない。

ベルクソンにおいて、持続とは、過去が現在のうちに、糸巻きに糸が巻き取られるように、組み入れられることによって起こる。『試論』においては、持続は個人的意識の特性として、純粋持続として主題化されるが、そこでは、過去の意識状態が現在の意識状態の中に繰り込み、両者の間に、相互浸透による有機的総合が生じることによって実現する。ベルクソンにおいては、過去はすべて、ある意味で過ぎ去らずに依然として現在にとどまり続けるのである。

フッサールにおいては、過去は、過去把持の志向性によって過ぎ去ったものとして、今は存在しないものとして把持され続けている。それでは、ベルクソンにおいては、いかにして過去は時間の流れとともに消え去ってしまわずに、存在し続けることができるのか。無意識として、とベルクソンは『物質と記憶』において答える。しかし、メルロ＝ポンティは反論する。無意識でも現在においての無意識であることには変わりがない。無意識は過去の徴表となることはできない(1)。この反論に対するベルクソンの答えも『物質と記憶』に見ることができる。ベルクソンにとって意識的であるとは現に活動していることであり、したがって、意識的であることと、現在においてあること、ないしは、現前していることと、さらには現実に活動していることとは、全くの同義語に他ならない。ベルクソンにおいて、存在することは、現象学におけるように、意識に対する現前としては定義されない。存在全体の内部構造として、意識的存在と無意識的存在とがある。意識的とは存在の活動的なあり方であり、そしてそのあり方が現在という時元を構成する。これに対して存在の無力な非活動的なあり方が無意識であり、時元としては、すでに触れた過去とともに、未来も無意識の時元のうちに含まれる。現実と、したがって、行為と、さしあたって何の関係を持たず、現実化されていない過去は、言い換えると広い意味で今思い出されていない記憶は、無力なものとして非活動的に純粋記憶として、無意識のうちに保存されている。

以上は『物質と記憶』にまで過去の問題を広げて考えたときに言えることである。『試論』では、過去が保存される、すなわち、消失せずに今なお残っているという意味での、過去の無意識的存在としての持続と、過去が現在に参入し、活動的に現実に働きかける意識的存在となった持続とが、まだ概念的に区別されていない。『試論』の眼中にある過去は、単に無意識のうちに保存されている過去ではなくて、それ以上に、現在のうちに絶えず組み込まれ、現在化し、現実の一部となって、現実の世界に働き続けている過去、現実の意識のうちに入り込んだ過去であると言うことができる。

『試論』は自由の問題に新しい解決を与えるための著作である。持続によって新しい自由の考え方が可能となる。なぜなら、持続とは創造に他ならないからである。一切の空間性を排除し、真に純粋な持続を生きる意識にとっては、世界は日々、時々刻々、新しい世界である。言い換えると、同じことが決して二度とは起こらない、いつも初めての世界を意識は経験することだろう。たとえ物理的には世界は同じことの反復に過ぎないとして、それを持続のうちに経験する意識にとっては、世界はいつも、生まれたての初々しい、初めての世界であり、その意味で、世界は絶えざる創造として経験されるであろう。鐘の音を聞く例に戻って考えよう。物理的には鐘の音はいつも同一の特性を持つ同じ音であると仮定しよう。たとえそのように仮定しても、持続のうちに生きる意識にとって、鐘の音はいつも異なる印象を持って受け取られるのである。というのも、二つめの音を聞くとき、最初に聞いた音は物理的にはもはや聞こえないとしても、記憶のうちに保持されており、しかも、単に現在に対して無力なものとして保存されているのではなく現在のうちに浸透して、第二の音に対して現実の力として働いているので、二つめの音は、その物理的特性は同じであるにもかかわらず、意識にとっては、最初の音とは異なる音として、経験されるからである。第三音以下の音に関しても同じことが言える。重大な決心をするとき、それは、我々がこれまでの全経験を賦活し現在に投入して現実に対処するときである。そのとき、我々は自分の持続を十全に生きるが故に、世界は今まで経験したことのない全く新しい相貌のもとに現れるとともに、我々は自分が自由であることを自覚する。反対に、真に持続を生きることのない人にとっては、過去は無意識として保存されているとしても現実化して意識されることがないので、世界は単調な繰り返しであり、彼は決して自分の自由を味わうこともなく一生を終えるであろう。

第二節　持続としての物質

『物質と記憶』の第四章でベルクソンは物質の持続について語る。精神と身体についてのデカルト的二元論を、不可分の思惟実体と分割可能な延長実体という空間的関係から移して、記憶と現在という時間位相の関係に置き換えることによって、両者の間に接点を見出そうとする、少なくとも、その取り付く島のない対立を和らげようとするベルクソンにとって、物質の持続を考えることは、当然の成り行きと言えよう。

物質の持続を言うために、彼はまず、物質そのものと、はっきりとした輪郭で画定され他のものから空間的に区別される個体としての物体とを区別する。個体として画定された物体とは、我々が物質に働きかけるために、自分の欲求と行動上の必要から物質を分割し、物質全体の中から、選択して切り出した物質の一部に過ぎない。知覚は実在を認識するためのものではなく、我々の行動のための実践的機能に過ぎないというのは、ベルクソン哲学の大テーゼである。知覚は可能的行為として、我々の物質への働きかけを準備するために、物質を空間化する。知性によって物質にかぶせられる等質空間を下敷きにして、物質全体の中から、我々の欲求の対象を選び出し切り抜いて、固定化する。知覚が与える固体化された物体は、真実の物質の姿ではなくて、我々の欲求と行動とに合わせてすでに空間化された作為の結果のこしらえものである。そこで、『試論』において空間化された時間を意識の純粋持続として取り戻したように、『物質と記憶』においても、物質を知覚における分割と固定化という空間化の呪縛から解放して、物質に本来の実在を返してやる必要がある。空間性を失った物質はもはや分割可能な「延長」（étendue）ではなくて、「伸張」（extension）として把握される。

この伸張としての物質を、ベルクソンが挙げているファラディの力線やトムソン（後のケルヴィン卿）の渦流などのように、描出することもできるだろう。ベルクソンは『物質と記憶』の第一章の有名な純粋知覚を論じたところで、物質を「振動」（ébranlement）として扱ったが、第四章においてその本当の意味が明らかにされる。すなわち、物質とは、振動する物体や粒子を持たない振動そのもの、波動そのものなのである。伸張としての物質を、純粋な振動そのもの、波動そのものとして、さらに考えを進めてみよう。物質は、意識の持続とどのように関係するのだろうか。ある粒子があってそれが振動するのではない、振動体なき純粋な振動として物質を考えるとしても、振動が運動であるかぎりそれは物理学的に、量的に規定されるものである。これに対して意識の持続は質として特徴づけられた。この点で、両者は、依然として、量の可分性と質の不可分性として、デカルト的二元論の厳しい対立をそのまま受け継いでいるように見える。

この問題をベルクソンは、知覚の赤い色という感覚質と、赤い色に対応する光の波長としての物理的な量的規定との関係として考察している。ベルクソンの結論によれば、知覚の赤い色は、物質がそうである、限りなく緩やかで弛緩した持続を、意識の強い持続の緊張によって、一瞬のうちに縮集した結果である。知覚は、物質がもともと持っているきわめて希薄な質を、言い換えると、物質の持つリズムに従えばその展開に天文学的な時間を要する振動数を、記憶力の圧倒的な持続の緊張力によって、一瞬のうちに、繭の中のサナギのように、閉じ込め、凝縮してしまうのである。物質の持続を凝縮して鮮やかな感覚質として把捉することも、行動に奉仕する知覚の機能の一つである。すなわち、知覚の働きは、変化するもの、動いているものを固定化するところにある。知覚の作用である物質の個体的物体への分割が等質空間を前提したように、変容するものの固定化、不動化の基盤となっているものが、空間化された持続としての等質時間に他ならない。物質を知覚の空間化から解放してやると、物質は、伸張として、限りなくかすかではあるが、物質本来の持続を取り戻す。物質は元来質的なものである。質的であるからこそ、もともと彩りがあるからこそ、物質はイマージュの総体として思い描かれることができるのである。

第三節　生命と物質——熱力学第二法則と『創造的進化』

『物質と記憶』は、精神と身体ないしは物質との違いを、同じ持続の緊張と弛緩の違い、ないしは、持続のリズムの緩急の差に還元することによって、持続一元論のうちに解消してしまったのではないか。ベルクソン自身の立言に反して、純粋記憶と純粋知覚との間には、程度の差しかなく、本性上の差異はもはや認められなくなるのではないか。確かに、ベルクソンの言う精神と身体との本性上の差異は、精神から身体への連続性は許すが、身体から精神へは、記憶が弱められた感覚とは本質的に異なるように、絶対的な非連続性を主張する点で、半導体的な不可逆性に基づく特異なものではあった。その特異性を考慮するとしても、精神と物質とが同じ持続の単なる緊張の程度の差に過ぎないとなると、純粋記憶から純粋知覚への方向の連続性は保証されるとしても、同時にベルクソンが主張する純粋知覚から純粋記憶への方向の本性的断絶が理解不可能なものとなることだろう。

『創造的進化』は、これまでの心身関係論をさらに大きな、生命と物質との関係にまで広げることを通して、持続一元論に見える『物質と記憶』の心身関係を再考する。持続の緊張の程度の差が、実は、単に程度の差に還元されない、本性上の差に基づくものであることを明らかにしようとする。ベルクソンはここでも、生命と物質とを、ものとしてではなく、運動として捉える。すなわち運動する物体のない純粋な運動として捉える。そして、非常に簡単でわかりやすい比喩を用いて、生命を上昇する運動とし、物質を下降する運動になぞらえる。しかし、生命と物質は、上昇と下降の対立する二つの運動として、別々の独立した原理として存在するのではない。生命と物質とは、異なる二つの力に押されて上昇と下降の運動をしているのではない。生命という上昇の運動だけが真に積極的な運動であって、下降の運動は特別の力を必要としないのである。すなわち、上昇の運動の停止が、そのまま下降の運動となる。

ベルクソンは生命を自己形成作用そのものとして理解する。それに対して、物質が、自己解体作用として対置される。しかし、彼は、自己形成としての生命と、自己解体としての物質とが、二つの異なる独立した活動として存在するとは考えない。実在するのは自己形成活動として存在する生命だけであり、生命の自己形成活動の中止ないしは停止が、そのまま自己崩壊として、物質そのもののあり方に他ならない自己解体を意味する。生命としての自己形成活動が中断するやいなや、生命の自己崩壊が始まり、その自己崩壊が、物質の自己解体作用に他ならない。したがって、『物質と記憶』で見た精神と物質との持続の緊張と弛緩という、一見したところ程度の差に見えるものは、実は、生命の自己形成作用としての持続の緊張と、その自己形成の中断がそのまま自己解体・自己崩壊に他ならない物質としての持続の弛緩という、本性上の差異を表していたのである。

生命に他ならない宇宙は、愛そのものである神のエラン・ダムール（愛の躍動）によって連続的に創造されている。創造された生命は、被造物であるかぎりで、物質性を必然的に含んでいるとベルクソンは考える。言い換えると、そのエラン・ヴィタール（生の躍動）は、自己解体ないしは自己崩壊の最中での、自己形成なのである。このことをベルクソンはさまざまな比喩を使って言い表そうとする。持ち上げた腕を力を抜いて落ちるがままに任せるときの例もそうである。落ちる腕には持ち上げる意志がいつも残っているからである。また、熱せられた大釜から吹き出す蒸気が冷やされて細かい水滴を作って落下しながらも、その一部は、依然として高温の蒸気のまま上昇を続ける例もそうである。最後に、空中で炸裂した打ち上げ花火が、燃えかすとなって落下しながらも、その燃え殻の中になお「燠《おき》」となって赤々と燃え続ける例も挙げられている。

　自己形成作用としての生命の緊張と、その作用の中断としての自己解体・自己崩壊に他ならない物質の弛緩とは、ベルクソンにあっては、単なる上述のような比喩的イマージュによってかろうじて支えられているような思弁的概念ではなくて、現代の物理学に裏打ちされた概念である。ベルクソンは、これらの生命と物質との概念を、カルノー、ケルヴィン卿（トムソン）、クラウジウス、ボルツマンと、研究が受け継がれてきた熱力学第二法則の上に基礎づけているのである。ベルクソンはそのことをはっきり書いている。「カルノー原理によって指示される傾きをエネルギーが降下するところで、何らかの原因がその降下を逆向きに、遅らせるところではどこでも、すなわち、おそらく、すべての星々にある世界において、生命は可能であるというのは本当である[2]」。宇宙は、熱力学第二法則の告げるエネルギー拡散の法則によって、エントロピーの絶えず増大する世界である。その中で生命はその自己形成作用に従って、エントロピーの減少に努めることによって、自己の生存を図っているのである。生命の自己形成が、持続の本質である緊張の方向であるならば、その自己形成の中断である物質の自己解体は、緊張のほどけによる緩みである。持続の緊張が真の、すなわち空間化されていない純粋な時間であるならば、持続のほどけは空間化を意味する。物質とは崩壊、拡散としての空間化の作用そのものであり、持続としての時間とは、自己形成と自己統一として生命の方向と一致する。

第四節　行為的直観

「弁証法的一般者の世界」において西田は、「我々の現実の世界と考へられるものは、個物の世界でなければならない」と言う[3]。一般的なものは単なる可能的なものに過ぎない。個物は、一般者の限定の最後の種差を超えた極限点のようなものとして考えることができる。しかしこのように考えられた個物は、未だ真の個物ではなく、一般者の一部という意味を脱することができない。個物は自己自身を限定するものでなければならない。しかも、「個物が自己自身を限定するといふことは、逆に個物が一般的なるものを限定するといふことを意味する」[4]。さらに、一般者の限定がその極限まで遂行されるとき、そのとき見出される個物の総体と一般者の外延とが完全に一致することから、一般者を逆限定する個物は、他の個物を限定するのである。自己限定することによって真の個物として存在する個物は、他の個物に働く個物でなければならない。「個物は個物に対すると考へられなければならない」[5]。

ところで、個物は、一般者の限定の特殊化において、最後の種差を超えて考えられるものであるから、個物と個物の間にはいかなる共通点もない。自己限定する独立する個物がお互いに働き合うためには、媒介者がなければならない。個物と個物を媒介する媒介者Mはどのようなものでなければならないか。個物と個物との関係は、外的機械的関係であることはできない。媒介者Mが単にそのような関係を保証するだけのものであるとすれば、個物が自己自身を限定して働くとは言えなくなるだろう。そのときは、個物は働くのではなくて、外から動かされて物理的運動をしているだけのことだろう。それでは、個物間の相互の交渉を保証している媒介者は、個物に内在的な統一であって、複数の個物を目的論的に統一しているのであろうか。しかしながら、内的統一とは、部分が全体の意義を含むことを意味する。したがって、もし媒介者Mが、内的統一によって、個物間の関係を確保しているのであるとすれば、Mは媒介される個物を部分として持つそれ自身一個の個物であることになるだろう。内的統一は合目的な統一として、有機的統一であり、そのときの個物と個物との関係は、一方の個物が他方の個物を自己のうちに取り込んで部分となす関係に終わることだろう。

媒介者Mは、一方では、個物と個物との交流を保証するために、個物の個性を均《なら》し、個物を一般化するものでなければならない。個物を否定するものでなければならない。その意味で、働く個物を単なる機械的な運動に還元しようとする空間化でなければならない。他方で、媒介者Mはあくまでも、個物と個物との媒介者として、個物を個物として、すなわち自己限定することによって働く個物として、一般化を否定し、個物をどこまでも肯定するものでなければならない。すなわち内的統一であり、目的論的統一でなければならない。個物を肯定する目的論的統一としての媒介者は、時間化として考えられる。言い換えると、個物と個物とを媒介する媒介者Mは、個物を一般化することによって否定する空間的限定であると同時に、個物をまさに個物として肯定し時間的に限定する、弁証法的一般者でなければならない。弁証法的一般者とは、個物的限定即一般的限定、一般的限定即個物的限定である。個物が個物に対して働く真の個物であるということは、弁証法的一般者が否定の肯定として、空間的即時間的に自己自身を限定することに他ならない。一般的限定である空間的限定をSとし、個物的限定である時間的限定をTで表記すると、弁証法的一般者の自己限定は、円環的空間的限定S即直線的時間的限定Tの、非連続の連続の弁証法的限定である。「TとSとは固一つのものでなければならない、Mの両面でなければならない(6)」。

個物は個物に対することによって働く真の個物であると言っても、そのことは、二つの個物の相互限定として理解されてはならない。働く個物の自己限定がそのようなものであれば、それは「主観客観の相互限定といふ如きものと考へられる」だろう(7)。しかし、主観即客観、客観即主観としての、弁証法的過程は、ヘーゲルにおけるように、なお有機的統一の意義を脱してはいない。無限なる動的統一として弁証法的過程が考えられるとしても、依然として、一つのものが客観になりまた主観に還るという、ただ一つの個物の運動があるだけである。したがって、ただ二つのものの相互限定から真の弁証法的限定を理解することはできない。「真の弁証法的限定といふべきものは、少なくとも三つのものの相互限定から考へられなければならない(8)」。もはや論証は省略するが、三つの相互関係を考えることは、無数の個物の相互関係を考えることである。したがって、個物と個物の関係を、主観と客観の相互限定と混同することはできない。ましてや、物と物との機械的に定義された外的相互作用と見なすこともできない。逆に、主観と客観の関係は、無数の個物と個物との相互限定の中から、生まれるのである。

弁証法的一般者が時間的限定即空間的限定として自己を限定することによって、個物は働く個物として他の個物と関係する、真の個物である。個物の側から言えば、個物は、弁証法的一般者を媒介者として、空間的一般的限定によって、自己を否定するとともに、時間的個物的限定によって、自己を肯定するのである。個物は、一般化することによって自己を否定し外に出るとともに、その外に空間化したものを自分として肯定するのである。個物と個物とは、相互に関係し、関係することによって初めて真の個物となるのであるが、そのためには弁証法的一般者によって媒介されなければならない。そしてそのとき、弁証法的一般者によって個物が媒介されるということが、行為するということに他ならない。行為するとは、「単なる運動でもなく、単なる合目的的作用でもない(9)」。「我々は行為によつて外に物を造るのである、客観的に我々に対するものを造るのである。行為はポィエシスでなければならない」。しかも、「客観的に我々に対するものは、単なる物質といふものではない、表現的なるものでなければならない。そこに見るといふ意味があるのである(10)」。

個物は働くことによって個物である。しかし、働くとは、行為することであり、行為するとは外に物を造ることである。創造することである。そして、その創造した物を見るということである。個物が個物に働くとは、外に物を造って見ることに他ならない。外に物を造って見る個物の働きは、行為的直観と呼ばれる。働く個物は、Mに媒介されて、自己を否定し空間化して、外に出る。すなわち、外に物を造る。と同時に、同じMによって、否定の肯定である個物的時間的限定によって、その造った物を自己との関係において内在化するのである。造った物に自己を認めるのである。言い換えると、造った物を自己の表現とするのである。その意味で造られた物は表現的である。

行為的直観を説明して、西田は例として芸術的直観をしばしば挙げる。芸術的直観において、働くことは見ることであり、見ることは働くことであるからである。画家は、見る物を作品として造るのであり、制作した物を見るのである。この意味で、芸術的直観は行為的直観と一致する。しかし、芸術的直観においては、造られた物が造るものと客観的に対するということがない。芸術的直観は、行為的直観に基礎づけられて、初めて可能となるが、行為的直観そのものと言うことはできない。行為的直観は、それが見るものであるかぎり、現実の知覚世界を構成しているのでなければならない。行為的直観を知覚として捉えるとき、行為的直観が弁証法的一般者の自己限定として成立するかぎり、一般的空間的限定としての外部知覚と、個物的時間的限定としての内部知覚とが、外部知覚即内部知覚、内部知覚即外部知覚として行為的直観を構成しているのでなければならない。言い換えると、行為的直観においては、客観的世界を与える外部知覚と同時に、個物の自覚に他ならない内部知覚とが、相即的に、成立している。個物の人格的限定のないところに世界の客観性も存在し得ないのである。個物の自覚は個物が他の個物に働くことによって初めて可能となるから、共同主観の成立を待って初めて、客観世界も成立する。西田においてもフッサールの場合と同じく、公共性が客観性を覆う（もっとも、フッサールの現象学は、この根拠づけに失敗したと西田は考えるが）。外部知覚即内部知覚の行為的直観において、内部知覚に傾いているのが、芸術的直観に他ならない。

今、行為的直観の世界は現実の知覚の世界であると言ったばかりであるが、実は、我々が知覚の世界と考えているのは、外部知覚即内部知覚の行為的直観において、芸術的直観とは逆に、外部知覚に偏した世界である。現実の知覚世界は、衝動的に自己自身を限定する。「我々が物を見るといふも、物は我々の運動の抵抗として見られるのである。目の筋肉の運動といふものなくして物の形といふものは見られない。知覚の世界といふのは我々の意識に映されたる平面図の如きものではなくして、立体的でなければならない、否それ自身の重さを有つてゐなければならない、我々の生命を限定する意味を有つたものでなければならない、我々が知覚の世界を実在的と考へるのは之によるのである。かかる世界に於て我々の生物的生命の世界といふものが考へられるのである」[11]。

衝動は私の内から一方的に起こるのではないし、また、物が外から一方的に私を引き寄せるのでもない。外の物に自己を見るところに衝動がある。自己の欠如を、外の物を自己の内に入れて、それでふさごうとするところに衝動がある。したがって、衝動はすでに、弁証法的一般者の自己限定の現れである。しかし、単に衝動だけに基づく生物的生命の世界においては、自覚を構成する内部知覚的限定は、外部知覚に即して行われる。衝動に基づく生物的生命の世界の個物的限定は、そのかぎりにおいて、身体的である[12]。行為的直観における個物的限定が、自覚として、人格であるのに対して、衝動における個物的限定は、身体である。外部知覚に即して衝動的に自己を限定する生命的個物は、外に物を見る。しかし、生物的個物は外に物を造らないので、外に見られるものは、単に食物的である。外に見られる物は、生物が自己の外に造った物ではなくて、ただ自己の内に取り込むだけの物である。生物にとって、外部世界は単なる環境であり、生物は環境に従属している。

生物生命の衝動の世界も、それが弁証法的一般者の自己限定に基づくかぎり、内部知覚的限定即外部知覚的限定として、衝動的に自己自身を限定するという個物的限定の意味をすでに持っている。しかしながら、衝動においては、内部知覚的限定は外部知覚的限定に従属したままであるので、動物は、まだ、真の意味での、内部を持っていない。内部知覚を持たない。ということは、弁証法的限定においては、そのことに対応して、外部知覚的限定も未だ確立していないということである。動物には客観的世界はない。動物の世界は夢の世界である。動物は物の代わりにただ心像を持つ[13]。自覚のないところに客観的世界もないのである。

人間も動物である。その意味において、人間も衝動的に規定され、動物と同じく生命的身体である。しかし、人間においては、内部知覚的限定の意義はさらに深いものとなっている。それどころか、「否内部知覚的限定の意義が独立と考へられるものが、我々の人間世界と考へられるものである[14]」。内部知覚的限定の意義が独立的になるとともに、それに応じて外部知覚的限定の意義も独立的となるというのが、弁証法的限定であるから、人間に自覚が成立し、人格的自己が確立するのと同時に、外部知覚として、即自的と考えられる客観的世界が成立する。行為的直観の世界に生きる人間だけが、自覚し、客観世界を持つ。また、人格と人格との交わりとしての社会を持ち、衝動的な生物的身体のみならず、外に物を造る道具的身体を持つ。

個物的限定と一般的限定は、絶対交わることのない二つの限定である。弁証法的一般者は、個物的限定即一般的限定、一般的限定即個物的限定として、絶対矛盾の自己同一的に、自己を限定する。そして、西田にとって、弁証法的一般者の絶対矛盾的自己同一が生命そのものの定義となっている。「矛盾的自己同一的な世界が世界自身を形成する所に、生命と云ふものが現れるのである[15]」。この世界が弁証法的世界であるかぎり、この世界は、生命の世界である。物質から生命が生まれたのではない。物質とは、行為的直観において、その行為的直観を否定し、個物的限定を極小にすることによって得られる概念である。それはちょうど、行為的直観を否定し、一般的限定の方向に極小化することによって、我々の自由意志の世界を見ることと同じである。この世界が弁証法的一般者の世界であるかぎり、物質と考えられる物も、弁証法的一般者の自己限定から理解されなければならない。すなわち、個物的限定と一般的限定の絶対矛盾的自己同一から理解されなければならない。物質の世界と考えられる世界も、単に空間的一般的限定によって規定されている世界ではなく、なお、依然として時間的個物的限定によっても規定されているのである。しかしながら、物質の世界においては、時間的個物的限定は、ただ映すという、単なる意識として存在する。弁証法的一般者の世界は、まず、意識として自己を映しているのである。その意味ですでに生命的である。ついでに述べると、意識とは、行為的直観の世界を否定して、個物的限定を極小にするとき得られる物質に対応して見出されるものである。「弁証法的に自己自身を限定する世界から個物的限定の意義が否定せられる時、我々は単なる意識と考へられる、我々は単に無にして見ると考へられる」[16]。すなわち、物質と単なる意識とは、弁証法的限定の矛盾的自己同一において、同じ意義を持っている。

第五節　自己形成と自己崩壊、個物的限定と一般的限定

ベルクソンの純粋持続の概念の展開をたどって、我々は自己形成としての生命の概念に到った。他方、初期西田の純粋経験は場所の概念を得て発展し、行為的直観に到る。『哲学論文集第三』の「序」に次のように読むことができる。「『善の研究』以来、私の目的は、何処までも直接な、最も根本的な立場から物を見、物を考へようと云ふにあつた。（中略）純粋経験と云ふのは心理的色彩を有つたものであつたが、それでも主客を越えた立場として、そこから客観界と云ふものを考へようと云ふのであつた」[17]。「『善の研究』以来、私の目的は最も根本的な物の見方考へ方にあつたと云つた。それは今歴史的生命の自覚、ポィエシス的自己の自覚の論理と云ふものでなければならない」[18]。

ベルクソンの自己形成としての持続と、西田の行為的直観との間には、十分比較に耐える類似点と相違点とがある。西田の行為的直観は、ベルクソンの自己形成としての生命概念を批判する明確な視点を持っている。ベルクソ

ンにとって、創造された存在であるエラン・ヴィタールとしての生命は、その被造性に故に、自らのうちに物質性を内包している。エラン・ヴィタールとしての生命は、自己形成の運動そのものに他ならないが、その運動は、その中断が直ちに自己解体・崩壊の運動でもあるような物質性をはらんでいる。そして、生命の自己形成の運動がベルクソンにとって真の時間としての持続であり、それの中断である持続の弛緩としての物質とは、空間化としての自己解体・崩壊に他ならない。ベルクソンが、持続の弛緩に空間性ないしは空間化を見ていることは、『物質と記憶』第四章に明らかであるし、また、『創造的進化』における物質に適合するための知性が空間化の活動であることからも見やすいことである。したがって、ベルクソンにおいても、持続は、時間と空間とのある種の関係として考えることができる。持続の緊張の方向が時間化の方向であり、持続の緊張の中断としての弛緩の方向が空間化の方向である。

ただ注意しなければならないのは、ベルクソンにおいては、物質は生命の単なる欠如態に過ぎないことである。積極的なものは持続としての生命だけであり、その持続の不在が物質・空間の方向として定義されている。空間化・自己解体としての物質は、独自の自立した存在ではあり得ない。自己形成活動としての生命・持続に従属してしか空間化・物質化はあり得ない。西田ふうに言えば、時間化直線化に沿ってしか空間化はあり得ず、空間が真に時間を否定し破ることがない。またその故に、逆に、時間が真に空間を破って、外に物を造ることがない。ベルクソンの生命も、その本質が自己形成活動であるかぎり、創造的である。しかし、ベルクソンの生命は生物的生命である。外に物を造るのではなくて、有機体としての生命的身体そのものの形成作用以上のポイエーシスを考えることは難しい。確かに、ベルクソンの知覚理論では、我々は外に物質を形として捉えて見る。形として捉えるということは、すでに、制作するということではないか。そうかもしれない。しかし、ベルクソンにおいて、知覚が形において制作的に物を見るというのは、もともと、知覚が可能的行為として、制作的に、あるいは、こう言ってよければ、行為的直観的に、考えられているからに他ならない。ポイエーシスを基礎に知覚が可能となっている。にもかかわらず、問題は、ベルクソンには、制作そのものについての理論が、すなわち物を造ることを可能にする生命論が見当たらないことである。

『創造的進化』は、機械論でも、目的論でもない生命論の構築をエラン・ヴィタールの概念で目指した。その点で、同じく機械論でも、目的論でもない関係として、物を造ることとしての行為を考え、その関係を表現的関係として捉えようとした西田と問題意識を共有している。しかし、ベルクソンはなお、自然として、目的論的に過ぎる。このことを西田は実によく見ている。「ベルグソンでは、物質の世界が実在ではない。真の実在は却つて純粋持続の記憶の方にあるのである。緊張の裏面に弛緩がある。物質界とは弛緩の状態に過ぎないと考へられて居る。（中略）併し私は絶対現在の時間面的自己限定として、何処までもベルグソンの純粋記憶の世界を認めるものであるとともに、一面に於てはその反対の立場に立つのである。寧、空間の立場に立つものである、否、時間空間の矛盾的自己同一の立場に立つのである。ベルグソンは、私は形象の真直中に私を見出す me voici en présence d'images といふ所から出立する。云はば、彼は寧、意識の世界から出立するのである。私は、之に反し、作り作られる歴史的実践の世界から出立するのである。私がある世界からではなくして、私が自覚的に働く世界から出立するのである。我々は行為的直観的に形象を見るのである(19)」。

西田は、自分の行為的直観を、ベルクソンの持続にではなくて、むしろメーヌ・ド・ビランの能動的習慣に重ねている。言い換えると、単なる自己形成ではなくて、習慣的な自己形成こそが、行為的直観の何たるかを最もよく理解させるのである。そのことを西田は、最後の『哲学論文集第七』の「生命」で、ビランの習慣論を発展的させたラヴェッソンの「習慣論」をほぼ忠実になぞりながら、それを自己の哲学によって解釈していく。西田のビランへの関心はすでに初期の論文「感情の内容と意志の内容」においても示されているが、西田のビランの理解の深さには、驚嘆するものがある。西田哲学とビランのスピリチュアリスムとの関係については、次章で扱うので、ここでは、論文「生命」末尾からの次の一文を引いて、満足することにしよう。「以上論じた如くにして、メーヌ・ド・ビラン以来の内的知覚の哲学と考へられるものは、私の矛盾的自己同一の場所的論理の立場から基礎付けられると思ふ。而してそれは逆に場所的論理が内的知覚の事実に証明せられることである(20)」。

注

(1) Maurice Merleau-Ponty, *Phénoménologie de la perception*, p. 472, Gallimard, 1945.
(2) Henri Bergson, *Œuvres*, p.712, Presses Universitaires de France, 1963.
(3) 〈西田幾多郎全集〉第七巻、岩波書店、一九七九年、三〇五頁。
(4) 同上。
(5) 同書、三〇六頁。
(6) 同書、三一〇頁。
(7) 同書、三一二頁。
(8) 同書、三一三―三一四頁。
(9) 同書、三三八頁。
(10) 同上。
(11) 同書、三五七頁。
(12) 同上。
(13) 同書、三七九頁。
(14) 同書、三八二頁。
(15) 〈西田幾多郎全集〉第一一巻、岩波書店、一九七九年、二九三頁。
(16) 〈同全集〉第七巻、三六六頁。
(17) 〈同全集〉第一一巻、三頁。

(18) 同書、七頁。

(19) 〈西田幾多郎全集〉第一一巻、三五三―三五四頁。

(20) 同書、三七〇頁。

第二章　西田の行為的直観とビランならびにラヴェッソンの習慣概念

西田の論文「生命」は次の文章を含む節で終わっている。少し長くなるけれども引用しよう。

以上に論じた如くにして、メーヌ・ド・ビラン以来の内的知覚の哲学として考へられるものは、私の矛盾的自己同一の場所の論理の立場から基礎付けられると思ふ。而してそれは逆に場所的論理が内的知覚の事実に証明せられることである。従来、この種の哲学は論理性と云ふものがなかつた、主観的と考へられた所以である。それは意識と云ふものを深くその根柢に返つて考へて見なかつた故である。従来の哲学では、主観客観の抽象的対立の立場から出立する、無批評的に最初から自己と世界とが対立的に考へられて居る、我々の自己が世界の中にあることが忘れられて居る。私が考へるその事が、既に世界に於ての事実であるのである。(1)

論文「生命」は西田最晩年の作品である。「一」、「二」、「三」の三部構成からなるこの論文の執筆開始は、日記によれば(2)、昭和十九年九月十六日である。同年十月二十三日付けの日記には、「生命」の「一」を送ったとの記録がある。「生命」の「二」の着手は、同月二十七日である。そして十二月十二日の日付で「『生命』三了」との記載がある。西田の逝去は昭和二十年六月七日であるから、上に引用したビランに関する西田の述懐は、西田の思索の到達点の表現の一つと見ることができる。

西田のビランに寄せる関心は、しかしながら、晩年において突然生まれたものではない。いわゆる後期西田といわれる時期に限っても、『哲学論文集　第一――哲学大系への企図――』「二　行為的直観の立場」の「四」において、ビランの習慣概念を行為的直観の立場から位置づけようとしている。さらに興味を引くのは、この論文の中に西田の注記があり、そこに、この論文と上述の論文「生命」との直接の関連を読み取ることのできる点である。「私は習慣について本文を草した後、偶々、ラヴェーソンの『習慣論』を読んで、ラヴェーソンが既に習慣について深く考へて居ることを知つた。それは歴史的世界の実在性とまでに考へるものではないが、習慣について洞察に富んだ美しい考と云わざるを得ない(3)」。

後期西田においてばかりではなく、中期西田においても、ビラン哲学への積極的評価を見ることができる。それどころではない。西田は前期と分類される「場所」論文以前の時期においてもすでに、ビランに注目している。それは彼がまだ、ビランを「メーン・ドゥ・ビラン」と呼んでいる頃である。西田は、論文『芸術と道徳』の「感情の内容と意志の内容」において、「有意的努力には自我の意識が結びついて居る」として、ビランを肯定的に援用し、「聴くことと視ることとはいかに異なるか。色と音とは非常に異なつたものに相違ない。併しそれは色と音との相違であつて、聴くことと視ることとの相違ではない。聴くことと視ることとを区別する積極的内容は、自我の無限なる色合いでなければならぬ」と言う(4)。

中期西田とビランとの関係に帰ると、西田は、『無の自覚的限定』の「場所の自己限定としての意識作用」の終わりの部分で、フランスの哲学には、パスカルによって踏み出された、「デカルトの自覚からメーン・ドゥ・ビランの j'agis, je veux, ou je pense en moi l'action といふ方向」があると指摘する。その上で、「デカルトの『私は考へる』を超越的述語面の自己限定として『私がある』といふ有の意味を場所的有と解するならば、場所自身の自己限定として自愛といふものが考へられ、そこからサンチマンの哲学が基礎付けられるであらう。（中略）デカルトは之に反し自覚をノエマ的に考へ而も之を実体として対象化した、是に於て彼は形而上学に陥つた。知的自覚であつても、何処までもノエシス的限定の意義を考へ、而も無にして自己自身を限定すると云ふに至れば、カントの意識一般といふ如きものが考へられるであらう、即ち純然たる対象認識の主観となる。併しそれが何処までも超越的対象といふ如きものと異なつて自己の意義を有するかぎり、メーン・ドゥ・ビランの j'agis, je veux の意味がなければならない。カントの意識一般はフィヒテに於て超越的意志として又形而上学に陥つた、ノエシス的限定としてサンチマンの方向に見るべきものをノエマ的方向に対象化したのである」[5]。そのようにビランを高く評価した上で、その哲学の否定的な側面を西田は鋭く批判する。「メーン・ドゥ・ビランがその人間学に於て論じて居る様なフランスに於けるサンチマンの哲学は自覚的事実の独立性を把握しながらも、その認識論的意義が明でない、それは単に心理学的と云はれても致し方ない」[6]。この批判は、そのまま、上で見た全集第一一巻からの引用「従来、この種の哲学は論理性と云うものがなかつた、主観的と考へられた所以である」に受け継がれている。

西田哲学とビランとの関係について筆者はすでに別のところで論じたことがある[7]。ここでは、行為的直観とビランの習慣論との関係に問題を絞ってさらに考察を進めたい。ビラン以上に西田哲学と関わりの深いベルクソンについても、問題の性質上吟味しなければならない事柄がある。行為的直観とベルクソンの持続との関係については、すでに第Ⅱ部第一章で論じた。そこで論の及ばなかったところをさらに考究するべきであるが、残念ながら今回は、その余裕はない。この章の意図は、絶対矛盾的自己同一とならんで後期西田哲学を特徴づける根本概念であり、またその別様の表現である行為的直観を、西田のビランとラヴェッソンの習慣概念への言及を通して、考察するところにある。

第一節　働く個物

西田は働くということについて最もよく考えた哲学者の一人であろう。もしかしたら、唯一の哲学者であるかもしれない。メルロ＝ポンティは身体を哲学の舞台に主役として押し上げるのに大いに貢献したが、それでも彼の身体は、知覚の水準で働いている身体にとどまり、真に行為する身体すなわち物を作る身体ではなかった。メルロ＝ポンティのメーヌ・ド・ビラン論では隠されて見えなくなっているけれども、運動する身体について遥かに深い、おそらくメルロ＝ポンティよりも徹底した、洞察をめぐらしたのは、メーヌ・ド・ビランその人であった。しかし、そのビランにしても、物を作るという真の意味での働くことに到るまでには、まだ考えなければならない決定的なことが残されているように思える。以下、西田の「弁証法的一般者としての世界」(8)を中心に、「働く個物」について概観する。

働くとは因果的作用のことではない。働くことが、ある物が他の物に対して外部から機械的に作用する因果関係を意味するならば、それは単なる物理的運動に過ぎず、物が落ちることも、物体同士の衝突も働くことになるだろう。また、一つのものが目的論的に生成発展することも働くことではない。このような生成発展は、一つのものがさまざまに変化変容することであって、それは働くことからは区別されなければならない。成長は働くことではないし、そのために飲んだり、食べたりすることも働くことではない。したがって、働くとは、さしあたり、物と物との間に、因果的でも、また、目的論的でもない関係が成立することとして、否定的に定義することができる。後で見るように、因果的でも目的論的でもないこの関係を西田は積極的に、表現的関係として定義する。

ところで、「弁証法的一般者としての世界」の冒頭によれば、現実の世界は個物の世界である。個物とは何か。

場所の概念に基づいて個物を定義すれば、それは、一般者の自己限定の特殊化の極限に見出されるものである。しかしながら、個物が一般者の特殊化の限定の極限に見出されるものであるならば、個物はあくまでも一般者によって限定されたままであり、未だ自立した個物であることはできない。一般者によって外部から決定された個物にとどまる。働く個物は自由な個物でなければならない。一般者からの限定を脱して、自己自身で自分を限定する個物でなければならない。自己を自己の媒介とするものでなければならない。その意味で、目的論的な存在でなければならない。にもかかわらず、働く個物は、唯一の個物ではなくて、他の個物に対する個物でなければならない。他の自己自身を限定する自由で独立した個物に対するのでなければならない。

独立した一個の個物が、他の同じく独立した個物にいかにして働くことができるのだろうか。個物は、定義によって、一般者の限定の極限を超えて考えられるものであるから、それぞれの個物に共通していた一般者はすでに失われている。共通する場所が見出されない以上、独立自存する個物同士の間には、働くどころか、いかなる関係も不可能ではないか。

独立した個物同士が相対し、お互いに働き合うためには、媒介が必要である。それはちょうど、独立した物体がお互いに作用し合うためには、媒介としての空間が必要とされるのと同じである。西田の言葉で言えば、一般者が必要である。しかしながら、その一般者は、独立自存と考えられるかぎりでの個物がそこに於いてある場所としての一般者ではもはやない。そのような場所を包んでさらに深く広い新しい場所としての一般者である。この新しい一般者、すなわち、そこで個物が働くものとして他の個物に対して相対している場所・一般者は、弁証法的一般者と呼ばれる。弁証法的一般者は、個物と個物とを媒介するものである。したがって、独立自存する個物の自己限定の性質と同時に、独立した個物をお互いに関係させるために、個物の持つ自己限定性を否定し、他の個物との共通性を保証する一般化の性質を持つのでなければならない。一般的に、媒介者は、媒介される物と共通の性質を持つことによって、媒介される物同士が関係を結ぶことを可能にすると同時に、一方では、媒介される物同士をお互いに区別し続けなければならない。媒介者は連続と非連続の相反する性質を同時に持つものでなければならない。

しかしながら、媒介者が単に共通の連続的な性質を持つだけであるならば、それは、媒介者を一個のより強力な個物、相対する他の個物を自己の中に様態として併呑するような一つの実体のようなものとなってしまうだろう。連続性とは、自己自身を媒介として自己限定する目的論的個物の定義そのものであるからである。内部からの統一、内的統一を意味するからである。したがって、弁証法的一般者は、働くものの媒介者であるかぎりにおいて、一方で、個物が自己自身を媒介することによって独立自立した存在であることを保証する個物的限定の性質と同時に、他方、自立した個物と個物との間の関係を保証する一般化的限定という性質を併せ持っていなければならない。弁証法的一般者の個物的限定を否定して、無数の個物を創造するのは一般的限定である。その一般的限定を否定することによって、無数の個物を相対させ、相働かせるのが、弁証法的一般者の自己肯定である統一としての個物的限定である。個物的限定とは、無数の個物を一つにまとめようとする限定である。個々の個物に返して同じことを表現すれば、それぞれの個物が自己の世界を世界全体にまで広げようとする努力であり、他の個物を自己の世界に包摂しようとする努力である。

働く個物と媒介者である弁証法的一般者との関係についてさらに考えてみる必要がある。この場合、弁証法的一般者とは、個物が働く環境ないしは世界である。普通には、個物はある環境において、ある世界を舞台にして働くと理解されよう。しかし西田哲学においては、背景と前景とは、むしろ、逆転する。個物は、たとえそれが働く個物であろうとも、どこまでも、一般者の自己限定であるかぎりでの個物である。問題は、於いてある場所、今の場合は、働く個物の置かれている場所である。弁証法的一般者は、働く個物の単なる媒体ではなくて、逆に、弁証法的一般者の自己限定から、個物は働くのである。より正確には、弁証法的一般者の自己限定によって、個物が働くものとして、創造されるのである。弁証法的一般者の世界から、個物が働くものとして生まれるのである。西田哲学の言葉では、弁証法的一般者が、個物的限定即一般的限定、一般的限定即個物的限定として、自己を自己で限定するかぎりにおいて、個物は相対し、個物は働くのである。

今、弁証法的一般者の自己限定によって個物は個物に対して相対し働くものであると言った。しかしながら他方、逆に、個物が相対し、相働くかぎりにおいて、弁証法的一般者は自己限定する。実体的な弁証法的一般者は存在しない。個物が相働き合うということ以外に、弁証法的一般者の自己限定は存在しない。働く個物と、弁証法的一般者の世界との関係は、西田哲学に独特なものであり、行為的直観や表現という後期西田哲学を特徴づける概念を基礎づけている。

弁証法的一般者の自己限定のうち、その個物的限定は直線的限定、時間的限定とも言われる。他方、もう一つの一般的限定は、円環的限定、空間的限定と言われる。個物的限定は、個物の自己自身を媒介とする自己限定に基づく内在的統一を表しているので、時間的直線的であり、したがって、弁証法的一般者の自己限定の連続性を表現する。これに対して、一般化的限定の方は、時間的限定の内在化を否定し、そこに外在性を持ち込むものとして、空間性を表す。言い換えると、弁証法的一般者の自己限定は、個別的限定即ち時間的限定の内在的限定の方向においては、自己肯定・内的統一を意味し、他方、一般的限定即ち空間的限定の分散・分離の方向において、自己否定を意味する。弁証法的一般者の自己限定は、したがって、否定の肯定として、非連続の連続である。弁証法的一般者の世界、現実の世界は、時がひとたび去って二度と帰らぬ純粋持続の世界ではなくて、時が円環的な、非連続の世界である、非連続が連続する世界である。

第二節　永遠の今の自己限定としての現在

ところで、弁証法的一般者の自己限定は、永遠の今の自己限定ないしは現在の現在自身による自己限定とも言い換えられる。弁証法的一般者の世界がそうである実在の世界は、いつも今であるとともに絶えずその今が過ぎ去っている世界である。フッサールの時間論で問題となる nunc stans と nunc fluens である。実際、我々の経験している時間は、今である。常に過ぎ去るけれども常にとどまり続ける今である。我々が現実に経験しているのは過去から未来へ流れ去って、二度と帰ることのない持続としての時間ではない。その意味では西田の時間の定義は我々の日々の経験に最も忠実であるだろう。弁証法的一般者の自己限定からこの非連続の連続としての今・現在も説明される。

弁証法的一般者の世界は、個物的限定即一般的限定、一般的限定即個物的限定の世界である。個物的限定は時間的限定を表し、一般的限定は空間的限定を表す。したがって、弁証法的一般者の自己限定は、時間的限定即空間的限定、空間的限定即時間的限定を意味する。しかも、弁証法的一般者の自己限定は、自己の否定の肯定として、遂行される。すなわち、目的論的で、自己統一的な一般者の時間的限定が、因果的機械論的で分離的な一般者の空間的限定によって、包まれることによって、否定される。この否定によって一般者の自己否定がなされ、時間の連続が、空間の非連続によって、切断される。時間が空間化される。時間の空間化とは、過去と未来とが現在において同時存在的に並列的であることに他ならない。同時存在的な並列化によって、直線的時間は円環的となる。流れる時間はとどまる時間となる。ついでに触れると、西田は記憶の問題を、時間の空間化として考えている。しかし、過去未来が現在に同時存在となることは、他方、流れ去るものとしての時間が消失することである。時が止まることである。しかし、このとき同時に、弁証法的一般者のもう一つの限定である空間的限定即時間的限定の方向が働いて、一般者の自己否定の肯定として、再び、時が立ち上がり、生まれるのである。この繰り返しが現在の現在自身による自己限定に他ならない。そして、それが、いつも今でありながら、いつも流れ去っていく今であるという我々の時間についての現実の経験を構成しているのである。

現在の現在自身による限定とともに、永遠の今の自己限定という表現もよく使われる。永遠の今について、西田は、すでに、『無の自覚的限定』の「永遠の今の自己限定」において、「永遠の今 nunc aeternum と考へられるものは、エックハルトの云ふ如く無限の過去と無限の未来とが現在の一点に於て消されると考へられるものでなければならない、神は創造の始の日の如く今も尚世界を創造しつゝあり、時はいつも新に、いつも始まるといふ意味でなければならない」と書いている(9)。永遠の今の自己限定と現在の現在自身の自己限定との関係をどのように考えるか。永遠の今の自己限定は、現在の現在自身の自己限定によってしか遂行されず、また逆に、現在の現在自身による自己限定は、永遠の今の自己限定を媒介することによって可能となる。このことについて「図式的説明」に従って、素描することにしよう。

弁証法的一般者は、独立する個物の間に相互に働き合うことを可能にするかぎりで、媒介者Mである。働くものの世界はMであり、その論理的構造が、弁証法的一般者である(10)。したがって、Mの世界は弁証法的一般者の自己限定によって成立する。言い換えると、世界の自己肯定（個物的限定E）と世界の否定的限定（一般的限定A）との自己矛盾的自己同一性によって、お互いに相働く個物mが生まれるのである。「Mの自己限定といふのが世界の世界自身を限定することであり、即ち創造作用である。事物が生じることであり、事物が造られることである。併しそれは同時に個物的なる無数のmが自己自身を限定することであり、相働くことである。Mの自己限定を離れて無数のmの自己限定があるのではなく、無数のmの自己限定を離れてMの自己限定があるのでない(11)」。

ところで、「歴史的実在の世界は、無限に動き行くものでありながら、永遠の今として自己自身を限定する。かかる永遠の今の自己限定が自然的と考えられるものである。M_vはいつも行為的直観の世界である」[12]。永遠の今の自己限定の自己限定とは、「M_1、M_2、M_3……として即ちM_vとして」[13] Mが自己自身を限定することに他ならない。M_vとは「いつでも主観的・客観的、客観的・主観的として、自然に自己自身を形成し行く歴史的自然」[14]である。そして「それは永遠の今の自己限定として、いつも留まると共に動く世界である、習慣的存在世界である。MからM_vを考へるのではない、いつもM_vからMを考へるのである。M_vはMの自己限定としていつも無限の周辺を有つのである」[15]。MはいつもM_vすなわちM_1、M_2、M_3……として自己を限定するが故に、歴史的現実の世界は、絶えず動き行く世界である。どこまでも$M_v \wedge M$であって、$M_v = M$とはならない[16]。他方、M_vはMの自己限定であるかぎりにおいて、いつも無限の周辺を持つ。言い換えると、M_vにはいつも補集合$M_{v'}$が伴う。すなわちMはいつも$M_v + M_{v'}$であり、したがって、Mとして永遠の今である。

同じことを西田の与えた別の表現で言い直せば、次のようになるだろう。M_vはいつもM_{v+1}へと変じていく。しかしそのとき、M_vはその否定である$M_{v'}$を通ってM_{v+1}へと変じていくのである。そのように変じいくM_vは必ずM_0を通る。M_0とは何か。「M_0といふのはM_xの滅び行く箇所であり、又生まれる箇所である。M_a、M_b、M_c……はいづれもM_0から始まりM_0に終つて行くのである。それはM_xの中心であり又周辺である。M_xはいづれもM_0の芽を含んで居る。(中略)時の瞬間が永遠に触れると考へられる如く、そこがM_xがMに触れる箇所である」[17]。引用中のM_xは、これまでのM_vに置き換えることができる。

M、M_v、$M_{v'}$、M_0の関係についてまとめると、次のようになるだろう。M_vがMになろうとして自己を否定するとき、$M_{v'}$が現れる。それが$E' \equiv A'$としての意識の世界である[18]。意識の世界は現実の世界である行為的直観の世界すなわち歴史的実在の世界の否定として抽象的な世界である。中期西田哲学で言われる自覚的一般者としての意識の野である。判断的一般者が具体的一般者に対して抽象的であったように、意識の世界は、行為的直観の現実の世界に対して抽象的である。デカルト的自我は、この意識面の自己限定によって成立している。さらに、M_vがMになろうとして自己を否定するとき、$M_{v'}$を通ってMに近づこうとするとき、言い換えると、M_vが新たなM_{v+1}として再生しようとするとき、M_vは自己の底にあるM_0へと消えてゆき、そこから再び、新生M_{v+1}として生まれるのである。$M_{v'}$とM_0に関して、前者が意識の世界として「唯ドクサの世界である。あるいは単なる志向的対象の世界、意味の世界である」のに対して、「唯それが逆に世界再生の立場として、MがM_0として自己自身を限定する立場として、ロゴスの世界が成立する」。しかし、これらの点についてこれ以上立ち入ることは本章の目的ではない。

第三節　行為的直観

これまで永遠の今Mの「存在者的自己限定」としてのM_v（M_x）すなわちM_1、M_2、M_3（M_a、M_b、M_c）……について見てきた。ここでMの「媒介者的自己限定」に目を転じよう[19]。すなわちMの個物的限定≡一般的限定（E≡A）である。すでに見たように現実の歴史的世界は、Mの自己限定としてのM_vである。Mの弁証法的媒介的自己限定によって、無数のmが、M_vにおいて相互に働き合う個物m_vとして創造される。働くとは、行為することである。西田にとって、行為するとは、単なる運動でも、合目的的作用でもない。飲食することは行為とは言われないし、また、成長も行為することではない。「我々は行為によって外に物を造るのである、客観的に我々に対するものを造るのである。行為はポイエシスでなければならない」。しかも、「客観的に我々に対するものは、単なる物質といふものでもない、表現的でなければならない。そこに見るといふ意味があるのである[20]」。働くとは、作った物を見るかぎりにおいて表現作用的である。しかも、作られた物は、独立した客観的存在として、働く個物に対立する。その意味で、働くものは見るものである。自分が作ったものを見るのである。行為的直観とは、作ることすなわち行為することが、同時に、見ることすなわち直観することである、この事態を指している。それどころではない。さらに、行為的直観においては、作られたものが作るものを作るのである。西田の言う「作られたものから作るものへ[21]」である。しかも、「与へられたものは作られたものである。或いは逆に作られたものは与へられたものであると云ってよい[22]」のである。

行為することが我々の自由意志から発していると考えると、行為的直観はおかしな概念になる。極端に言えば、我々の恣意が客観的物質的事実となることを意味する。絵に描いた餅が現実の餅となることである。しかし西田の立場から言えば、そこで考えられている自由意志や客観的物質性は、実在の世界の事柄ではなくて、反対に、実在の世界である行為的直観の世界を否定して、抽象的に意識の立場から、あるいは知識の立場から、考えられたものに過ぎない。行為的直観の世界Mの一般的限定Aの方向の極限においてA＝Mとしたものが物質的世界であり、Mの個物的限定Eの極限を取ってE＝Mとしたものが精神的生命の世界である[23]。西田は『哲学論文集第三』「経験科学」でブリッヂマンを引きながら現代物理学を論じ、行為的直観の例として相対性理論と量子力学とを挙げる。物理的世界は、それ自体としてある世界ではなくて、物理学的操作ないしは行動によって定義された世界である。物理学者の行為すなわち実験によって制作された世界が、客観的な事実の世界となっている。現代物理学者の世界は、まさしく行為的直観の世界である。

我々は個物mとして行為的直観の世界にある。我々にとって働くことが見ることである。我々が見るものは作ったものに他ならない。そうであるとすれば、我々が行為直観的に見るものは、我々が知覚において見ていると考えているものであろうか。また、行為的直観における見るものを作るその行為は、我々が自己の働きとして意識しているものと同じものであろうか。我々には外部世界を客観的に知覚する外部知覚と、我々の自覚を形成する内部知覚とがある。知覚の世界は、絶対矛盾の自己同一の弁証法によって、外的知覚即内的知覚、内的知覚即外的知覚である。ところで、行為的直観の世界は、この知覚世界よりもさらに深いと考えなければならない。「我々の自己は単に内部知覚と考へられるものではなくして、行為するものでなければならない。それと共に、一般的と考へられるものは単に外部知覚的といふべきものでもない。それは何処までも我々の外部知覚を越えたものでなければならない、外部知覚を超えると共に内部知覚を越えたものでものでなければならない、我々の意識を越えたものでなければならない。それは何処までも我々の自己を否定する意味を有つたものでなければならない(24)」。

第四節　行為的直観とビランならびにラヴェッソンの習慣概念

ビランが初期の習慣論で明らかにしたのは、我々の能動的な、したがって意志的行為は、繰り返されることによって記憶され、ますます堅固な安定したものとなり、習慣となる。これに対して、我々の受動的な、したがって意志によらない経験は、たとえば、嗅覚などの感覚は、反復されることによって、それについての意識は曖昧なものとなり、消失する。それは記憶として強化されることがない。能動的行為の反復はその行為を強化するのに対して、受動的働きは、反復によって、逆に、その働きが鈍磨し、ついには無感覚の状態に陥る。さらに、中期メーヌ・ド・ビラン哲学のいわゆるビラニスムによれば、意志的で能動的な働きには、自覚が伴うのに対して、受動的な働きには、自我の意識がない。自我とは意志である。私とは意志するものである。能動的作用が繰り返されるたびに強化され、ますます安定し、よく分節されたものになるのは、能動的作用が本質的に自覚的であるが故に記憶可能であるからである。自覚が記憶を可能にしている。自覚がなければどうしてある経験が私の経験となりうるだろうか。私の経験とならないものは、また、私の記憶となることもできない。能動的作用に内在的な自覚、それがビランの言う努力の感情であり、努力の感情として、その感情のうちに、自我は現れる。

以上のビラン哲学の核心をなす二点について、西田は、すでに、初期の論文「芸術と道徳」中の一章、「感情の内容と意志の内容」で的確に把握している。「メーン・ドゥ・ビランは習慣の結果に二種類あるとして居る。所謂感覚は習慣によつて不明瞭となる、例へば香の如き慣れるに従つて感じなくなる。之に反し能動的感覚例へば有意的運動の如きものは、繰返しと習慣とによつて益々明瞭となる。手の有意的運動によつて物の種々なる形状及び性質を捕らへ、且つ分析することができるのである。我々の知的といふのは此方向への発展である。判断の本にも努力がある」。さらにすぐ続けて、「而して有意的努力には自我の意識が結合して居る。この自我は自己を否定することなくして、自己を対象化することはできぬと云つて居る。我々は此の如き意味に於て作用の直接の意識を有するのである[25]」。

最後に、ビラニスムのもう一つの特徴として、物質、外部世界の定義がある。これは同時にビランの心身関係についての独特の考え方を表している。外部世界は、私の努力に抵抗するものとして、自我の存在と同時に現れる。自我と世界とは努力と努力に対する抵抗として、努力の感情を構成する不可分の二つの要素、契機である。このビラニスムの最後の特徴も西田の関心を引かずにはおかなかった。すぐ後で述べるように、後期西田は、このビランの考えを取り上げ、さらに発展させ、独創的な、働くという概念に仕立てる。

結論から述べると、西田はビランの能動的習慣のうちに、彼の行為的直観と同じものを見ている。「能動的習慣といふのは、歴史的世界の自己限定の立場から云へば、行為的直観と考ふべきものである[26]」。また、「私の行為的直観と云ふものは、此からも理解することができるであらう[27]」。後期西田において、ビランの概念として使われる能動的習慣という用語は、習慣となった能動的行為を指す。すなわち、能動的行為が繰り返されることによって、習慣として形成されたもののことである。さらに、後期西田は、ラヴェッソンによって解釈発展させられたビランの習慣論をも援用する。

したがって、行為的直観との比較において、能動的習慣を論じるには、能動的行為すなわちビランの用語に言う意志的努力と、その努力としての能動的行為の反復の結果としての習慣とに分けて考えなければならない。まず、能動的意志的行為としての努力は、すでに述べたように、自覚に基づく自我の契機と、努力がそこへ向かってなされる抵抗との二つの契機を持つ。ビランにあっては抵抗としての物質的世界は、意志的努力が自分に対抗するものとして見出すものである。自分の発する声を聞く自我が、聞く対象を自分で作り出すのに対して、運動する手の触覚の対象である物体は、能動的な触覚が自分で作り出した物ではなく、与えられたものである。

これに対して、西田は、抵抗の概念を拡張して、作るという意味まで持たせるのである。「物とは如何なるものであるか。物とは我々の運動に抵抗するものと考へられる、我々の運動を否定するものと考へられる。併し抵抗すると意識する時、それは既に単に否定せられることではない、単に我々の運動が消え失せることではない。それは既に何物かを見ることである、形が現れることである。而して逆に我々が何物かを形作ることである[28]」。行為的直観において働くことは見ることである。働くとは外に物を作ることであり、作った物を見ることである。「見るといふことは単に受動的といふことではない、我々はいつも行為によつて物を見るのである[29]」。「併し、目で物を見るといふ時、唯受動的に映すのではなくして、手の運動と結合することによつて外に物を見るのである[30]」。

西田は、物を制作する手と制作した物を見る目とを連結して、行為（手）―直観（目）として、行為的直観を描出する。西田は何も言及していないけれども、実は、ビランにも、反省作用および記号・言語制定を解明する際にビランが用いた、含蓄のある声と聴覚との組み合わせがある[31]。自分が原因となって発する自分の声を結果として聴くという、能動的発話とその受動的聴取との組み合わせのうちに、すなわち自分が話しているのを聴くという体験のうちに、ビランは、反省作用の原型を見る。この反省作用の解明において注意を引くのは、自覚の経験にとってあれほど重要な役割を果たしている意志的能動的な触覚運動に対する物体の抵抗が、声という感覚質に、その主席の座を譲ることである。その直接の理由としては、聴覚と結合した発声器官にあっては聴取経験の原因と結果が、声帯（能動）と耳（受動）として分離しているのに対して、能動的触覚の場合は運動する手と触覚印象を感受する手とが同じ手であることによって、原因と結果との区別について曖昧さが残る、ということが挙げられている。なぜなら、自己を能動としてすなわち原因として体験すればするほど、自覚は深まるからであり、自己の能動性・原因性は、受動性としての結果との分離が明確であればあるほど、鮮明となるからである。しかしこのビランの説明には、納得しがたいところがある。それは、経験としての原因と結果との分離を、器官の空間的分離として理解させようとするところにある。反省作用における能動的触覚の本当の問題は、能動的触覚運動が、すでに与えられている物質に、抵抗という仕方で遭遇する点にある(32)。触覚運動の能動性は、抵抗として経験する物質を、自ら作ることがない。これに対して、発話においては、自分が音を声として作るのであり、そしてそれを聴くのである。まさしく自分が作った物を聴くのである。西田が手と目とを結合して、抵抗の概念を制作として改造するとき、結果として、自分が話すのを聴くという記号・言語の観念の世界を、自分が作った物を見るという世界に置き換えているのである。そして、その世界を行為的直観の世界としたのである。

ビランふうに言えば、手と目との結合によって行為的直観が成立する。行為的直観において我々は、作った物を見る、物を作ることによって自己を知る。外的知覚即内的知覚である。さらには、見ることによって作る。すなわち、作った物が逆に我々に対立・作用する。作られたものから作るものへ、である。作られたものが、今度は作るものとなる。行為的直観の現実の世界においては、我々が客観的実在として見ている世界は、我々によって作られた物の世界であり、逆に、我々は物を作ることによってこの世界に生まれる、自覚するのである。にもかかわらず、なぜ我々は、自分の制作にかかる物を、あたかも与えられた物であるかのように、受動的に受け取るのだろうか。

我々は自分が作った物を見ているにもかかわらず、なぜその作られた物を、即自的な、私の自覚的行為からは独立した物として見ることになるのか。この点に関して、ラヴェッソンのいわゆる能動的習慣についての考察は、行為的直観の考えを実証しているようかのように西田には思えたかもしれない。客観的現実の世界において物を作るという我々の意図的な行為が、能動的習慣において意識されなくなるのと全く同じ理由で、行為的直観において、働く個物は、自分が作った物を、その作ったことを自覚的一般者において限定された意味で意識することなく、客観的実在として直観するのである。習慣化した行為において、動作の結果が動作の意識なしに生じるように、行為的直観において、作られた物が実在として、独立して現象するのである。

もちろんラヴェッソンを待つまでもなく、行為は習慣化によって、その行為についての自覚がだんだんとなくなり、ついには、行為は機械的な自動運動と化すことはよく知られている事実である。ベルクソンはこの事実を「生命の物質化」[33]と捉え、習慣の否定的な面とした。しかし西田はこの事実を、ラヴェッソンによって、さらに積極的に展開する。西田は、ベルクソンの根本概念であるエラン・ヴィタールをも、能動的習慣の発展として理解している[34]。しかし、この点について論じる余裕は今はない。

能動的行為が習慣化することによって、すなわち、いわゆる能動的習慣となることによって何か起こるのか。ビランによれば、習慣化が能動性を強化し運動性を高めるのに対して、受動的な経験に関しては、習慣化は、その経験の本質である感受性を減退衰弱、ついには消失させる。ラヴェッソンは、ビランの考えを修正する[35]。受動的経験は、習慣化によって、その感受性は消えてゆくけれども、それに伴って、欲求化が起こる。他方、意志的行為においても、努力の意識が消えてゆき、行為は無意識的機械的となるとともに、その行為に対する傾向性が生まれる。能動的であれ、受動的であれ、習慣化することによって、意識的なものは消えてゆき、ある種の自発性を意味する傾向性が新たに生まれる。能動的習慣においては、習慣化される前の意志的行為の持っていた感性的な要素である努力の意識が消え、動作が機械的となる。しかしながら「運動は外的衝動の機械的結果となるのではなく、意志に取つて代わる傾性の結果となるのである。（中略）而して或目的への傾性と云ふことは、すべて知性を含んで居るのである。（中略）傾性の発動を促した目的観念は、今は傾性に接近し、之に合一する。（中略）目的が運動と、運動が傾性と、合一するに従つて、観念が存在となる。（中略）習慣によつて取つて代わる不明瞭な知性、直接的知性は、実在的直観 intuition réelle であるのである。私の行為的直観と云ふものは、此からも理解することができるであらう。これは意識発展の極地に於て現れる物であるばかりでなく、実は意識発生の根原にあるものであるのである」[36]。

意志的行為は、習慣化することによって、意識されなくなる。しかし、行為のこの機械化、無意識は、単なる物質化でない。習慣化は意識を越えて、意識の及ばない、しかも意識の根柢にある根源的存在へと我々を導いていく。「意志的努力に努力なき傾向が先立ち、意志的運動は欲望に、その根源と源泉を有ち、欲望は原本的な本能である。本能に於ては目的と行動とが合一している、それが自然の状態である」[37]。このラヴェッソンの考えを西田ふうに言い換えれば、習慣化は、意識の世界を越えて、すでに我々が「図式的説明」において見た、歴史的実在の世界である行為的直観の世界を暴き出す。意識の世界は、行為的直観の世界を否定とした抽象的世界、その極限が意味の世界であるような世界に他ならない。

ラヴェッソンによれば[38]、意志的行為の習慣化が我々に明らかにする現実が、自然である。習慣は意志（Volonté）から自然（Nature）への微分である。自然とは、習慣の漸減運動の極限である。「それは（習慣）は獲得された自然である。第二の自然として、その最後の根拠は第一の自然にあり、その事を知性に説明できるのは、習慣だけである。結局、それは所産的自然であり、能産的自然の絶えざる開示であり、作品である」[39]。習慣とは、常に流れ去ってやまない時間の中に、常に現在にとどまり続けるものが形成されることである。習慣の根源的問題とはここにある。習慣の研究は、各時代、各思想家哲学者の考えを羅列するところにはない。時間が変化の普遍的条件であり、空間が安定性、恒常性の基本的形式であるとすれば、習慣は、西田の言う空間時間の矛盾的自己同一すなわち弁証法的一般者の自己限定、非連続の連続として、理解することができる。さらに習慣は、流れ去る時間の推移のうちに形成されながら、同時に、過去として過ぎ去り単なる表象として思い出となる代わりに、なお現在としてとどまり、現実的な物として力を発揮する。時間経過のうちに形成されながら、新たに作るものとして存続するのである。作られたものから作るものへ、である。

かくして、いわゆる能動的習慣は、西田の永遠の今の自己限定としての行為的直観の世界、弁証法的一般者の歴史的実在の世界を実証する。「時間即空間、空間即時間として場所的なる世界の自己限定は習慣的構成作用といふことができる。習慣は静的にして動的なるものである。円環的にして動的なるものである、円環的にして直線的なるものである。留まつて動き動いて留まる、それは単なる直線的進行ではない。而も我々は習慣の底に何等の固定せる実体といふものを考へることができない[40]」。習慣の底に何らの実体を考えることができないということ、習慣は実体的に無なるものの自己限定であるということ、そのことは、絶対無の自己限定を意味する。「無にして自己自身を限定する絶対否定の肯定の世界は、此の如きものでなければならない[41]」。しかも、「習慣は連続的ではあるが、単なる連続ではない。技術が技術を生む如く、それは創造的であり、非連続的である。(中略)か丶る習慣的限定として歴史的世界が極から極へ動いて行くのである。(中略)歴史的世界の自己限定は習慣的構成として、一つの歴史的自然として、自己自身を限定する。それは一つの定まつた世界である。その儘固定すれば、それは永遠の世界である。併しそれは限定せられたものたると共に、自己自身を限定し行くものである。習慣といふのは、単に河中の石が摩擦の為に円くなつたと云ふことではない。人間に於いてはそれが受動的なると共に能動的である、真に歴史的なるものに於ては、然考へることができる[42]」。

注

(1) 〈西田幾多郎全集〉第一一巻、岩波書店、一九七九年、三七〇頁。
(2) 〈同全集〉第一七巻、岩波書店、一九八〇年、六九〇、六九二、六九四頁。
(3) 〈同全集〉第八巻、岩波書店、一九七九年、二〇三―二〇四頁。
(4) 〈同全集〉第三巻、岩波書店、一九七八年、三三二―三三三頁。
(5) 〈同全集〉第六巻、岩波書店、一九七九年、一一四―一一五頁。
(6) 同上。
(7) 拙論「不安の身体」、木村敏・坂部恵監修『身体・気分・心――臨床哲学の諸相』河合文化教育研究所、二〇〇六年所収。
(8) 〈西田幾多郎全集〉第七巻、岩波書店、一九七九年、三〇五―四二八頁。
(9) 〈同全集〉第六巻、前掲書、一八二頁。
(10) 〈同全集〉第八巻、前掲書、二二一頁。
(11) 同書、二二四頁。
(12) 同書、二二六頁。
(13) 同書、二二八頁。
(14) 同上。
(15) 同書、二二八頁。
(16) 同書、五七七頁。
(17) 同書、二六六頁。
(18) 同書、二五四頁。
(19) 同書、二三四―二三五頁。
(20) 〈西田幾多郎全集〉第七巻、前掲書、三三八頁。
(21) 〈同全集〉第八巻、前掲書、五七六頁。
(22) 同書、五七五頁。
(23) 同書、二二五頁。
(24) 〈西田幾多郎全集〉第七巻、前掲書、三五四頁。

(25) 〈同全集〉第三巻、前掲書、三三二頁。

(26) 〈同全集〉第八巻、前掲書、二〇一頁。

(27) 〈同全集〉第一一巻、前掲書、三六六頁。

(28) 〈同全集〉第八巻、前掲書、二七九頁。

(29) 同書、三三三頁。

(30) 同上。

(31) Maine de Biran, *Œuvres*. Tome VII-2, *Essai sur les fondements de la psychologie*. Section quatrième: Chapitres 1 et 2, J.Vrin, 2001, pp. 365-380. 拙著『声と運動と他者』萌書房、二〇〇四年、第八章「声と反省――メーヌ・ド・ビランの反省概念と記号論」を参照のこと。

(32) Maine de Biran, *Œuvres*, Tome XI-2, J. Vrin, 1993, p. 210.

(33) 〈西田幾多郎全集〉第八巻、前掲書、二〇三頁。

(34) 同上。

(35) 〈西田幾多郎全集〉第一一巻、前掲書、三六五頁。

(36) 同書、三六六頁。

(37) 同書、三六八頁。

(38) Ravaison, *De l'habitude*, Fayard, 1984, p. 37.

(39) *Ibidem*.

(40) 〈西田幾多郎全集〉第八巻、前掲書、二〇二頁。

(41) 同書、二〇三頁。

(42) 同書、二〇二頁。

第三章　後期西田哲学における働くことと彼という名の個物

――ライプニッツ、もしくは後期メルロ＝ポンティの問題――

西田はその後期思想において、「働くことは見ることである」と言う。メルロ＝ポンティは彼の最後の著作において「見るものは見えるものである」と言う。西田においてもメルロ＝ポンティにおいても、これら言葉は、伝統的な主観と客観との対立を克服する努力の中で発せられた。西田は、行為的直観という彼独自の概念によってこの対立の克服を目指した。その行為的直観の内容を言い表したものが「働くことは見ることである」に他ならないが、行為的直観はまた、弁証法的一般者の独特の限定によって根拠づけられている。メルロ＝ポンティは、見るものと見えるものとを媒介して交換可能なものとする「肉」という、いわば、存在論的元素を構想する。

ここで試みられるのは、後期西田と後期メルロ＝ポンティとの比較ではない。ましてや西田を後期メルロ＝ポンティに近づけることで、彼の哲学を「正当化」することでも、あるいは、「通俗化」することでもない。メルロ＝ポンティの『見えるものと見えないもの』の肉の概念を踏み台にして、後期西田の絶対無に基づく絶対弁証法の展開する行為の世界に分け入ろうとするのが我々の企てである。西田の世界から言えば、後期メルロ＝ポンティの世界は、一地方に過ぎない。部分的な風景に過ぎない。行為的直観に基礎づけられた知覚の世界に過ぎない。メルロ＝ポンティにとって昇華された肉に他ならない言語の肉を生地とする意味の世界にしても、行為的直観の否定として行為的直観を必然的に縁取る縁暈《えんうん》としての表現の世界の一部に過ぎない。

とは言うものの、メルロ゠ポンティの肉の概念と西田の弁証的一般者とは、解決すべき共通の課題に直面している。その共通の課題とは、メルロ゠ポンティにとっては、見るものである主観と見えるものである客観とを媒介するものは何かという問いであり、西田にとっては、個物である主観はいかにして他の個物である客観に働き、また、働きかけられることができるかという問題である。西田の言葉で言えば、媒介の問題である。メルロ゠ポンティにとっては、見るものと見えるものとを媒介して知覚を成立させているものは何か。西田にとっては、主観と客観とを媒介して、主観が環境に働きかけ環境が主観に働くということはいかにして可能か。さらに西田の問題について言えば、私が生まれ死んでいくこの世界と私との関係はどのようなものでなければならないか。それは、お互いに外的に対立する認識主観と認識対象との関係であることはもはやできない。

第一節　見るものと見えるものとの可逆性としての肉の概念

見るものと見えるものとの間には、あるいはもっと一般的に言って、知覚するものと知覚されるものとの間には、ライプニッツの予定調和のようなものがあるとメルロ゠ポンティは『見えるものと見えないもの』の中で言う。たとえば、柔らかい布地を触る手は、あらかじめその布地の組成を知っているかのように運動する。見るという作用は、メルロ゠ポンティにとって、まなざしによる触診に他ならない。視覚を盲人の杖による対象の探索にたとえたデカルトをメルロ゠ポンティは引き継ぐのである。したがって、触覚について言えることは、視覚についても妥当しなければならない。極端に言えば、『知覚の現象学』のどこかで彼が言っていたように、一つの物がそれ自体で存在するから我々はそれを一つの対象として見るのではなくて、反対に、我々がその物を一つの物を見ようとするから一つの対象が見えるのである。

見るものと見えるものとの間にあるこの予定調和は、どこから来るのか。それは、見るものが同時に見えるものであるということから成立するとメルロ＝ポンティは説明する。まず何よりも、我々の身体は、見るものであると同時に見えるものである。私の手はものを触るものであると同時に、また、私の別の手によって、また、他人の手によって、触られることもできる。同じことは、見るものである私の身体についてばかりでなく、見られるものである知覚的世界についても言うことができる。画家の経験が教えるように、世界は単に見えるものであるばかりでなく、見ている我々を逆に見ているものでもある。(1)

見るものは同時に見えるものである。感覚するものは同時に感じられるものである。見るものと見えるものとの間にあるこの可逆性を、メルロ＝ポンティは肉と定義する。この肉の可逆性によって、知覚は可能となっている。身体に限って言えば、身体が見るものとして現象的身体であると同時に、見えるものとして対象的身体でもあるということによって、知覚は成立している。しかも、この場合、現象的身体は、自分を対象的身体として外に、世界の中に、世界の中の一つの対象として見ているだけではない。見るものが同時に見えるものであるばかりではなく、見えるものも同時に見るものであるのだから、対象的身体が今度は現象的身体となって、現象的身体を逆に対象的身体として見ているということも起こっているのである。この、見るものが見えるものであると同時にその見えるものがまた同時に見るものであるというこの事実を、メルロ＝ポンティは「根本的ナルシシスム」(2)と名づける。身体について言われた根本的ナルシシスムは、身体を越えて、見えるもの全体に一般化されて、「即自の可視性 Visible en soi」、「即自の触知性 Tansible en soi」と定義される。「この可視性、即自的に感覚的なもののこの一般性、自我そのものに生来のこの匿名性こそ、さっき我々が肉と呼んだものにほかならない(3)」。

身体と世界との関係において、私の身体と他者の身体との間において、また、私の身体の自分自身と関係において、見るもの・主観が同時に見えるもの・対象であるという可逆性を可能にしている肉、それは、物質でもなく、精神でもなく、また、それらの合成でもなく、それ自体で考えられる「究極の概念」（notion dernière）[4]である。それは、古代哲学における水や土のような元素のようなものである。「すなわち、時間・空間的な個物と観念との中間にある一般的なもの（chose générale）、そのかけらが見つかるところではどこでも一つの存在のスタイルを導入する受肉した一種の原理という意味で、肉は存在の元素（élément d'Être）である[5]」。

存在の元素として、肉は、見る主観と見える対象とに共通の要素を表している。「対象と主観とを形成する媒体」（Milieu formateur de l'objet et du sujet）[6]。この共通の媒体よって、見るものは同時に見えるものであることができる。メルロ＝ポンティはさまざまな比喩を使って、肉を表現している。片方に見るもの、もう一方に見えるものという見開きのページを持つ存在[7]、感じる身体と感じられる身体とがその裏と表であるようなもの[8]、さらには、上の半円で感じる身体を、下の半円で感じられる身体を描く同一の円運動[9]、「同じ中心を持つ二つの円、二つの渦、ないしは二つの球[10]」。これらの比喩のいずれにおいても、我々は、見るものと見えるものとの間にある共通なものとしての肉を読み取ることができる。メルロ＝ポンティが好んで使う見るものと見えるものとの蚕食（empiétement）、跨ぎ越し（enjambement）、交叉（chiasme）などの語は、両者の間の共通性、重なり合いを肉として表現しようとする努力の一環である。「私の見える身体は、大きな光景の中に含まれている。しかし私の見る身体はこの見える身体と、その見える身体とともにあるすべての見えるものとを、下から支えている。そこには一方から他方への相互の挿入と絡み合いがある[11]」。

しかしながら、見るものと見えるものとが、主観と客観・対象とが、まったく別物であるということも依然として真実である。メルロ＝ポンティは、見るものは同時に見えるものであるといった前言をやがて翻すだろう[12]。見るものが「同時に」見えるものであるということは決して起こらないのである。見るものと見えるものとの可逆性は、いつも今にも起こりそうで、実際には決して起こらない可逆性、今にも起こりそうで起こらない可逆性（réversibilité imminente）である。私はものを触っている最中の自分の手を別の手で触ることはできない。触ったと思ったとたん、ものを触っている手は、別の手によって触られた対象となってしまう。私は自分の声を、他人の声を聞くように「はっきりと」聞くことはできない。私は見ている自分の目を見ることはできない。鏡の中で自分を見ている目を見たと思ったとたん、見ている目は、私の視線を逃れて、見られた目へと変わってしまう。しかし、メルロ＝ポンティの考えでは、見るものを見えるものとして見ることのできない、この挫折は、挫折ではない。私が好きなだけ、好きなときに、見るものから見えるものへの移行と変身を繰り返すことができるという事実は、両者の間にあたかも頑丈な蝶番のようなものが、決定的な仕方で隠されていることを示している。

見るものと見えるものとの間に、今にも起こりそうで決して起こらない可逆性として存在する非連続性は、単なる空虚ではなくて、能動と受動として、あるいは構成するものとされるものとしてお互いに対立する見るものと見えるものとを、秘かにつないでいるものである。そしてそれが肉に他ならない。蝶番の比喩にはっきり見ることができるように、肉は一方では、見るものの性質を持ち、他方では見えるものの性質を持たなければならない。肉が見るものと見えるものとの可逆性を可能にしているとすれば、肉こそ、それ自体において可逆的でなければならないだろう。肉こそ、見るものであると同時に見えるものでなければならない。メルロ＝ポンティは、肉が見るものと見えるものとの共通の存在論的元素であるということによって、見るものと見えるものとの非連続性を乗り越えようとする。触っている手と触られている手との間にある裂け目は、存在論的空虚や非存在（non-être）ではなくて、その裂け目は、私の身体の全体の存在によって、また、世界の存在の全体によって、跨ぎ越されていると言う(13)。こうして、メルロ＝ポンティにおいては、見るものと見えるものとの両方に対する、肉の共通性、連続性が強調される。しかし、肉は同時に、両者の非連続性をも説明しなければならない。言い換えれば、肉はそれ自身において、同時に、見るものと見えるものとの間の非連続と矛盾とを体現しているのでなければならない。

見るものと見えるものとの共通性からではなくて、両者の違いないしは差異から、肉を考察してみよう。メルロ＝ポンティは見ることの誕生を、見えるものから出発して説明する。「見ることや触ることがあるのは、ある一定の見えるものやある一定の触られうるものが、それらがその一部である見えるものの全体や触られうるものの全体の方に折り返すときであり、突然、その見えるものが見えるもの全体によって取り囲まれるときであり、両者の間に、お互いの交流によって、事実としての身体の所有にも、事実としての世界の所有にも属さない即自の可視性、即自の触知性が形成されるときである(14)」。同じく、感覚することは、「見えるものの自己への折り返しであり、感覚するものの感じられるものへの、感じられるものの感覚するものへの肉の接着」として説明される(15)。「と言うのは、重なりと分裂、同一と差異、それがあらゆる肉を照らす自然の光の光線を生み出すのである(16)」。見えるものの自己への折り返し、見えるものの重なりは、また、襞（pli）、穴（cavité）とも表現される。あるいはまた、くぼみ（creux）とも表現される。「私の視力である、見えるもののこの襞、見えるもののこの中心のくぼみ(17)」「見える私の身体が、自分自身に働きかけることによって、くぼみをしつらえ、そこから視力が熟するのである(18)」。

見えるものと見るものとの差異と対立、非連続は、見えるものが自分自身に折り返し、襞を取ることによって生まれる。したがって、見えるものが肉の連続面の現れであるとすれば、肉の非連続面は、見えるものの中で生まれる見るものによって表される。見えるものとしての肉の連続面が否定されることによって、見るものが生まれる。しかし、非常に注目すべきことは、この否定性が、メルロ＝ポンティにおいては、折り返しであり、襞であり、くぼみであることである。『研究ノート』の中でメルロ＝ポンティは記す。「否定的なものが本当にある唯一の『場所は』とは、襞であり、内と外と相互の重ね合わせであり、折り返し点である(19)」。また、同じ日付の『研究ノート』には次のように書かれている。「同一性も、非‐同一性も、不一致もない。あるのはお互いの周りを回る内と外である[20]」。

しかしながら、見えるものの連続の中に襞としての、折り返しとしての否定性が持ち込まれることによって、どのようにして、見るものが生起するのだろうか。見えるものを折り返し、内と外を作ることによって、どのようにして、見えるものの否定としての見るものが生まれるのだろうか。同じ日にメルロ＝ポンティは次のように書く。「可逆性：裏返された手袋の指。両側に目撃者がいる必要はない。一方側から、表に貼り合わされた手袋の裏を私が見るだけで、一方側から他方を触るだけで十分である（場の点の、平面の二重の『表象』。交叉とはそのことである。可逆性[21]）」。見えるものを折り返すことによって、表と裏ができる。表は見えるものであり、裏は見るものである。あるいは表が見るものであり、裏が見えるものであるかもしれない。根源的ナルシシスムが見るものと見えるものとの間に、二枚の合わせ鏡に映る像のように成立するとすれば[22]、どちらが表か裏かはもはや問題ではない。

そうであるとしても、いかにして、折り返すことによって、見えるものからその否定の見るものが、あるいは見るものからその否定の見えるものが生まれるのか。一九六〇年五月の『研究ノート』は、その疑問に答えようとしている。「否定的なものとは、他のところに在るなにか積極的なもの（超越者）ではない。それは本当に否定的なものである。すなわち、隠されていることの隠れなさ（Unverborgenheit de la Verborgenheit）であり、決して現前し得ないことの原初の現前（Urpräsentation du Nichturpräsentirbar）である。言い換えると、他所の出自であり、他のものである自己（Selbst）であり、くぼみである。だから、触るものと触られるものとの結合は思惟によって、意識によってなされると言っても意味がない。思惟や意識は、身体性の世界への、存在への開性（Offenheit）なのであるから[23]」。同じように、一九六〇年五月の別の日付の『研究ノート』は次のように読める。「自己の知覚はまた知覚である。すなわち、それは私に決して現前し得ないもの（Nicht Urpräsentirbar）（見ることのできないもの、自我）を与える。しかし、それは私のその決して現前し得ないものを、原初的に現前可能なもの（Urpräsentirbar)（私の触覚的、視覚的な外見）を通して、透かして、私に与えるのである」[24]。

メルロ＝ポンティは、見るものと見えるものとを肉の連続性によって保証すると同時に見るものと見えるものとの非連続性・差異を、同じ生地を折り返すことによって生まれる襞・くぼみとして捉える。見るものと見えるものは同じ肉という生地の裏と表として、連続していると同時に区別されているのである。

しかしながら、主観と客観との差異を連続性の中のくぼみ・襞として消極的に（négatif）取るメルロ＝ポンティの世界は、あまりに静的な世界ではないか。それは主観と客観とがお互いに、いつまでも映し合っているような、主観と客観の表象的な静かな交渉の世界ではないか。あたかもちょうど、ライプニッツのモナドの間に設定されている予定調和が受肉すれば、メルロ＝ポンティが規定する肉となるかのようである。しかし、どうして見えるものは自分自身を振り向くようになるのか。どうして襞はできるのか。何がくぼませるのか。その否定の働きは、力はどこから来るのか。

あるいは、メルロ＝ポンティの肉の概念によって、知覚の世界は説明できるかもしれない。しかし、物を作るという我々の日常の行為を肉の概念によって理解することができるだろうか。後期の西田によれば、物を作るというかぎりでの働くことがあって、見ることが可能となっている。同時に、見るとは作った物を見ることであり、見るとは作ることに他ならない。

第二節　ライプニッツのモナドロジーと表現という関係

見るものは見えるものである、触るものは触られるものであると言うことで、メルロ＝ポンティが表明しているのは、見るものが、その見るものによって見られている対象の中に、対象に囲まれて、対象の傍らで、対象の一つとしてあるという事態である。見るものが、自分が見ている世界の中に世界の一対象としてあるという事実である。部分が全体であり、全体が部分であるという矛盾した関係である、少なくとも特殊な関係である。この関係は、ベルクソンが彼の『物質と記憶』の第一章の最初の部分で指摘するように[25]、部分と部分とがお互いに外在的な対象間の関係である因果関係としては不可能である。また、それは、全体が部分を内的に統一し、全体が部分の総和以上である合目的的関係でもあり得ない。この関係は、表現という特別の関係であり、この関係こそライプニッツのモナドロジーが、モナドとそれが表出ないしは表現する世界との関係として、提示するものである。西田は『哲学論文集第三』「歴史的世界に於ての個物の立場」で、「個物と個物との関係を表現と云つたのは、ライプニッツの卓見であつたと思ふ」と、この関係の重要性に着目したライプニッツを讃えている[26]。しかし同時に西田は、モナドロジーの予定調和に基礎を置くライプニッツの表現概念の不十分さを批判する。窓のないモナドは相互に働き合うことがない。見るものは見えるものであるという表現関係は、お互いに映し合う関係ではあっても、まだお互いに働き合う真に働くものの表現関係すなわち作った物を見るという関係、西田の意味での真の表現関係に至っていない。このような西田のライプニッツに対する批判は、単に見ることと、働くこととの間にある本質的な違いを明らかにする。この本質的な違いを、以下の順序で見ていくことにする。

㈠　モナドの世界は、見るものが見えるものである世界を形成する。見るものが見えるものであるモナドの世界を可能にしているのは、予定調和である。

㈡　モナドは窓を持たないから、言い換えると、モナドは他のモナドに対して働くことがないから、予定調和を必要とする。

㈢　モナドとモナドがお互いに働き合うとき、そのときにのみ、見るものは見えるものである。すなわち、見るものと見えるものとの可逆的な関係によっては、働くということを説明することはできない。お互いに働き合うからこそ、見るものと見えるものとの可逆性は可能となる。働き合うことが、可逆性を基礎づけている。

㈣　それでは、働くとはどういうことか。

西田は、自分の個物の概念とライプニッツのモナドとを重ねて考える。西田の個物の概念が、アリストテレスの第一実体の概念を批判的に展開することによって獲得されたように、ライプニッツにおいても、「主語となつて述語とならないと云ふのは、個物の定義として尚十分でない。すべての述語が主語の中に含まれてゐなければならない。すべて自己自身に於て起るものが他から起されるのでなく、自己自身によつて起ると考へられるものが、個物である」(27)。こうしてモナドは、世界を知覚として表出し、知覚から知覚へ、より判明な世界の知覚を目指して、継起していく。「モナドに於ては、各々の瞬間が過去を負ひ未来を孕む、多を一に含む、それが知覚である、而して知覚から知覚へ動いて行く、それが欲望である。多の一としてモナドは自己自身を映し自己自身の内から動いて行く、行くのである」(28)。しかし、モナドの表出する世界は、単なる現象の世界ではない。それは客観的世界である。モナドにとって、世界を表出することはすなわち世界を映すことである。その意味でモナドは、世界を映す生きた鏡である。それぞれのモナドはそれぞれの仕方で世界を映している。しかしながらそのことは、一つの世界がすでに存在していて、それをいわば外から各モナドが映しているというのではない。モナドが世界を自らの内から知覚として表出するかぎりにおいて世界は存在するのである。各モナドが独立して表出する世界以前に映される世界があらかじめ存在するのではない。世界は、各モナドが自由に表出する知覚が予定調和によって統一されていることによって、存在するのである。すなわち、各モナドの知覚は、それぞれのモナドが世界の中で占める位置から見た世界の光景となっている。「一つの都市が種々の方角から種々に映される如く、各々のモナドは一つの世界を種々なる観点から映すのである。(中略)窓なくして唯自己自身を映すモナドが、同時に一つの世界を映すといふ所に、予定調和があるのである」[29]。さらに、モナドとは、世界を知覚として表出するというその作用以外の何物でもない。モナドは、力、生きた力である。

モナドは世界の表現として、世界を知覚として表出する。と同時に、モナドは世界を自己に固有のパースペクティヴにおいて表象するが故に、自分が表現する世界の一部となる。見るモナドは見えるモナドとなる。「モナドは或一角からの世界の世界のペルスペクティーフとしてのモナドであるのである。（中略）併しモナドは世界のペルスペクティーフとしてモナドであると云ふことは、モナドが一つの世界であるといふことでなければならない。（中略）個物が個物として何処までも世界を映すと云ふことは、個物が自己矛盾的に自己自身を形成する世界の一角となると云ふことでなければならない」[30]。また「世界を表現するモナドは、世界のペルスペクティーフでなければならない。斯く個物が何処までも世界を表現すると共に、世界のペルスペクティーフであるといふ所に、私は見るとか映すとか云ふのである」[31]。

なぜライプニッツはモナドとモナドとの関係を予定調和に求めなければならなかったのか。西田の答えは次の通りである。「分ち得るもの、合成的なものは、それ自身によって存在する実在ではない。斯くして彼は無数のモナドを考へた、個物の多数性を考へた。併し彼は遂に個物は個物に対することによつて個物であると云ふに至らなかった。モナドは窓を有たないと考へたのである」[32]というよりも、ライプニッツも個物は個物に対することによって個物であると考えないわけではなかった。彼は主知主義の立場からは、考えられるだけのことを考え、その極致に到ったと西田は賞賛する。その上で、次のように批判する。「併し自己自身の内から自己自身を限定する個物は、働くものでなければならない。（中略）働くといふことは他を限定することであり、又他から限定されることである。そこに真に個物が個物に対すると云ふことがあるのである。窓のないモナドは予定調和的に相表現すると云つても、一が他を限定すると云ふことはない。そこに働くと云ふことはない、唯明暗の差あるのみである」[33]。実際、モナド間の能動と受動は、各モナドの表出する知覚の判明さの程度によって定義される。「ある実体が他の実体よりも判明に変化の原因あるいは理由を表現する場合にはそれを理由として一方が他方に作用すると言う。あたかもわれわれが運動を海全体よりはむしろ船に帰するがごとくである」[34]。

個物を表象的なものとして考えるならば、モナドロジーは、それ以上は考えられないほど精緻を極めたものであると最大限の評価を与えながらも、西田にはライプニッツに与することのできない理由がある。「私の個物と個物といふのは相働くものである、相否定するものである、自己自身を否定することによつて肯定するものである。生まれるものであり、死するものである。（中略）私の考の要所は、個物と個物との予定調和にあるのではなくて、作られたものから作るものへと自己自身を形成し行く世界にあるのである」[35]。

西田にとって、働くとは、行為するとは、物を作ることである。外に物を作って見ることである。働くことは見ることである。「見ることが造ることであり、造ることが見ることである」[36]。しかし、見るということは、客観的な存在として見るということである。「行為は単なる運動でもなく、単なる合目的的作用でもない。我々は行為によつて外に物を造るのである、客観的に我々に対するものを造るのである。行為はポイエシスでなければならない」[37]。言い換えると、作られたものが、作るものに対立し、作用し、極限においては、否定するということである。西田の言葉を使えば「作られたものから作るものへ」である。したがって、働くとは、物を作って、その作られた物との間に客観的な関係を形成することである。働くものは働かれるものである。働くことをこのように定式化するとそこには、メルロ＝ポンティが好んで口にする「見るものは見えるものである」と、同じ可逆性が作動しているように見える。同じ肉の構造が、見るものと、働くものとにおいて、支配しているように見える。しかしながらそれはまったくの見かけに過ぎない。働くものには、見るものの知らない否定が、絶対の自己否定が働いている。

働くことは、物理的運動のように、他のものから因果的、外的に作用されて、動かされることではない。あくまでも、自分自身から動くことが働くことである。他からの限定ではなくて、自己自身による自己の限定によって働くのである。しかしながら、自己による自己の限定だけでは、外に物を作るという意味での働くことにはならない。合目的な有機的生命の統一も自己限定に基づいている。しかし、飲むとか食べるとかの生命体を維持するための働きは、物を外に作る働きではない。外に物を作って働くためには、自己が自己を限定する内的統一を超えて、否定して、他との関係に入らなければならない。そうでなければ、ライプニッツのモナドに見たように、モナドに窓がなく、単に自己の内から世界の知覚を独立に表出しているかぎりは、他のモナドとの、したがって、モナドの全体である世界とのいかなる関係もないだろう。モナドの表出する知覚が真に現実の世界の知覚であり得るためには、予定調和が必要となることだろう。見るものにはなく、働くものにおいて働いているその否定とは、何か。見るものは、見えるものの中のその一つとして、見えるものである。働くものは、作るものであるかぎりで、作られたものとして作られたものの一つである。しかしながら、作るものが作られたものの一つとして作られたものの中に入っていくということは、作るものが、作られたものの作用を受け、逆に作られるということに他ならない。自己限定に基づく働くものが、否定されて、他によって限定されるということに他ならない。より適切に言えば、自己の内から自己を限定する働くものが、自己を否定して、他によって限定されるものとなるということである。

第三節　絶対否定としての空間的限定

自己によって自己を内的に限定して自足する内的統一を否定する、その否定を、働く個物はどこから得ているのであろうか。いや、むしろ、正確に言って、他の個物に対してのみ個物であり得る、したがって、たった一つの個物としては存在し得ない個物にとって、すなわち、相互に働き合うことによってのみ個物であり得る個物にとって、その自己否定性は、どこから来るのか。後期西田の弁証法的一般者の考え方によれば、その否定は、一般者が自己自身を限定するところから来る。というのは、弁証的一般者の自己限定は一般者の自己否定を意味し、そのことはさらに、一般者自身の個別化に他ならないからである。弁証法的一般者の自己限定にあっては、一般的なものが自己自身の内容を個別化・種別化するのではなくて、無数の独立した個物が成立するということである。

併し弁証法的一般者の自己限定に於て一般者が自己自身を限定するといふことは、一般者が自己自身を否定することを意味し、一般者が自己を否定することは自己自身を個別化することでなければならない。普通に一般的なるものが個別化すると云えば、一般的なるものが自己自身の内容を個別化すると考へられて居る。例えば有機体は一つの統一でありながら、身体の各部分はそれぞれ異なれる形態と機能とを有し、それぞれ分化すればする程、完全な一個の有機体と考へられる。（中略）併しそれは絶対否定の弁証法的限定といふべきものではない。それは尚一を主として考へたものである、一般的なものを基礎として考へたものである。そこには真の矛盾といふものはない、唯精々反対といふものがあるのみである。それは真に一即多多即一の弁証法ではない。私はかかる考を尚主語的論理といふのである。ヘーゲルも尚かかる考へ方を脱してゐない。一が自己自身を否定するといふことは、それが絶対に多となることでなければならない。一般者が自己自身を否定するといふことは、無数に独立なる個物が成立するといふことでなければならない。そしてその一々が一般的なるものを否定する意味を有つことでなければならない。是故に弁証法的一般者の自己限定として非連続の連続といふものが考へられなければならない(38)。

無数の個物を生み出す弁証法的一般者の自己限定は、一般的限定即個物的限定、個物的限定即一般的限定として、遂行される。一般的限定はまたすぐに、空間的限定、円環的限定と言い換えられ、個物的限定は、時間的限定、直線的限定と言い換えられる。弁証法的一般者の世界は、世界を内在的に統一する連続的で時間的な個物的限定が、一般的空間的限定によって否定されると同時に個物的限定によって肯定される、非連続の連続の世界であると、考えられる。

絶対矛盾の自己同一と定義される弁証法的一般者の自己限定は、時間的なものと空間的なものとがお互いに異質な対立関係にあること、それどころか、お互いに絶対に矛盾する否定の関係にあることを前提している。空間的なものはいかなる意味で時間的なものの否定であり得るのだろうか。このことを理解するために、ベルクソンにおける時間、すなわち彼にとっての真の時間である持続、空間化されていない純粋な時間としての持続と、空間との関係を参照することにする。このベルクソンへの参照は決して唐突な根拠のないものではない。いくらかでも西田哲学に親しんだ者にとってはごく自然に思い浮かぶ比較であろう。この比較については、すでに本書第Ⅱ部第一章で論じたので、ここでは、この問題に関する西田の印象的な述懐をいくつか引用するにとどめる。西田はベルクソンの『創造的進化』を引用してそれに注釈をつけて、次のように述べる。「ベルクソンでは空間性といふものは、何処までも唯、純粋持続の弛緩として考へられているのであるが、斯く考へられるかぎり、我々の人格といふものは夢幻的であって、実在的ではない。時間が真の時間である為には、空間といふものは何処までも単なる時間の弛緩であつてはならぬ。それは絶対否定の意味を有つてゐなければならない。それが弛緩の極限と考へられても、純粋持続は夢の延長に過ぎない。絶対の否定から蘇る所に、我々の真の人格的自己があるのである、失われたる時が見出される所に、真の純粋持続があるのである(39)」。また「ベルクソンの直観はメカニスムでもフィナリスムでもない。純粋持続として非合理的と考へられ、神秘的とも考へられるであろう。私の行為的直観といふのも、メカニスムでもフィナリスムでもない。併し私の創造といふのは客観的に形が現れることである、歴史的形成作用をいふのである。ベルクソンの直観を音楽的と形容するならば、私の行為的直観といふのは造形的とも云ひ得るであらう」[40]。さらには、「ベルクソンの純粋持続は一瞬の前にも還ることの出来ない創造的進化である。私の行為的直観といふのは、ベルクソンの持続が直線的なるに反して寧ろ円環的ともいふべきである」[41]。

ところで、ベルクソンのおける持続と空間との関係であるが、今は、本書第Ⅱ部第一章の結論だけを述べると、次のようになるだろう。最初の著作『意識に直接与えられたもの』(『時間と自由』)においては、持続と空間とは、デカルト的二元論の上に立って、お互いに異質な存在として考えられている。と言うよりも、デカルトの二元論を前提にして、思惟するものである精神から、延長を本性とする物体・物質的なものを完全に分離することによって、思惟作用としての意識の本質が、持続として、捉え直されている。純粋持続の「純粋」は、物質的な、したがって延長的・空間的な混じりものの全くない、思惟・意識そのもののあり方を表している。次作『物質と記憶』においては、デカルト的二元論の対立をできるかぎり和らげてその接点を探るという目的のもとに、物質そのものも、実は、一つの持続に他ならないことが主張される。その主張の正当化のために、物質そのものと、デカルト的物質である物体とが区別される。延長と考えられた物体は、実は、意識の持続に比べれば、ほとんど無きに等しい限りなく短い持続ではあるが、それでもやはりその本性が持続に他ならない伸張(extension)として定義される。伸張としての物質と、延長としての物体とを区別するものは何か、物質に働きかける我々の行動の便宜のために、知覚は、伸張である物質を分割し、固体化(solidification)して、物質を輪郭のはっきりとした個体として裁断する。知覚において、諸物の知覚として、物質から個体として切り出されたものが物体に他ならない。そして、幾何学的等質空間とは、知覚が、伸張する連続体である物質から非連続的な物体を個体として切り出す際に、物質のいわば下に敷いて目盛りとする枡目のようなものであり、限りなく、また、どのようにでも分割可能な理念的な図式である[42]。

このように、『物質と記憶』においては、持続と物質とはどちらも持続として、本性においては同じであるけれども、ただ程度において、すなわち、意識の強い持続に対して物質のきわめて弱い持続という程度の違いとして、区別されているようにも見える。そうなれば、持続一元論ということにもなるであろう。しかしながら、第三作の『創造的進化』では、これら両者の持続の強さの違いは、実は、程度の違いではなくて、質的な差異に基づくことが明らかとなる。この書によれば、意識と外延を同じくする生命は、自己形成の作用そのものであり、それに対して、物質は自己解体の作用に他ならない。それも、生命としての自己形成作用と、物質としての自己解体作用とが、それぞれ独立して別個にあり、その後、二元論的に、形成と解体として、対立するのではない。生命の自己形成作用が中断すると、それが直ちに自己解体作用となるのである。すなわち、生命の持続の緊張の強さと、物質の持続の緊張の弱さとは、生命の持続の弛緩が、そのまま物質の持続の弱さとなるという関係にある。[43]言い換えると、物質の持続の弱さは、生命の持続の否定そのものに他ならない。そして、幾何学的等質空間とは、物質の自己解体の作用を理念的に極限まで推し進めて得られる観念上の抽象物である。

最終的にはベルクソンにおいても、空間は持続・時間の否定として考えられている。しかしながら、ベルクソンにおいて、その否定としての空間は、まだ、十全には、考慮されていないというのが、すでに見た、「ベルクソンでは空間性といふものは、何処までも唯、純粋持続の弛緩として考へられているのであるが、（中略）空間といふものは何処までも単なる時間の弛緩であつてはならぬ。それは絶対否定の意味を有つてゐなければならない」という西田の批判となる。実際、単なる持続の弛緩としての物質性すなわち空間性においては、西田の言う外に物を作って見るという意味での働くことは不可能である。西田もたびたび言及するように、ベルクソンにとって、有機体とは、生命の形成作用が物質の解体作用である抵抗を克服した跡である。眼とは、見るという作用が、運河を掘って水路を開くように、物質の抵抗を克服してできたものである。眼は視覚作用によって克服された物質である。ベルクソンの意味での否定としての空間では、生命の有機体を作ることはできても、さらに、有機体を離れて外に、物を作ることはできない。これが、ベルクソンの空間概念はその否定性において十分ではない、絶対の否定ではないという西田の批判の意味である。ベルクソンの空間の持つ否定性では、外に物を作って見るという真に働くことを、達成することはできない。

第四節　西田哲学における「彼」とは誰か。私と汝と、彼。

弁証法的一般者の自己限定によって無数の個物が創造される。すなわち、無数の個物が世界に、いやむしろ、世界として現れる。そして、その弁証法的一般者の自己限定は、個物的限定即一般的限定、一般的限定即個物的限定として遂行される。どこまでも自己自身によって自己を媒介しようとする個物的時間的限定としての弁証法的一般者が、もう一方の自己限定である一般的限定すなわち空間的・円環的限定によって自己を否定し、その結果、内在的な統一が破れ、分散化、非連続が生まれる。同時に、弁証法的一般者が個物的限定によって自己を肯定することによって、その非連続が連結統一されて連続となる。一度、空間的限定によって自己を否定し、分散化する弁証法的一般者は、時間的限定によって、自己を内的に統一する。その結果、無数の自己限定する個物が、お互いに相互に働き合うものとして生まれるのである。個物は弁証法的一般者の自己限定によって創造される。このように言えば、個物は、弁証法的一般者という一つの実体の、単なる様態のようなものに過ぎないと、誤解されることだろう。そうではない。弁証法的一般者の自己限定と個物の相互限定との間にも、相即の関係がある。すなわち、弁証法的一般者の自己限定は、無数の個物が相互に相働くという仕方でしか存在しないのである。弁証法的一般者は実体ではない。それは、絶対に矛盾する個物的限定と一般的限定との絶対矛盾の自己同一として無である、絶対無である。

そこからすべてが創造される豊饒な無である。

弁証法的一般者の自己限定によって相互限定する無数の個物の世界が創造され、形成される。逆に、現実の世界の個物と個物の相互限定によって、弁証法的一般者の自己限定が可能となっている。すなわち、「各人の行動が同時に世界の自己形成作用」となる。[44]そして、この個物と個物の相互限定こそが、西田にとって根源的な意味での働くことに他ならない。ところで、働くとは、外に物を作って見ることを意味した。ということは、個物と個物の相互限定とは、ある個物が他の個物を作るということに他ならない。他の個物を作ることによって自己自身が個物として他の個物によって作られるということである。世界が個物の全体であるかぎりにおいて、自分の周りに見る世界は、私という個物と他の個物の相互限定において、私が他の個物を作ることによって逆に私という個物が作られる制作・ポイエーシスの世界である。いわゆる客観的世界、自然とは、物質の世界ではなくて、他の個物であるかぎりでの汝の世界であるだろう。

働くとは、外に物を作って見ることであった。そして、その外に見る作られた物が作った私に対立し、逆に私を作るということであった。働くことは見ることである、外に作った物を見ることである、さらに、作られたものから作るものへ、ということである。根源的な意味で、働くということが、個物間の相互限定として、個物が他の個物を作り、逆に他の個物によって当の個物が作られるということであれば、働くことにおいて外に作られる物と個物との関係は、根源的な働くという意味において、どのように考えられるのであろうか。物質、物、汝の関係を考察しなければならない。

まず、汝に関して、西田は、次のように述べている。

個物と個物との間には、私と汝との関係がなければならない。具体的世界に於ては、物と物との間には私と汝といふ関係がなければならない。私に対する物はすべて汝の意味を有つてゐなければならない。私と汝といふのは単に個人と個人との対立を意味するのではない。我々の自己が絶対の否定面即肯定面に於てあるものとして、絶対否定を隔てて相見る時、私に対するものは、山も、川も、木も、石も、すべて汝の意味を有つのである。かういふ意味に於て、我々の具体的世界と考へられるものは形而上学的社会といふ意味を有つと考へることができる。而も斯く絶対否定を隔てて相見ると考へられる個物と個物との関係とは、否定面即肯定面的限定として直接に相限定するのである。すなわち行為的に相限定するのである。(45)

すなわち、行為的に、したがって、制作的に理解された個物は、すべて汝の意味を持つということである。

それでは、一般に、客観的世界そのものとして受け入れられている物質世界は、どうなるのだろうか。すべて汝の意味を持つ個物の世界に対して、物質世界はどのように位置づけられるのだろう。後期西田哲学にとって現実の世界とは、弁証法的一般者の世界である。働くことが見ることである行為的直観のポイエーシスの世界である。我々が行為的直観において見る客観的世界は、我々が弁証法的世界の創造因子ないしは作用因子である形成作用によって作り作られる個物の世界である。その現実の行為的直観の世界を否定して、その個別的限定すなわち時間的限定を極小化するという抽象化によって得られる世界が物質世界である。「所謂物質的世界も斯くして弁証法的と考へられるものであるが、それは時の自己限定を極小としたものである(46)」。すなわち、行為的直観の現実の世界から、タートザッへの世界から、行為を捨象して、ザッへだけを考えたものが、物質世界である。それは、現実の自己である行為的直観的自己から抽象によってその行為的側面を極小化して得られる知的自己が、目にする抽象的世界である。ちなみに、行為的直観からその空間的一般的限定を極小にして得られるのが、精神であり、自由意志である。

それでは、最後に、物とは何であるか。物は個物と、またさっき見たように、現実の世界において個物がそのまま汝であるならば、物は汝と、どのような関係にあるのだろうか。このことに関して、まず指摘しなければならないことは、個物が相働く個物であるためには、少なくとも三つの個物が必要であるということである。まず、たった一つに個物というのは、働くことが他に対して働くことである以上、働く個物としては意味をなさない。また、二つの物を考えても、その場合、「物と物とは唯一つの媒介者の相反する両端と考へることもできる。斯く考へる時、それは又一つのものたるに過ぎない。故に真に独立する物と物との相互関係といふものを考へるには、少なくとも三つのものの関係を考へなければならぬ。而して始めて物が働くといふことが真に自己自身を否定して他となることであり、而もそれが真に働くものとして自己が自己となることであると云ひ得るのである」[47]。また、別の所では、二つの物の関係について次のように言っている。「自己と世界と、主観と客観と、相反するものの相互限定といふことであって、逆に一つのものの分裂統一とも考へ得るのである」[48]。この指摘は、後期メルロ＝ポンティが見るものと見えるものとの関係として捉えた可逆性が、肉という「一つのものの分裂統一」に過ぎない可能性を示唆している。すなわち、肉の可逆性を規定している否定性は、物を作るという働くことを規定している真の絶対的否定性ではないということである。

したがって、真に働く個物が可能であるためには、三つ以上の個物がなければならない。働く三つの個物について言えることは、無数の働く個物について拡張することができる。ところで、その三つ目の個物が彼に他ならない。彼がなければ私もなく、汝のない。ましてや私と汝の関係も成り立たないのである。彼とは誰か、この問いに答える前に、働くことにおいて私と汝とがどのような関係を結ぶか、確認しておこう。私が働くとき、私が相互に規定し合う、私に対する個物は汝に他ならない。「併し我々が働くといふには、自己に対するものが自己を動かし、自己が又自己に対するものを動かすといふことがなければならない、個物と個物との相互限定といふことがなければならない。表現的に我に対して立つものは我を動かすものでなければならぬ。それは私に対して呼び声とか命令というものでなければならない。そこに私と汝というものが考へられるのである。無論我々の行為的自己に対して立つものは必ずしも汝といふ個人ではないと云はれるであらう。私も然云ふのではない。併し然らば我々の行為的自己に対して立つものは何であらうか。それは単に物質といふ如きものであることはできない。然らばそれを単なる表現といふ如きものと考へるか。単なる表現といふ如きものは了解的自己の対象と考へられるが、行為的自己の対象ではない[49]」。さらに続けて、「何処までも自己自身の媒介者となる、何処までも自己自身を媒介する唯一の自己といふものだけでは、働くといふことはない。かゝる自己に対して立つものは、亦何処までも自己自身を媒介する独立者でなければならない。それは亦一つの自己でなければならない。そこには世界と世界とが相対立する意味がなければならない。自己自身を限定する個物と個物とが相対する時、世界と世界とが相対する意味がなければならない。そこが私の私と汝との対立といふものである。（中略）個物と個物との相対立する時、それは私と汝と考へられる[50]」。

しかしながら、すでに見たように、私と汝が個物として働き合うためには、第三の個物・彼を必要とする。私と汝とは、無数の個物、無数の彼によって基礎づけられている。「併し個物は無数の個物の相互限定から基礎付けられるのである、個物は場所的限定によつて限定せられるものでなければならない。無数の個物の相互限定に於て個物と考へられるものは、彼といふものである。唯二つの個物の間には世界といふものはない。歴史的世界に於てあるものとしての彼と彼とが弁証法的に相対する時、私と汝と考へられるのである[51]」。

したがって、彼が私と汝とを働く個物として基礎づけるということは、無数の個物・彼がお互いに働き合うとき、そのときの一つの彼と一つの彼との関係が、私と汝との関係を形成するということである。相互に限定し合う私と汝との関係は、彼と彼との関係である。このように彼とは、私と汝とを独立した個物として可能にする原理に他ならない。しかもそれだけではない。彼は私と汝の分離の原理であるだけでなく、客観化の原理でもある。

我々が意識的自己を否定して行為的自己の立場に立つといふことは、私が彼の立場に立つことである、私が彼となることである。我々の主観を客観化するといふ場合、かゝる意味がなければならぬ（彼といふのは単に私と汝との分離の原理たるのみならず又客観化の原理である）。我々は彼の立場に於て主観的・客観的に物を見るのである。私が働くといふことは、私が彼の立場に立つことである。汝が働くといふことも同様である、汝が働くといふことは、汝が彼の立場に立つことである。斯くして私と汝とは彼の世界を通じて相交はる、非連続の連続の媒介者によつて相限定すると考へられる、主観的・客観的なる物の世界に於て相限定すると考へられるのである。物の世界といふのは彼の世界である。(52)

彼とは物であり、彼の世界は物の世界であり、客観的世界である。

個物と個物との世界が自己自身を限定するといふことは、彼の世界が自己自身を限定することであり、彼の世界が自己自身を限定するといふことは、私と汝とが相対し相限定することである。逆に私が働くといふことは私と汝とが相対し相限定することであり、それは彼となることである。主観的・客観的、客観的・主観的なる世界、我々が普通に客観界と考へて居るものは、単に我々の自己を拡大したもの、一般的自己の世界といふ如きものではなくして、無数なる個物的自己の世界でなければならない、私の所謂彼の世界でなければならない。斯くして始めてそれが真の客観性を有つといふことができる。然らずして、単に所謂客観的世界と考へられるものは、唯知的自己の立場から見られたものに過ぎない。(53)

メルロ＝ポンティの言う「見るものは見えるものである」において、一方の見るものと、他方の見えるものとは、可逆的関係にある。その可逆性の分離と結合とを可能にしているのは、折り返し、襞、くぼみ、穴、によって定義される否定性である。この同じ可逆性を、後期西田の働く個物の「働くことは見ることである」に認めることができるだろうか。答えは否である。外の物を作って見る働くことにおいて機能しているのは、絶対の否定であり、絶対の矛盾である。そのことは、働くことにおいて外に作って見られる物が個物・彼であるという事実によって端的に示されている。物・彼と私との間には、可逆的な関係は絶対に不可能である。というのも、彼によって、彼の体現する絶対的な否定性によって、私という働く個物が、個物汝が、そして個物一般が、個物として成立するからである。彼こそが、相互限定し、相働く私と汝とを、その働きにおける相互限定としての可逆性を、可能にしているものに他ならない。働くことにおいて、私から彼に、物に行くことはできる。と言うのもそれが働くということであるから。しかし、物は、彼は、私の内に回収されることはできない。物は、彼は、私を包んで、彼へと、汝を含む無数の彼へ、客観世界へと広がっているからである。「個物と個物とが相対し相限定する時、そこに私と汝とが考へられる。併し我々が内部知覚的自己を越えると考へられる時、私は彼といふ意味を有つのである。私が然る如く、汝も亦歴史的個物として彼といふ意味を有つ。物は彼といふ意味を持つ私と汝との対象として、表現的に自己自身を限定する直観の対象と考へられるのである。我々が行為する時、物の世界は汝として私に対し、私と汝とが一となる時、即ち共に彼となる時、物は直観の対象として私と汝とを限定する。かかる歴史的現在の世界が我々に最も具体的な日常性の世界と考へられるものである[54]」。

注

（1） Maurice Merleau-Ponty, *L'Oeil et l'esprit*, Gallimard, 1964, p. 31. *Le visible et l'invisible*, Gallimard, 1964, p. 183.

見えるものが同時に見るものであることを主張するために、メルロ＝ポンティが、もう一つの例、互いに触れ合っている右手と左手の例とともに引き合いに出すこの画家の例は、考えてみると、例として納得できないところがある。というは、画家が経験するように、私もまた木々に見られているという経験をすることはあるだろう。しかし、問題の画家も決して経験しなかったことは、木が見ているという経験である。画家がそう言明している以上、彼に、木によって見られている自分についての受動的な経験があることは確かであろう。しかし、彼は決して、彼を見ている木々の能動的な視覚作用を、自分自身の内に経験することはなかったであろうし、また、決してないであろう。この点で、この画家の経験は、触れる触れられるという個人的身体経験と相似の経験ではあり得ない。メルロ＝ポンティは、知覚における主体と客体との可逆的な関係を、主体の自分の身体上の触れる触れられる関係から主体と世界との関係にまで拡張できる例証として、この画家の例を持ち出すが、これら二つの例は、その拡張のために必要な対照性という要件を欠いている。もし、この画家の例で、木々が画家を見ているという能動的な行為が経験されると主張することが許されるならば、『存在と無』において、サルトルは、恥の受動的経験から直接、見ている他者の能動的まなざしを結論することができたであろう。

（2） M. Merleau-Ponty, *Le visible et l'invisible*, *op.cit.*, p. 183.
（3） *Ibidem.*
（4） *Ibidem*, p. 185.
（5） *Ibidem*, p. 184.
（6） *Ibidem*, p. 193.
（7） *Ibidem*, p. 180.
（8） *Ibidem*, p. 182.
（9） *Ibidem.*
（10） *Ibidem.*
（11） *Ibidem.*
（12） *Ibidem*, p. 194.
（13） *Ibidem*, p. 195.
（14） *Ibidem*, p. 183.
（15） *Ibidem*, p. 187.

(16) *Ibidem.*
(17) *Ibidem,* p. 192.
(18) *Ibidem,* p. 193.
(19) *Ibidem,* p. 317.
(20) *Ibidem.*
(21) *Ibidem.*
(22) *Ibidem,* p. 183.
(23) *Ibidem,* p. 308.
(24) *Ibidem,* p. 303.
(25) Henri Bergson, *Matière et Mémoire,* Presses Universitaires de France, 1965, p. 14.
(26) 〈西田幾多郎全集〉第九巻、岩波書店、一九七九年、七〇頁。
(27) 同上。
(28) 同書、七〇―七一頁。
(29) 同書、七一頁。
(30) 同書、九九―一〇〇頁。
(31) 同書、一三六頁。
(32) 同書、七〇頁。
(33) 同書、七二―七三頁。
(34) Gerhardt, *Die philophischen Schriften von G. W. Leibniz,* II. p. 57. 下村寅太郎『ライプニッツ』みすず書房、一九八三年、一九四頁からの引用。
(35) 〈西田幾多郎全集〉第九巻、前掲書、九六―九七頁。
(36) 〈同全集〉第八巻、岩波書店、一九七九年、一四五頁。
(37) 〈同全集〉第七巻、岩波書店、一九七九年、三三八頁。
(38) 同書、二五四頁。
(39) 〈西田幾多郎全集〉第七巻、前掲書、八二頁。

(40) 〈同全集〉第八巻、前掲書、三七九頁。
(41) 同書、三八〇頁。
(42) Henri Bergson, *Matière et Mémoire*, *op. cit.*, p. 235.
(43) Henri Bergson, *L'évolution créatrice*, Quadrige/Puf, 1994, p. 249.
(44) 〈西田幾多郎全集〉第八巻、前掲書、四四頁。
(45) 〈同全集〉第七巻、前掲書、五九頁。
(46) 〈同全集〉第八巻、前掲書、一四九頁。
(47) 同書、一五頁。
(48) 同書、二〇頁。
(49) 同書、五五頁。
(50) 同書、五六頁。
(51) 同上。
(52) 同書、五六―五七頁。
(53) 同書、五七頁。
(54) 同書、六八頁。

第四章　西田哲学における推論式的一般者

論文「場所」で西田は無を三つの種類の無に分ける。まず、相対的無であり、次に、対立的無であり、最後に、絶対的無である。それぞれの無に、三つの異なる世界が対応する。『一般者の自覚的体系』の「叡智的世界」の分類に従えば[1]、それらの世界は、それぞれ「自然界」、「意識界」、「叡智的世界」である。相対的無によって規定されるのは自然界である。自然界においてはベルクソンの無の定義が全面的に妥当する。無は存在しない。無とは、ある特定の物が今ここにはない、今私が探している物が見あたらない、ということであって、無そのものがそこに、この自然界にあるというわけではない。サルトルが言うように即自はまったき充実であり、そこにはいかなる欠如も見出せない。これに対して、対立的無とは意識界のことである。自然界のあり方を存在として定義するならば、そのようなあり方ではないという意味で、意識界は無である。意識は、山や川や石のようにあるわけではない。しかし存在しないのではない。自然界のようなあり方では存在しないという意味で、対立的無である。最後に、絶対的無は、相対的無も対立的無もそこにある無で、もはやいかなる意味でも限定できないかぎりでの無なる存在である。いっさいの存在がそこから産出される創造的無である。絶対的無は、叡智的世界を包んでその底に無限に広がっている。

『一般者の自覚的体系』はこれら三つの世界に三つの一般者を対応させる。「判断的一般者」と「自覚的一般者」、ならびに「叡智的一般者」である。これらの一般者の間には、相互に含む含まれるの包含関係が見出される。言い換えると、判断的一般者は自覚的一般者に限定され、自覚的一般者は叡智的一般者によって限定されている。その叡智的一般者は、さらに深い「絶対無の場所」によって包まれている。この絶対無の場所は概念的知識をもってしてはいかなる意味でも限定することのできない、「言語を絶し思慮を絶した神秘直観の世界」(2)である。「宗教的意識」の世界であり、その風光はただ宗教によってのみ知られる。さらに、全集第五巻の「総説」では続けて、宗教的体験が絶対無の自覚と規定された上で、絶対無の自覚が内的生命と関係づけられる。本章では絶対無に立ち入って論じるつもりはない。しかし、西田における絶対無の意味を、多くの荒唐無稽で大言壮語に属する解釈から守るために、その内容の解明は後日に譲るとしても、取りあえず、以下の引用をしておく。

内的生命。

絶対無の自覚が自己自身を限定するに当つて、そのノエマ面として、すべて有る物を限定する最後の一般者の場所といふものが成立すると共に、そのノエシス的方向に、無限なる生命の流といふものが見られるのである。何故に絶対無が自己自身を限定すると問われるかもしれない。併し絶対無といふのは単に何物もないということではない、ノエシス的限定の極致を云ふのである、心の本体を意味するのである。それは絶対に無なると共に絶対に有なるものである、我々の知識の限界を越えたものである。かゝる問其物もそこから起るのである(3)。

本章で問題となるのは、判断的一般者を含む一般者としてさらに付け加えられた推論式的一般者である。その性格規定ならびに自覚的一般者との関係である。おおざっぱに言えば、判断的一般者と自覚的一般者との関係は、最初、すなわち「場所」論文においては、判断的一般者とその超越的述語面との関係として論じられている。その後、同第四巻所収の論文「知るもの」の途中から、判断的一般者を包むものとして推論式的一般者が新たに導入される。他方、第五巻において自覚的一般者が、叡智的(知的直観的)一般者とともに現れるが、問題は、この自覚的一般者と、推論式的一般者の超越的述語面との関係である。自覚的一般者を推論式的一般者の超越的述語面と理解して済ますことができれば何の困難もないのであるが、両者は単なる含む含まれるの一般者の関係にはないように見える。この両者の関係を明らかにするためには、まず、推論式的一般者とは何かを、判断的一般者との関係を踏まえつつ、解明しなければならない。その上で、自覚的一般者との関係を考察する必要がある。しかしながら最終的な問題解決が期待できるのは、自覚的一般者と推論式的一般者の両方を、さらに広く深い叡智的一般者によって包み込み、そこに基礎づけるときであることだろう。本章においてはまだ、『一般者の自覚的体系』において論じられた自覚的一般者や叡智的一般者との関係にまで拡げて、推論式的一般者の問題を論じることはできない。

第一節　個物と概念の外延

場所論への入り口となった、西田のよく知られた判断論から始めよう。知るということは判断によるとしたのち、西田は判断の根本的な形は包摂判断であるとする。特殊が一般概念によって包まれるというのが判断の基本である。言い換えると、特殊が一般の内にあるということである。一方、この特殊と一般との含む含まれるの関係は、主語と述語の関係に置き換えることができる。というのも、もともと判断は、形式的には、別々の二つのものを何らかの仕方で一つに結合するところに成立するが、主語述語関係による二つのものの結合は、論理学の初歩によって、主語の位置に来る特殊を、一般を表す述語で包むという包摂関係に書き換えることができるからである。

ところで、ある包摂関係において、特殊の位置にあったものが、別の包摂関係においては一般の地位を獲得し、自己の内にさらに特殊なものを含むことが可能である。言い換えると、ある主語述語関係において、主語の位置を占めていたものが、別の主語—述語関係においては新たな主語の述語として機能する場合がある。たとえば、猫は動物の一種として、動物一般に対しては一つの特殊であるが、他方、猫にはいろいろな種類があり、三毛猫や虎猫に対しては、猫は、それらの特殊猫を含む猫一般として位置づけられる。この例での猫一般のように、主語となることもできれば、また、述語の位置に来ることもできる一般を、西田は、抽象的一般者と呼ぶ。

主語述語関係を入れた包摂判断において、ただ一つの場合を除いて、あらゆる主語はまた同時に述語ともなり得る。ある主語述語の関係において主語であったものが、今度は述語となるような別の主語述語関係を取ることができる。このように、一つの特殊を主語として取るとき、それに対して、さらに特殊なものを新しい主語として取り、さらに、この新しい主語に対して、さらに特殊なものを新しい主語として取り、こうして、特殊をさらに特殊化する過程をどこまでも続けていくと、最後には、主語となってもはや述語とはなり得ないものに到達する。これは、もはやそれ以上特殊化することのできないものでもある。この、主語となってもはや述語とはなり得ないものが、アリストテレスの第一本体であり、西田が個物と呼ぶものである。実在するのは、主語となってもはや述語とはなり得ない個物である。

一方、述語についても同じことが言える。主語述語関係において、主語の方に上昇するのとは反対の方向を取って、述語の方に下降することができる。ある述語は、別の文脈では主語となることができる。そのことは、言い換えると、その述語のもとに、別の述語が来るということに他ならない。このように、ある述語のもとに別の述語を取り、またそのもとに別の新しい述語を取るという作業を繰り返していくと、最後には、もはやそれ以上に新しい述語を取ることのできない述語に逢着しなければならない。この最後の述語は、上記の、主語となってもはや述語とはなり得ないものとは、反対に、もはや決して主語とはなり得ない述語である。しかしながら、どうして、もはや主語とはなることのできない最後の述語がなければならないのだろうか。同じ問いは、主語に関しても言える。どうして、主語となってもはや述語とはなり得ないものがなければならないのだろうか。この後者の問いに対しては、「実在するものがあるからである、我々が実在するものがあると思っているからである、そう判断するからである」と答えることができる。実在とは、実在するという判断に他ならないからである。たとえそうだとしても、もはや述語とはならない最後の主語によって表される個物が実在することと、主語述語関係の反対方向に見出される、述語であってもはや主語とはなり得ない最後の述語とは、どのように関係するのだろうか。

ここで、主語述語関係と包摂判断との関係についてもう一度考えてみよう。これまで、我々は両者を形式においては異なるけれども内容においては同一のものと見なしてきた。確かに、主語述語関係も内容においては述語が主語を包むという包摂関係を取る。しかし、両者の包摂関係は完全に一致するのだろうか。実際、西田は次のように指摘している。「概念の特殊と一般との関係と判断の主語と述語との関係とは不可分離的であると共に、単に之を同一視することはできない。主語となつて述語とならないと云ふことによつて、我々は所謂特殊化によつて達することのできない尖端に達するのである、一般概念を破つて外に出るのである。斯くして個物の概念に達した時、一般的なるものは個物の属性として此に於てあるものとなる(4)」。

このことを考えるために、実在である個物を表す最後の主語、すなわち、主語となってもはや述語とはなり得ないものに着目しよう。二つの個物S′、S″があるとしよう。個物S′は性質aを取り、個物S″は性質bを持つとしよう。明らかに、二つの個物の間に共通なものは何もない。なぜなら、定義上、個物とは、お互いにいかなる共通な要素を持たない、独特のものに他ならないからである。個物が最後の主語として、もはやいかなる述語となり得ないのは、個物が他のものといかなる共通なものも持たないからである。述語とは本来、他のものと共通な性質を持つもののその共通する性質を表しているのである。

同じことを包摂判断の形式で考えてみよう。一見したところ、まったく同じ結果になるように見えるけれども、果たしてどうだろうか。包摂判断とは、特殊なものを一般的なもので包むことで成り立っている。正確に言えば、特殊な概念を一般的な概念で包摂することである。一般的なもので包まれる特殊なものは、それを包む一般的なものと何らかの意味で共通するものを持っていなければならない。というのも、特殊な概念は、一般的概念の種別化、特殊化に他ならないからである。一般概念はそれ自身の内に差異化、特殊化を含んでいる。したがって、一般に於いてある特殊は、一般の特殊として、まだなお一般の性質を分かち持っているのである。このことは、特殊が、他といかなる共通点もない個物ではあり得ないことを意味している。包摂判断における特殊は、特殊概念として、あくまでも概念である。概念である以上、最低二つ以上の複数のものに共通する性質を表現するのでなければならない。したがって、一般が特殊を含むという包摂判断によっては、主語となってもはや述語となることのない個物を考えることはできない。

少なくとも包摂判断を類種に基づく分類的判断として理解するかぎり、包摂判断だけからは、個物の判断に達することはできない。しかし、主語述語関係から、主語となってもはや述語とはならない個物が言えるとして、いやむしろ定義上、主語であって述語とはならないのが実在である以上、個物を考えるには、本来の特殊と一般の包摂判断を拡張しなければならないだろう。どのようにして包摂判断の枠を破って個物へと、さらに特殊を特殊化するかについては、その具体的な方法については、後で西田に従って見ることにする。ここでは、その特殊化が、特殊と一般との包摂判断においてその特殊の極限を取るか、あるいは、もっと乱暴に、どのようにしてはわからないが、包摂関係の最後の特殊に、さらに、もう一つ最後の種差を加えることによって、果たされたとしよう。すると、個物は、一般者の特殊化の最尖端に位置するものとして見出される。言い換えると、一般者は自己限定の最後の限定として、自己限定の完成として個物にまで達する。最後の特殊化を加えられる前の一般者は、最後の特殊化を加えられた一般者の限定面として、抽象的一般者となる。

そのようにして、最後の特殊、極限の特殊として到達される個物は、一般者の完全な特殊化として遂行される自己限定に他ならないから、今や一般者は、個物の全体と置き換えることができる。個物の全体と一般者が等しくなる。個物の全体が一般者となる。一般者の外延が個物の全体となる。一般者が自己限定を最後の最後まで遂行し特殊化が最尖端にまで達するとき、一般者は特殊の全体と一致する。特殊が一般となる。これが具体的一般者である。最後の特殊が個物として、主語となってもはや述語とはならない個物として実在であるかぎり、具体的一般者が実在の全体である。

第二節　具体的一般者

判断を主語述語関係において見たとき、主語となってもはや述語とはならないものが個物として、実在である。個物は個物自身の限定の内に他とのいかなる共通点も持たない以上、主語としての個物は、自分以外のものを述語として持つことはできない。A=Aが個物の定義であり、個物主語Aの述語はまたAである。自己同一が個物の定義である。実在である個物の定義は、自己同一である。具体的一般者を主語と述語の関係に書き直せば、特殊の極限（個物）全体＝一般者である。具体的一般者が実在を意味することはこのことからも理解できる。一般者が特殊化の自己限定において自分自身に還る具体的一般者の判断が「がある」としての存在判断である。(5) これに対して繋辞としての「である」はどのように考えるべきか。これはまさしく述語としての機能であり、その代表例は形容詞であろう。このような述語は、包摂判断においては、抽象的一般者に置き換えることができよう。その抽象的一般者は、具体的一般者の限定されたものとして一般者の方から考えることもできれば、また、主語の述語としても考えることができる。主語が個物であるとき、すなわち実在するものについて述語するとき、その述語が抽象的一般者に過ぎない場合、その述語は、主語を限定し尽くすことができない。それができるのは、具体的一般者のみである。抽象的一般者が述語となるとき、一般者によって包みきれない個物は、その一般者の外に、物として超越する。抽象的一般者で表される述語は、そのように超越する物、すなわち具体的一般者に於いて在るがその限定面としての抽象的一般者にとってはその外にある個物を、抽象的一般者としての述語の範囲内で限定する。個物を、実在を、抽象的一般者によって部分的に形容するときが、繋辞の「である」に他ならない。

包摂判断に主語述語関係を入れた判断について、考察しなければならないことがもう少し残っている。最後の主語述語関係をさらにもう一歩推し進めて、主語となってもはや述語とはならない最後の主語に到ったとき、述語の方では何が起こっているのだろうか。もはや述語とはならないものとして、述語との関係から脱して、超越的主語となったとき、この最後の主語は、いかなる意味でも述語を持たないのだろうか。普通の意味では持つことはできない。というのは、個物と個物との間を共約する述語となるようなものはもはや何も見出せないからである。個物とは自分以外の約数を持たない素数に他ならない。しかしながら、個物を表す主語は、少なくとも A=A の自己同一として、自己自身を述語として持たなければならないだろう。この自己同一者の述語は、主語述語関係において、どのように理解したらよいのだろうか。

通常の主語述語関係の枠を破って、主語が、主語であってもはや述語とはならない位置にまで押し上げられるとき、述語の方では、もはや主語とはならない、その意味で主語から超越した、超越的述語面が現れる。この述語面が「超越的」と形容されるのは、無数の主語が個物として並ぶ「超越的」主語面の述語面であるからに他ならない。超越的主語の自己同一的な述語は、超越的述語として、この超越的述語面に見出される。超越的述語面は、実在としての個物がそこに於いて在る場所であり、対象的な主語としての実在を超越しているが、その実在に対して無である。しかも、この超越的述語面こそ意識としての主観性に他ならない。主語述語関係を入れた包摂判断において超越的主語面に来るのが客観世界である。主観も客観も西田哲学においては判断の内で、切り離すことのできない二つの契機として見出されるのである。あらかじめ主観と客観とを前提として置き、その両者の関係として判断を考えるのではなくて、判断から出発して、主観と客観とを、判断の分離不可能な構成要素として解きほぐしていく。『善の研究』において、実在は意識の緊密な統一としての純粋経験であった。この純粋経験の緊密な統一が緩むとき、統一する側と統一される側の分離が見られ、それが判断に他ならなかった。そしてその判断の統一する側が主観で、統一される側が客観と定義された。我々は今再び『善の研究』の主題が、かつてとは比較ならない概念の精密さと厳密さとをもって、展開するのを見ているのである。このように、あらかじめ独立の主観と客観とを措定してそれらの相互関係として判断を理解するのではなくて、判断から出発して判断の契機として主観と客観を見る見方は、即自存在としての客観世界をエポケーして、客観を意識から切り離すことのできない対象として捉える現象学の態度と相通ずるところがある。

しかし、超越的述語面を直ちに主観と同一視していいものだろうか。というのは、主語述語関係を、包摂関係を媒介にして、包摂判断と重ねるとき、これまでに見たところでは、超越的述語面に対応するのは、包摂判断の判断的一般者である。個物は判断的一般者の内にそれの究極の自己限定として含まれている。判断的一般者そのものが、その特殊化である個物の全体に還元される。判断的一般者は、個物として自己を特殊化し自己限定し尽くすことによって、個物全体そのものになってしまうのである。判断的一般者は具体的一般者に他ならない。もしそうであれば、超越的述語面は、客観的実在に吸収されてしまうだろう。なぜならば、具体的一般者とはまさしく客観的な実在を判断において表しているからである。この問題について考えてみよう。

具体的一般者というのは、一般者の自己限定としての種別化、特殊化が、その最後まで貫徹されて、自己限定の最尖端において現れる特殊が個物として、その個物の全体が一般者の外延と一致し、一般者が個物の全体によって置き換わるような一般者である。猫という一般概念を種別によって特殊化し、最後に、この猫、あの猫、かの猫と、仮にすべての猫を特定するところまで猫の一般概念を限定できたとしよう。そのとき猫という一般概念の代わりに、猫とは何かという概念の内包的な規定の代わりに、猫というものを、猫一般の外延によって、すべての猫の個体を列挙することによって決定することができる。このような猫の一般概念は、猫の具体的一般者と呼ぶことができるのではないかと思う。確かに、猫の一般概念は例として、不適切であるだろう。何よりも、猫ならずとも、経験的事実に関して、我々は一般概念から現実に存在する個体を演繹することはできないからである。数学を典型とするア・プリオリな学問に関しては、そのことは可能であるが、経験的事実に関しては、帰納的な判断しか許されていない。しかしながら、それにしてもなぜ我々は、事実認識に関して、すべての猫とか、すべての何々とか、外延の画定を前提するようなことを言い得るのだろうか。またそれ以上に、この猫という特定の唯一無二の猫を、実在するものとして、実際に認識することができるのであろうか[6]。

話を元に戻そう。具体的一般者とは個物としての実在を自己の規定の内に含む一般者である。我々が実在の世界を認識しているかぎり、我々の経験的事実についての判断は、具体的一般者の自己限定によって遂行される判断でなければならない。実在としての個物にまで到ることのできない概念的類的判断は、類概念的統一は、いかにして、その限界を超えて、最後の種別化、特殊化の一歩を踏み出すことができるのだろうか。この問題を解決するものとして西田が訴えるのが、「矛盾的限定」に他ならない。

唯、所謂経験的一般概念と考へられるものに於ては一般と特殊との間に間隙がある、一般より最後の種差に達することはできぬ、一般化の原理と特殊化の原理とが合一することができない。此間隙を充填し両者を結合するため、超越的にして不変なる基体といふ如きものが考へられるのである。矛盾的限定によつて構成せられたる対象界に至つては、之と異なり一般的なるものは即特殊化の原理なるが故に、この間に基体の如きものを容れる余地はない、一般的なるものは特殊なるものを成立せしめる場所とか、相互関係の媒介者とか考へるの外はない、特殊なるものが却つて基体と考へられるのである。矛盾的統一の対象界に於て始めて全体と部分との関係を見、さらに進んで個物的なるものを見ることができる。モナドの世界に於ての如く、各自唯一なる個体となることによつて、全体の統一が成り立つ、単に一般的なるものは予定調和の役目を演ずるに過ぎない。[7]

一般概念の特殊に、さらに最後の種差を加えることによって、一般概念の外に出て、個物に至るには、矛盾による統一が必要である。矛盾の統一により、判断的一般者は最後の特殊化において自己自身に還る、すなわち、個物が判断的一般者を隙間なく覆い、個物の全体と一般者の外延が一致する。判断的一般者は自己の内に自己同一なものを含み具体的一般者となる。主語述語関係で言えば、述語面が主語面と一致し、述語面が主語的基体となる。述語面が主語的基体となった具体的一般者においては、述語面そのものも消失してしまうのか、判断における主体そのものも客体の内に吸収されてしまうのだろうか。これが問題であった。この点に関して、上の引用は、矛盾的統一によって個体が成立したのち、一般者は予定調和の役目を演ずるに過ぎないと言っている。言い換えると、予定調和的なものは残ると言っているのである。予定調和はモナドではない。その意味では無である。しかしながら、ライプニッツのモナドロジーにおいて、予定調和がなければモナドはモナドたり得ない。モナドを可能にしているのは予定調和そのものである。その意味では、具体的一般者においても、述語面で表される主観的なものは、具体的一般者成立そのものの可能性として、残り続けなければならない。

このことは、一般概念の枠を破って、いかにして具体的一般者である判断的一般者が成立するのかということを、さらに見ていくことによって、いっそう明らかとなるだろう。すなわち、具体的一般者を可能にする矛盾的限定はいかにして可能となるかを、さらに問い進めなければならない。西田は論文「働くもの」において、この矛盾的限定をカントの純粋統覚の自覚に求めている。

カントの純粋統覚とアリストートルの「思惟の思惟」とは直に同一視することはできぬが、我々の経験的知識の根底には、主語となつて述語とならないものの述語的一般者がなければならぬ。思惟に対して与えられたものは、既に純粋統覚に於て含まれたものでなければならぬ。（中略）経験内容が主語となつて述語とならない最後の種差となるには、即ち個物となるには、私の表象其物が表象せられなければならぬ、表象の表象といふものがなければならぬ、之によつて経験し得る物の類概念が成り立つのである。然らざれば、主語となつて述語とならないものを考へることはできない。(8)

しかしながら、純粋統覚はいかにして矛盾的限定を遂行し、主語となってもはや述語とはならない個物に、すなわち、自己以外に自己の述語を持たない自己同一的なものに達するのだろうか。純粋統覚は自己の自己同一によって、個物の自己同一を実現するのである。「併し純粋統覚の自己同一はかゝる意味に於ける自己同一なるものの自己同一である(9)」。純粋統覚の自己同一とは、私は考えるという仕方で遂行される純粋統覚の自覚である。

カントがすべての「私の表象」に「私は考へる」といふことが伴ふと云つた時、私の表象といふのは単に表象の内容ではなく、又単に思惟の内容でもない。その表象は私の表象であり、考へる私は私の表象を考へる私でなけ

ればならぬ、私の意識を意識する私でなければならぬ。(10)

しかしながら、私の表象に私は考えるということが伴うことによって何が起こるのだろうか。そのことによって、なぜ、判断は、類概念的統一である一般概念の外に、それを超えて、自己同一的な個物に到達して具体的一般者となるのだろうか。それは、表象が、私の表象として考えられるか否かによって、唯一の対象として限定されるからである。個物的なものとなると言ってもよいだろう。事情は、論理系において、考えることができるか否か、言い換えれば、矛盾でないか否かによって、唯一の体系が組織されるのと同じことであると西田は言う。

併し我々が我々の表象自身を表象する、否私の表象を私が考へるといふ時、超越的なるものの内在化といふ意味がなければならぬ、自覚は超越的なるものを内在化するのである。思惟の立場から云へば、経験内容は非合理的であり、思惟すべからざるものであらう、併しそれは何処までも表象し得るものでなければならぬ、而して表象が自己の表象として反省し得る限り、それは又思惟し得るものでなければならぬ。純粋統覚に於て、経験的知識の一般と特殊とが直に相結合し、矛盾的統一にも達すると考へ得るのは之に由るのである。数の世界に於て思惟し得ると否とによつて唯一の対象が限定せられる如く、経験界に於て私の表象として考へ得るか否か、即ち経験し得るか否かによつて、唯一の対象が限定せられるのである。(11)

判断において具体的一般者が成立するとき、一般者は特殊化の最尖端にまで達し、個物が限定される。そのとき一般者は自己自身に還り、個物の全体と一般者とが一致する。一般者が主語的基体となり、特殊が一般を自己の属性として含む。要するに、述語が主語となり、述語が消えるように見える。もしそうであるならば、判断の主語的方向に客観を見、述語的方向に主観を見ることによって、主観と客観との二元論的対立を前提にして出発する従来の認識論ひいては存在論を批判する西田の場所の論理は、ここで一頓挫するのだろうか。これが我々の疑問であった。答えは否定である。依然として、主観的なものは残っているのである。純粋統覚における自覚として残っているのである。一般者が最後の種差による特殊化、差異化を行うことによって自己同一的個物に達するためには、矛盾的限定が必要であった。その矛盾的限定は、純粋統覚において、私が私の表象をまさしく私の表象として考えるということによって遂行されるのである。ということは、具体的一般者の成立には、一般者をまさしく具体的一般者として可能にしている条件として、純粋統覚の自覚が存在するということに他ならない。

具体的一般者が成立して、一般者が自己限定の最尖端において個物に達することによって一般者自身に還るとき、同時に、一般者は主語的基体となる。具体的一般者において、一般者が主語的基体となるとき、後には、その主語的基体の「於てある場所」として、「無」が、依然として残っている。他ならぬこの無が、客観としての個物の世界を可能にしている主観である。したがって、具体的一般者においても、主観は客観に呑み込まれ消失するどころか、客観そのものの可能性として、ライプニッツのモナド世界の構成要件である予定調和がそうであるように、客観そのものの構成要件として存続し続けるのである。次の引用はこのことの確証となる。後でもう一度問題となる具体的一般者に関して、「私は主語的基体としての一般者と超越的述語面としての一般者とを何処までも区別すべきであると思ふ。一方に主語となつて述語とならないものが考へられると共に、一方に述語となつて主語とならないものが考へられねばならぬ。具体的一般者の根柢となる一般者が限定することのできないものとなる時、かゝる超越的述語面に於てあるものは如何なる意味に於ても主語的に限定することはできぬ、唯その否定的一般者即ち所謂意識面に於て部分的に限定し得るのみである[12]」。

それでは、そのときその主観は、客観成立の必要要件の無として、サルトル的な無であるのだろうか。すなわち、即自にまとわりつき、即自の無化作用としてしか存在しない対自の無なのだろうか。言い換えると即自を世界として現象させるだけの無、すなわち世界があると言うそのときの、単なる意味としての「在る」(il y a)に過ぎないのだろうか。もしそうであれば、現象学の一般的規定にしたがって、その無は、世界に向かう運動であるかぎりの無であり、そのかぎりにおいて、その無は、自己自身としての内容を持たない空虚な、世界を志向することによってのみ自己であろうとするような無であるだろう。「自己の外へ、世界へ向かって」というあり方でのみ自己であることができるような、脱自的超越としての無であることだろう。しかしながら、西田の具体的一般者の無は、純粋統覚の自覚の無であるが故に、世界を外に見る私が成立しているのである。現象学と西田哲学との関係についての詳しい考察は、西田哲学の自覚的一般者の概念の分析を待たなければならないが、場所としての無は、現象としての世界を覆っているだけの単なる存在の薄膜としての無ではないことに、今から留意しておく必要がある。それは自覚に裏打ちされた無として、内容ある無である。

この点について、後の考察の準備として、次のことを付け加えておきたい。時間すなわち西田の言う「時」についてである。とりわけ、ここでは、西田の理解する、時と純粋統覚との関係についてである。「時は一般的なるものが自己自身を特殊化する形式でなければならぬ、自己の中に自己を映す鏡でなければならぬ[13]」。時間が、具体的一般者が概念的一般者を超えて特殊化を遂行するときの矛盾的限定の形式であることは、まず、時間そのものの在りよう、とりわけ時間を現在において捉えるとき明らかである。客観的な存在は、時間の形式をまとって、何よりも今という時間形式のもとで現れるが、今とは、たった一度きりの今であることによって、同じ瞬間は二度とないというかぎりで、まさしく個物的なものである。この意味で、現象学者が、たとえば、フッサールが、個体性を時間の今によって定義するのもうなずける。さらに、ライプニッツが指摘したように、時間こそ、矛盾するが故に同時に存在することのできないものを、お互いに存在することができるようにする存在形式に他ならない。最後に、カントの認識論において、悟性と感性とを結合し、直観をカテゴリーのもとに包摂する超越論的働きである図式機能の本質は、ハイデガーのカント解釈が教えるように、時間に他ならない。一般概念である類的一般者が時間を媒介とする純粋統覚の矛盾的限定によってさらに特殊化され具体的一般者となるとき、一般概念である思惟の側から見るならば、思惟は、時間の形式によって、個物である直観に結合されているからである。

純粋統覚によつて成立する経験的物の概念が自己自身の根底に透徹する時、与へられたる経験的内容其物、即ち思惟に超越的にして純粋統覚に内在的なるもの、換言すれば特殊なる物が直に相関係しなければならぬ。現在と現在との直接の関係を成立せしめる「時」の範疇は実に経験界に於ける矛盾的統一でなければならぬ。[14]

現象学によれば、意識の本質は志向性であり、志向性の本質は時間である。時間の本質は脱自としての超越にある。西田における純粋統覚の自覚に基づく主観が、単なる脱自としての超越に還元され得ないことについては、すでに、指摘した。ここでもまた、同じ指摘が、今度は時間との観点からなされ得る。主観は時間と同一視されることはできない。主観は時間そのものを内に包むものでなければならない。

併し非合理的なるものの合理化とは、時の範疇に於て尚その統一に徹底することはできない。時に於ては外に超越するものを除去することができても、内に超越するものを除去することはできない、外的質料を除去することはできても、内的質料を除去することはできない。真に超越的なるものが内在的となるには、単に経験内容が時に於て統一せられるのみならず、経験内容其物が時を含まなければならぬ。時の背後には動かないものがなければならぬ、永遠の今といふべきものがなければならぬ。我々の経験内容が考へられたものでなく、直観の内容

として自同判断の主語となる時、時を内に含むといふことができる。(15)

第三節　推論式的一般者と矛盾

論文「知るもの」の「二」は、次の言葉で始まる。「すべて存在するものは時に於て在ると考へられるが、時とは如何なるものであるか、我々は如何にして時といふものを考へることができるか(16)」。すでに我々は、実在するものは、主語となってもはや述語とはならない個物であることを見てきた。個物は時間とどのように関係するのだろうか。「知るもの」は、この問題を、時間の内で推移する意識作用としての判断作用が、いかにして、時間を超越することを本質とする「意味」を含み得るかという問いとして考察する。その考察の過程において、何が具体的一般者であるかについて、変更がなされる。これまで、判断的一般者として考えられてきた具体的一般者の地位を、新たに登場する推論的一般者が占めることになる。論文の冒頭に付された注記がそのことにあらかじめ注意を促している。

此論文の前半に於ては、私は具体的一般者を単に判断的一般者と考へ、之によつて時に於て変ずるものを考へ、その超越的述語面を意識面と考へた。判断的一般者とは概念の特殊と一般とに主語と述語との関係を含み、之によつて主語となつて述語とならない個物的なるものまでを包む一般者を意味するのである。併し「四」の終わりに於て具体的一般者を推論的一般者と考へることによつて、種々の点に於て前半よりも私の考を明にし得たと思ふ。(17)

推論式的一般者によって、時間において変ずるものの考察を進める前に、判断的一般者における個物と変ずるものとの関係を、すなわち、個物はいかにして変ずるものとして時間規定を受けるかを、判断的一般者を具体的一般者と見なしてきたこれまでの立場から、考え直して見よう。一般的に、すべて存在するものは、それが「於てある」場所に、於いてあるものとして、在るのでなければならない。於いてあるものには、それが於いてある場所がなければならない。変ずるものが存在するにも、その変ずるものがまさしく変ずるものとして於いてある場所がなければならない。その場所、言い換えれば変ずるものを容れる一般者とはどのようなものだろうか。「単に特殊化の方向を進めて主語となつて述語とならないものに到つても、尚変ずるものではない、かゝるものが又述語的一般者に於てあると考へられた時、変ずるものとなるのである(18)」。

この変ずるものの於いてある述語的一般者とはどのような一般者か。次のような一連の記述を読むかぎり、それは、個物を個物として成り立たせている超越的述語面そのものと同じ述語的一般者のように見える。まず、「述語的一般なるものを何処までもその一般性を失はないで之をこの内に特殊化して行けば、最後の種に於て唯一の種差によつて異なれるもの、即ち相反するものを含むと考へることができる。かゝる最後の種を超越して更に個物に至ると云ふ時、判断の主語と述語との対立から二つの方向を区別することができる、即ち超越すると云ふに二つの意義を考へることができる。一つは所謂主語となつて述語とはならないと考へることであり、一つは述語となつて主語とならないと考へることである(19)」。

次に、個物がそこに立つ、この超越的述語面について、それが内に矛盾を含む一般者であることが指摘される。

判断的関係を内に含むと考へられる一般的なるものが自己を特殊化して行つて、最後の種を超えて尚述語的一般性を維持すると考へられるかぎり、それは反対を内に包んだものでなければならぬ。最後の種に於て既に反対

（唯一の個物的種差を有つものと然らざるものと）を内に包むと考へ得るが、更に特殊化の方向を進めて主語となつて述語とならないと云ふ意味に於て限定せられたもの、所謂一般概念を越えたものを包む述語的なるものは、主語的なるものの否定を含むものでなければならぬ。最後の種に於て相反する種差が含まれると考へられるが、之を超越したものに於ては（それが超越的述語に於てあると考へられるかぎり）相反する判断的対象が含まれると考へることができる。（中略）主語となつて述語とならないと考へられるものもそれが判断的知識に属するかぎり、述語的なるものに於てあると考へなければならぬとすれば、か丶る意味に於ける述語的一般者に於てあるものは、肯定的なると共に否定的でなければならぬ。此の如きものを我々は変ずるものと考へるのである、変ずるものの根柢にある変ぜざるものとは此の如き一般者でなければならぬ。[20]

個物とは概念的一般者を超える最後の特殊化であるが故に、A＝A∧A≠～Aである。即ち、その超越的述語面に着目すれば、AはAであって同時にA以外のものではないことを表明している。別の個物Bを取ればB＝B∧B≠～Bである。個物A、Bの超越的述語面に注目するならば、Aに関してはA以外のものではないと述語し、Bに関してはB以外のものでないと述語している。ところで、超越的述語面はすべての個物を規定する共通の述語面であるから、超越的述語面は、全体として見るとき、各個物を規定する特質以外のものを否定する関係を含んでいる。この述語面における否定の関係は矛盾の関係である。というのは、この述語面は、A以外ではあり得ないものとB以外ではあり得ないものとを同時に述語するという矛盾を含んだ述語であるからに他ならない。このような矛盾を含む超越的述語面においてあるものが、変ずるものとして、働くものとして現れる。

概念的一般者においてその特殊を、矛盾的限定によってさらに特殊化するとき、個物が成立する。個物が超越的主語として成立することによって、述語の方向に、その超越的主語の述語として超越的述語が現れる。最後の特殊化である矛盾的限定によって個物が、概念的一般者の枠を破って突出するとき、概念的一般者の方も、個物を容れ得る一般者、判断的一般者に取って代わられる。個物が実在するという存在判断が成り立つ以上、主語述語関係が成立していなければならない。個物に対する超越的述語は、この場合、判断的一般者である。超越的主語である個物の超越的述語は、判断的一般者である。ところで、判断的一般者は自己同一的な個物の述語としてそれを内に包むが故に、個物を外延とする具体的一般者である。一般に個物のような自己同一的なものを含む一般者、言い換えると、自己を特殊化するという一般者の自己限定によって自己自身に還ってくるような一般者は、具体的一般者と呼ばれる(21)。したがって、どのような一般者を取るかによって、いろいろな一般者が具体的一般者となりうる。今の場合は、個物をその外延とする判断的一般者が具体的一般者となっている。

具体的一般者においては、主語と述語とは自己同一的にA＝Aで表されるが故に、具体的一般者は特殊化として遂行される自己限定の果てに自己自身に還るのであるから、主語面は述語面に一致する。西田はこの事実を指して、主語と述語とは逆転し、述語が主語となると言う。述語が主語となるとき、述語はなくなるのではない。無として、主語のある場所として残るのである。判断的一般者の於いてある場所として、一般者の一般者が新たな超越的述語面として現れるのである。具体的一般者において包摂関係が逆転し、述語が主語となるということは、すなわち、個物の連続が主語となるということに他ならない。連続的なもの、連続的統一は、個物以上に個物的なものである。したがって、個物の連続的統一を主語として可能としている、個物の超越的述語面以上に超越的な述語面がなければならない。この間の事情を、西田は以下のように、拡大して記述している。

> 最後の種それ自身の矛盾的統一によつて抽象的一般から転じて具体的一般に入る時、かゝる一般者の最後の種に当たるもの、即ち最初の具体的といふべきものが主語となつて述語となることなき個物である。之より主語と述

語とは転換するのである。包摂的関係は逆になるのである、述語的なるものが主語となるのである。斯く包摂的関係を逆にして一般的なるものが主語となる時、かゝる一般的なるものが限定し得らるゝかぎり、個物は連続的統一となる。連続的なるものも個物である、単に自己同一といふより尚一層個物的と考へることもできるが、連続的統一とは内に無限なる特殊化を含んだ一般者でなければならぬ、無限なる包摂的関係をその一般的根元に還つて見た時、連続的なるものが考へられるのである。併しかゝる還源的方向を何処までも進めて行つて、主語となつて述語とならないものと反対に、述語となつて主語とならないといふ意味に於て包摂的関係を超越した述語面に撞着した時、かゝる場所に於て変ずるものが見られるのである。如何にしても積極的に限定することのできない唯否定的にのみ限定し得る具体的一般者の種となるものが変ずるものとなるのである(22)。

そこに於いて変ずるものの見られる超越的述語面としての一般者は「矛盾を含む一般者でなければならない、矛盾的統一の背後に考へられた一般者でなければならぬ。無質料として有と無とが一つの概念となる時、矛盾の統一として変ずるものとなるのである(23)」。

第四節　推論式的一般者と時間

ここまで、主語的方向で言えば、個物から、「尚一層個物的」である連続的統一へと特殊化を進めることによって、変ずるものが考えられた。述語的方向で言えば、個物がそこに於いてある判断的一般者の一般者をさらに考えることによって、その一般者に於いて変ずるもの、働くものが見られた。それでは、変ずるものと時間との関係はどのように理解すべきか。個物の特殊化をさらに進めて個物の連続的統一を変ずるものとして限定している一般者の一般者と、時間との関係をどのように捉えるべきなのだろうか。手がかりとなるのは、連続の概念である。時間は連続の一種である。しかし連続は直ちに時間ではない。連続をさらに特殊化したものが時間である。時間は変化するもの、移りゆくものである。「時は連続の一種である。連続といふものを考へるには、数学者の所謂集合の概念を基とせねばならぬ、連続の概念の根柢に類概念がなければならぬ。数学者は集合の概念、類概念より出立して完全集合即ち連続といふものを定義するのである。併し時は一種の連続であるとしても連続そのものではない、（中略）時は変ずるものでなければならぬ、変ずるものとは如何なるものであるか[24]」。

変ずるものは時間に於いてある。しかし、変ずるものは時間によって変ずるのではない。変ずるものがあるから時間がある。時間は変ずるもののうちに含まれている。時間は変ずるものの形式である。

併し時は変ずるものの一種であつて、変ずるものは時に於て又時によつて変ずるのではない、時は寧ろ変ずるものの形式に過ぎない。時の概念を構成するには、我々は先ず数学的連続の概念を基礎とせなければならぬ。併し数学的連続とは考へられたものである、その基礎となる一般者は限定せられたものでなければならぬ。時と数学的連続との異なるのは、連続の一々の点が尚性質的に特殊化せられ得ると考へるに由るのである。斯く連続の一々の点が尚性質的に特殊化せられ得ると考へる時、我々はもはや限定せられた一般者の基礎に立つているのではない、かゝる一般者を破つて限定することのできない一般者の基礎に立つているのである、此故に時は変ずるものと考へられるのである。併し時といふ如きものでは、形式が主となり、性質的なるものが従となつて居る、即ち数学的連続といふ如きものが主語的となり、性質的なるものが述語となつて居る、未だ全然限定せられた一般者の立場を離れて居ない。真に変ずるものに至つては、性質的なるものが主語的となり形式的なるものが述語的とならねばならぬ、然らざれば限定することのできない一般者の上に立つとは云はれない、即ち変ずるものとは云はれない。(中略)時は数学的連続から変ずるものに至る限界をなすのである、両者の中間に位するものである。変ずるものが何等かの意味に於て一般概念的に限定せられる時、時の形式によるのである。[25]

すでに予告しておいたように、変ずるもの、働くものを整合的に考えるために、具体的一般者に変更がなされる。これまで、個物を自己同一的なものとして含む判断的一般者が具体的一般者として理解されてきたのであるが、個物をさらに特殊化して変ずるもの、働くものを実在として把握するとき、その主語面の特殊化に対応して超越的述語面の方向に、判断的一般者をさらに包む、一般者の一般者が限定されなければならない。なぜならば、実在は常に実在判断であり、判断であるかぎり、概念判断であり、したがって、何らかの意味で包摂関係に書き換え可能であるからである。とりわけ、具体的一般者においては、一般者は、特殊化を自己限定として自己の内に含み、特殊を概念の外延として持つが故に、特殊を自己同一的なものとして一般者自身の内に含んでいる。言い換えると、特殊としての主語が指定されるならば、その主語と述語との自己同一性によって、述語も同時に限定されるからである。変ずるもの、働くものを主語面に見るかぎり、その超越的主語面を限定する述語面も同時に、超越的述語面においても確定されなければならない。その超越的述語面の限定としての一般者が、推論式的一般者と名づけられているものである。

推論式的一般者は小語面と大語面と媒語面とからなる。判断的一般者との対比で言えば、小語面と大語面とは、判断的一般者における特殊と一般を、主語と述語を表している。

推論式的一般者に於て私は屢小語面とか大語面とかいふことを云つたが、小語面といふのは推論式的一般者の場所其物の直接なる限定として小語面的内容を限定するものであり、大語面といふのは推論式的一般者の限定面として一般法則的なる大前提的内容を限定するものを意味するに過ぎない。推論式的一般者に於ける主語と特殊と一般との対立を云い表したまでである、判断的一般者に於ける主語と述語との対立に当たるものである。推論式的一般者といふのは判断的一般者の一般者といふ意義を有するを以て、特殊と一般との対立も判断的一般者と判断的一般者との対立の形を成すのである、故に面と云つたのである。(26)

さらに、小語面と大語面とをつなぐ媒語面とは、時間のことに他ならない。超越的主語面と超越的述語面として、主語述語関係を失いお互いに分裂する小語面と大語面とを、媒語面である時間が統一して、推論式的一般者を具体的一般者として成立させる。媒語面としての時間は、推論式的一般者の形式である。言い換えれば、時間そのものが推論式的一般者の一形態であり、時間は形式化された推論式的一般者として理解することができる。そのように理解するならば、時間一般は、推論式的一般者の述語面を表し、現在は、その一般者の主語面的特殊化として、変ずるものであり、過去や未来は、推論式的一般者にとっての抽象的一般者として、大語面を表す。判断的一般者においで抽象的一般者が、場所としての判断的一般者の限定されたものであったように、過去としての大語面はすでに限定された時間・推論式的一般者として抽象的一般者であり、未来は現在を超えてこれから限定されて行かなければならない時間・推論式的一般者の抽象的一般者を表している。付け加えると、推論式的一般者における抽象的一般者とは、判断的一般者に匹敵する。というのも、推論式的一般者とは、判断的一般者を包む判断的一般者の一般者に他ならないからである。(27)

前に云つた如く単に超越的述語面が矛盾的統一面となると云ふのみにては、過去と未来との区別は出て来ないかも知らぬが、かゝる統一面が推論式的一般者に於ける媒語面と考へられた時、大語面より小語面への傾斜即ち過去より未来への傾斜を考へ得るのである。大語面との合一によつて推論式的一般者を限定しようとする媒語面は何処までも小語面への結合を要求する、即ち現在へ向かつて進み行かねばならない、而して現在を越えて限りなく大語面的に限定し得ると考へられる行先が未来と考へられるのである。此の如く大小媒の三語面の対立と関係を含む推論式的一般者の媒語面的限定として、はじめて真の時といふものが考へ得るのである(28)。

第五節　推論式的一般者と自覚

最後に、推論式的一般者と自覚との関係について考えなければならない。そのことは同時に自覚と時間との関係について考察することでもあるだろう。推論式的一般者が自覚的であることに関しては次の言明がある。「推論式的一般者に於ては、その述語面が既に自覚的限定の意義を有つて居るのである(29)」。前に、判断的一般者が自己同一的な個物を内に含む具体的一般者と理解されたときに、概念的一般者の特殊をさらに矛盾的限定によって特殊化して個物を成立させ、そのことによって概念的一般者の枠を破って超越的述語面を開放し、その超越的述語面の限定として判断的一般者を確定したのは、純粋統覚の自覚であった。推論式的一般者が判断的一般者を内に含んで拡張された具体的一般者であるかぎり、推論式的一般者と自覚との関係は、依然として純粋統覚の自覚との関係を内包していなければならない。自覚に関しては、推論式的一般者についても、同じことが繰り返される。「私の表象に私が考へるといふことが伴ふといふことによつて我々の経験界が概念的に限定せられるのである。(中略) 前に具体的一般者の根柢となる一般者が積極的に限定せられない時、変ずるものの概念が成立すると云つたが、非合理的なるものを包む一般者とは我の概念でなければならぬ、非合理的なるものの連続の根柢には我の連続がなければならぬ、我の概念が限定せられるかぎり、非合理的なるものが概念的に限定せられるのである(30)」。

具体的一般者を判断的一般者から推論式的一般者に拡張することによって、純粋統覚の自覚と具体的一般者との関係は、いっそう分節化されるだろう。いかなる意味において自覚が超越的述語面を一つの具体的一般者として限定するのか、また、その自覚がなぜ純粋統覚の自覚であるのかを、いっそうよく理解させるだろう。時間を媒語面とする推論式的一般者は、大きく二つに分けることができる。一つは、演繹的一般者であり、他の一つは帰納法的一般者である。演繹的一般者とは数学や形式的論理学がそうであるような、ア・プリオリな演繹体系である。そこでは、推論式的一般者の媒語である時間が有効な意味を持ち得ない。「主語面と述語面とを繋ぐ媒語的なる『時』は、云はば過、現、未が一点に合した『時』である(31)」。あるいは、「その『時』が過、現、未の傾斜なく、いつも現在と考ふべきものである(32)」。ここでは、大語面と小語面とが時間の媒介を必要とせずに直接結合することができるからである。

これと反対に、経験的知識においては、大語面と小語面とは分裂していて、大語面によって小語面を直接限定することは不可能である。そこで、大語面は媒語面である時間といっしょになって小語面を現在において限定しようとする。しかし、限定し尽くすことはできない。なぜなら、「厳密なる時の形式に於ては、現在は無限に達することのできない一点でなければならぬ」からである(33)。経験的事実に関しては、推論式的一般者は常に帰納法的一般者にとどまる。媒語面を伴った大語面に対して、小語面は、限定され尽くせないものとして、超越している。小語面は、大語面が未だ合理化して内に包むことのできない非合理的なものとして残る。「併し推論式的一般者が自己自身を表す媒語面を矛盾的統一面として限定した時、それは大語面的であつて尚判断的一般者の域を脱却し得ない、独立的小語面を含むと云はれない。小語面としての現在は何時までも達することのできない数学的点といふ如きものに過ぎない(34)」。しかし、推論式的一般者は、大語面からではなくて、小語面を基礎として考えることができる。「即ち小語面の中に媒語面を含めることによつて、推論式的一般者を限定することができる(35)」。しかも、帰納法的演繹を特徴とする推論式的一般者においては、小語面的限定こそがその本質を表しているのである。「併し判断的一般者と区別せられる推論式的一般者の自己限定としては、寧ろ小語面的限定に重きを置かねばならない。小語面が基礎となることによつて、推論的一般者の積極的内容が明にせられるのである。帰納法に於ては特殊なるものが媒語となるのである、現在の内容によつて時の内容が定まるのである」[36]。

ここで、カントにおいて対象世界を客観として成立させている、意識一般について考えてみよう。西田は、我々が自然と呼ぶ客観的対象世界が、推論式的一般者の大語面的限定によって成立すると理解し、さらに、この大語面的限定を意識一般の対象世界の構成と同一視している[37]。そればかりではなく、「意識一般的自己の自覚が小語面的に自己の内容を限定すると共に大語面的に客観的世界を限定するのである」[38]。客観的世界が大語面的限定によって成立することと自覚としての我の成立と間に西田はどのような関係を見ているのだろうか。大語面が、媒語面である時間と結合して小語面を限定し、客観的対象世界が構成されるとき、小語面との接触点である現在は、数学的点のようなそれ自身は内容を持たない現在である[39]。ベルクソンの表現を借りるならば、等質的で、同時性を表す、持続しない、空間化された等質的時間である。しかし、すでに見たように、このように大語面的に限定された同じ推論式的一般者を、小語面を基礎にして把握し、逆に、小語面が大語面を限定していると理解することもできる。しかも、この理解の方向こそが、推論式的一般者を判断的一般者から区別する特徴でもあった。そうすると、大語面を客観的世界の構成者である意識一般として限定しているのは、数学的点のような物理的現在として自己を限定している小語面ということになる。この小語面を西田は、自己を意識一般と自覚している認識主観と理解する。「厳密なる時の形式に於ては、現在は無限に達することのでない一点でなければならぬ、即ち小語面は無内容なる一点と考へられるのである。此の如き一点を包む自己意識は誰の自己意識も同一でなければならぬ。之に反しか丶る小語面を、自己同一として之を内に包む推論式的一般者は、か丶る主観の対象界を包むものでなければならぬ、か丶る超越的述語面が所謂意識一般と考ふべきである。意識一般が自覚的意識と考へられる所以は、無内容なる一点とは云へ、尚小語面を基礎として考へられる故である」[40]。

推論式的一般者の超越的述語面の底に無限に深く超越する「私」を自覚によって限定するとき、その限定された述語面が、意識面として、推論式的一般者の超越的述語面を決定し、具体的一般者を客観的対象世界として成立させる。この場合の自覚とは知的自覚を意味し、したがってその自覚によって限定される「私」は、認識主観としての知的自己である。自覚にはその深さによってさまざまな段階があり、知的自我は、むしろ自我の表層的なあり方に過ぎない。自我のさまざまなあり方については、自覚的一般者の諸限定を見なければならないが、そのような自我にしても、さらに深い叡智的一般者の世界の影、すなわち自覚的一般者の限定する意識面に映った影に過ぎない。ともあれ、推論式的一般者の超越的述語面は知的自己の自覚によって限定され、また、知的自己であるかぎりでの私は、推論式的一般者が成立することによって、「ある」のである[41]。

注

(1)〈西田幾多郎全集〉第五巻、岩波書店、一九七九年、一二三頁。
(2)同書、一八〇頁。
(3)同書、四五一頁。
(4)〈西田幾多郎全集〉第四巻、岩波書店、一九七九年、三三〇頁。
(5)同書、二二九頁。
(6)後に見るように、西田哲学のおいては、個物が実在として成立することと、すべての個物として、個物の外延が画定することとは同時であり、同じことである。
(7)〈西田幾多郎全集〉第四巻、前掲書、一九二―一九三頁。
(8)同書、一九七頁。

(9) 同書、一九六頁。
(10) 同上。
(11) 同書、一九八頁。
(12) 同書、三四五頁。
(13) 同書、一九六頁。
(14) 同書、一九九頁。
(15) 同書、一九九―二〇〇頁。
(16) 同書、三二九頁。
(17) 同書、三二四頁。
(18) 同書、三三一頁。
(19) 同書、三三二頁。
(20) 同書、三三三―三三四頁。
(21) 具体的一般者については「知るもの」の「三」に詳しい考察がある。
(22) 〈西田幾多郎全集〉第四巻、前掲書、三三七―三三八頁。
(23) 同書、三三八頁。
(24) 同書、三二九頁。
(25) 同書、三四三―三四四頁。
(26) 〈西田幾多郎全集〉第五巻、前掲書、七頁。
(27) 同書、三八頁。「推論式的一般者に於て大語面なるものは、その限定として判断が成立する判断的一般者といふ如きものでなければならぬ、而してそれは推論式的一般者の超越的述語面の抽象的限定面と考ふべきものである」。
(28) 〈西田幾多郎全集〉第四巻、前掲書、三六六―三六七頁。
(29) 〈同全集〉第五巻、前掲書、六頁。
(30) 〈同全集〉第四巻、前掲書、三七三頁。また、同巻、三七六頁、「私が意識するといふ意識は却つて右の如き一種の超越的述語面として考へらるべきものでなければならぬ、私といふのは超越的述語面が自己自身を限定する場合に云ひ得るのである」。
(31) 〈同全集〉第五巻、前掲書、二一七頁。

(32) 同書、五六頁。
(33) 〈西田幾多郎全集〉第四巻、前掲書、三八二−三八三頁。
(34) 同書、三六七頁。
(35) 同書、三六四頁。
(36) 同書、三六七頁。
(37) 〈西田幾多郎全集〉第五巻、前掲書、三九−四〇頁。
(38) 同書、四〇頁。
(39) 〈西田幾多郎全集〉第四巻、前掲書、三六八頁。「その小語面との接触点即ち所謂現在が数学的点の如きものである場合は、物理作用の如きものが成立するが、現在が延長を有つ時、即ち小語面が小語面自身の内容を有つに従つて、大語面的限定の物理的作用が合目的的作用の意義を有つて来る。かゝる作用を逆に小語面の方から見て、小語面が時を含むと考へるならば、意味を担ふ作用、所謂意識作用といふものが考へられるのである」。
(40) 同書、三八二−三八三頁。
(41) 同書、三七八頁。

第五章　自覚的一般者とデカルトのコギト

「我あり」として自己の於いてある場所が自覚的一般者である。自覚的一般者とはどのような一般者なのか。前章で、個物を限定する判断的一般者とその判断的一般者をさらに限定する推論式的一般者について見てきた。個物と「我あり」の我としての自己とはどのような関係にあるのか。また、自覚的一般者は、推論式的一般者と同じように、判断的一般者を一般者の一般者としてさらに限定するが、その推論式的一般者と自覚的一般者との関係はどのように考えたらよいのか。ある意味では同じものなのか。というのも、すでに見たように、推論式的一般者の小語面は自己の限定面として、すでに、自覚的な性格を帯びているからである。

実際、自覚的一般者には曖昧な性格がつきまとう。その最も曖昧な点は、自覚的一般者が、一方では、意識面として独自の内容を持った自己の主観的内面性を規定して、判断的一般者の規定する客観世界と対立しながら、他方では、一般者の一般者として、判断的一般者を包んで拡がる超越的述語面の自己限定として考えられていることである。最も困惑させられるのは、自覚的一般者の限定面が二面性を持つ点である、一方では自己の内容として自覚的に限定されていると同時に、他方では、客観的な自然界を意味する判断的一般者によっても限定されているという、自覚的一般者の限定面の二重性を目の当たりにするときである。一見すると、自覚的一般者は、判断的一般者を包むより広い一般者でありながら、判断的一般者によって限定されるかぎりで判断的一般者を包みきれないより狭い一般者という矛盾した概念規定を受け取らざるを得ないようである。

これら、推論式的一般者との関係を含む、自覚的一般者の複雑な性格は、自覚的一般者が実は、さらに広く深い一般者である意識一般、言い換えれば、知的叡智的一般者の抽象的（ノエシス的）限定面であることが明らかになることによって理解可能となる。また、推論式的一般者と自覚的一般者との錯綜した関係にしても、判断的一般者が、自覚的一般者とは異なる意味ではあるが同じく、意識一般すなわち知的叡智的一般者の抽象的（ノエマ的）限定面であることによって、解きほぐすことができる。

さらに、意識一般がそうである知的叡智的一般者にしても、叡智的一般者の表層的な限定面に過ぎない。しかし、叡智的一般者そのものの考察と叡智的一般者から絶対無へと、その核心である内的生命の深い流れへと考察を進めていくことは、本章の課題を越えることである。

第一節　超越的述語面の自己限定としての「我あり」

個物は判断的一般者の自己限定において与えられる。もし実在するものが、主語となってもはや述語とはならない個物であるならば、実在するものはすべて判断的一般者に於いてあるものとして存在しなければならないだろう、すなわち判断の対象として概念的に規定され得るものとして存在しなければならないだろう。物の存在についてはそれでよいとして、私すなわち自己の存在についてはどうか。対象的世界と私の存在とが存在論的に性質を異にすることは、デカルトが「第一省察」において欺く神である悪霊までも動員して世界のすべてを、世界の存在さえも疑った後、「第二省察」の冒頭において、その懐疑にもかかわらず、むしろその懐疑の故に、すなわち私が何かを思惟しているかぎり、私は存在すると言明したとき以来、確定した事実である。このコギト体験の持つ特権性を尊重するかぎり、私の存在は、判断的一般者に直接に於いてある個物という存在の仕方では考えることができない。判断的一般者に於いてあるものは、知られるものであって、知るものではない。自己とは知るものであって、知られる自己は真の自己ではない。知るものを、知るものとして知ることが自覚である。自覚は判断的一般者の個物的限定としては不可能である。そのようにして見出される自己は、知る自己ではなくて知られた自己であり、すでに知る自己を前提している。

概念的一般者を最後の種差にまで特殊化し、それをさらに、私が考える、私の表象であるという純粋統覚の特殊化による矛盾的統一にまで推し進めると、主語となってもはや述語とならない個物に達する。個物とは述語的に統一することができないという意味で述語を超越した超越的主語である。と同時に、主語面と反対の方向に、述語となってもはや主語とはならない、言い換えると、主語的に統一することのできないという意味で主語を超越した超越的述語面が現れる。ここで「面」というのは、主語方向に無数の個物が成立するからである。この超越的述語面こそ主観性を規定しているものである。「知るものと知られるものとの関係は、判断の述語と主語との関係に外ならない。何等かの意味に於て主語的なものが述語面に於てあるといふことが、知るといふことである。知られるものが知るものに対して外的と考へられるのは、自己自身を限定した述語面の外にある故である、而もそれが又知るものに於てあると考へられるのは、超越的述語面に於てあるからである」(1)。超越的述語面とは意識面であり、そこに無数の知るものが見られるのである。

知るということに限定して言えば、デカルトのコギトは、「私は思惟することを思惟する」(cogito me cogitare)であるかぎり、知ることを知る、あるいは少し不正確になるが、知るものを知るということであり、これはまさしく自覚を意味する。「意識を意識するとか、知るものを知るとかいふことは、超越的述語面が自己自身を限定する（場所が場所自身を限定する）といふことから考へられるのである。無論、我々は所謂一般概念を限定するといふ意味に於てかゝる限定を考へることはできぬ。かゝる限定の意義を現すものは我々の自覚の意識であるのである」(2)。西田はデカルトのコギトを超越的述語面の自己限定として考察していく。

しかしながら、自覚の意識がそうである超越的述語面の自己限定は、述語的限定ではあるが主語的なものがないわけではない。さきに、超越的述語面が主語に対して超越していて主語的統一を受けないと言われたのは、外に、対象的方向に、主語を持たないということである。超越的述語面は内に、すなわち超越的述語面の底に、超越的主語を持つのである。超越的述語面が主語面に対して超越しているという意味は、対象的主語に対して超越しているということであって、内在的な主語に関しては、それを自己の内に含んでいるのである。

判断の主語的方向に於て何等かの意味に於て主語的統一が成立するかぎり、対象的知識が成立するのであるが、主語的方向に於て主語的統一として成立せないとき、即ち主語的なるものが超越的となつた時、我々の自覚の意識が成立するのである。前には之を単なる述語的限定と云つたが。それは主語的なるものがないといふことを意味するのではない、特殊を含まない一般は一般とは云はれない、唯、述語面の底に無限に深い超越的主語を含むといふことである。意識作用から云へば、無限に深く自己の中に自己を志向すると云ふことである、対象として考へられない対象が自己である。(3)

私があるという自覚は、超越的述語面がその底に主語的統一を見ることによって成立する。超越的述語面の自己限定は、その底に内在的に超越する主語的統一によって、自覚において成立する。概念的認識は一般者が主語的に統一されることによって成立する。外的に統一されるかぎりにおいて、対象的外部知覚的認識が成立する。内的に統一されるかぎりにおいて内在的内部知覚的認識が成立する。判断的認識の場所である超越的述語面が自覚によって限定されるならば、自覚は概念的認識の根底にあると言える。「一般者が自己自身を限定するといふことは、何等かの意味に於て自己自身の中に主語的統一を見ることである。主語的有を意味するものが見られるかぎり、その一般者は限定せられたものとして、之に於て概念的知識が成立するのである。判断的知識は述語的一般者の限定によつて成立すると考へるならば、我々の知識は実に『私がある』といふことから始まるのである[4]」。

「私がある」ということが我々の認識の根本にある。この事実は、デカルトが「第二省察」において、精神の方が物体よりも容易に知られると主張することによって、論証しようとしたことであり、また、「第三省察」において私があるという私の存在の知られ方を問題にし、私の存在の知られ方である明晰判明性を、神の存在によって保証することで、真理一般の基準へと普遍化するとき、念頭に置いていたものである。ただし、本書第Ⅱ部の第二章ですでに触れたように、西田の指摘に従えば、デカルトは自覚「私は考える」をノエマ的に捉えて実体化し、対象化した。

ここまでは、自覚は、超越的述語面の主語的統一として理解されてきた。言い換えると、超越的述語面から、超越的述語面によって、我ありの自覚が定義されている。すなわち、超越的述語面が、判断を可能にしている判断的一般者を裏側から、言い換えると客観的対象世界とは反対の意識界から見たものであるとすれば、超越述語面から出発してなされる自覚の定義は、概念的な自己の把握に基づいている。しかしながら、西田にとって真の自己は概念的理解を絶している。

私の超越的述語面といふものは、自己の中に無限に深い主語的統一を見るものである、自ら無にして而も自己の中に自己を限定するものである。超越的述語面といふのは判断的限定の立場から考へられたものであるが、我々の真の自己といふのはかゝる一般者を越えてあるものである。（中略）自己の内容が限定せられるかぎり、何等かの意味に於てそれが概念的知識への関係を有つと考へ得られるであらう。併し我々の真の自己は何処までも深い所にある、それは主語的統一の意味を絶したものである、故に意志するもの、否、自己自身を見るものが真の自己である。真の自己は概念を絶した世界に於て住むのである、主語的統一の成立せない世界に於てあるのである、而してかゝる世界が我々に最も直接な世界である。（中略）知的対象の世界は真に我々の住む世界の表面に過ぎない。(5)

デカルトのコギト体験が直観なのかそれとも推論なのかは、デカルト解釈上の議論の一つである。直観説が優勢であるとしても、ゲルーやベイサードのように推論説に好意的な意見もある。しかし、西田にとっては、概念的知識は「弱き直観」に過ぎなかったから、(6)この議論は大して意味のあるものとは思われない。自覚としての直観がいかにして可能なのかという問題の方が遥かに重要である。コギト体験は、盤石の学の体系を築くアルキメデスの一点として問題の解決であるよりは、西田にとって、また、ビランやアンリにとっても、コギトこそ解決しなければならない問題なのである。また、西田はデカルトのコギトについて、「デカルトの自覚は知的自覚であったと云ひ得る」と述べている。(7)西田哲学において、自覚は単に知的自己の自覚にとどまらず、情的自己の自覚、意志的自己の自覚と、三段階に秩序づけられた自覚がある。「真の自覚」は意志的自己の自覚である。意志的自己こそ自覚的一般者に直接於いてあるものとして、判断的一般者における個物に当たるものである。他の知的自己や情的自己は、自覚的一般者の限定面である抽象的一般者に於いてあるものである。判断的一般者との比較で言えば、意志的自己が個物であるならば、情的自己や知的自己は、意志的自己を物として超越した主語と見たときの部分的抽象的述語づけに過ぎない。確かに、デカルトも「第二省察」と「第三省察」において、我思うという思惟をさまざまな様態として考察している。単に狭い意味での「私は考える」だけではなく、想像する、感覚する、意志する、なども思惟の取る様態としてコギトの内に数えている。しかし、西田の理解においては、これらの思惟の諸様態は、「根本的な自覚」である意志的自覚が知的自覚として限定されて覚知されたときの意識面に映るその影に過ぎない。このことは後で触れるつもりである西田の独特の現象学的志向概念の理解につながる。すなわちノエシスとノエマの関係を、西田は超越的述語面における主語述語関係として、言い換えると、一般者の一般者とそれに包まれる一般者の関係として読み替えていくのである。

しかしながら、西田の「我あり」の議論に関しては、すなわち、自覚的一般者に関しては、事態を複雑にし、混乱を招く事柄がある。それは自覚的一般者そのものが、さらにそれを包む一般者に於いてあり、しかも、自覚的一般者はその一般者の抽象的限定面に過ぎないという事実である。上で、意志的自己の自覚を「真の自覚」ないしは「根本的自覚」と記してカギ括弧を付したのは、意志的自己において自覚的一般者がそれを包むさらに広く深い叡智的一般者に接しているからであり、直に裏打ちされているからに他ならない。自覚的一般者における自覚は、すべて自覚的一般者が限定する意識面に映った叡智的一般者に於いてある自己の影、映像に過ぎない。意志的自己も、超越的述語面において把握された叡智的自己の、行為的自己の概念的影に過ぎない。

第二節　推論式的一般者とコギト

西田の理解に従えば、「私がある」のコギト体験は、超越的述語面の直接の自己限定に基づいている。超越的述語面とは、もはや主語的統一の成立しない、述語的統一のことであった。しかし西田は、「主語的統一が成立せない述語的統一とか云つても、私は主語的なものがないと云ふのではない。述語面が自己自身を限定すると云ふことは、自己の内に主語的なものを見ることである、述語的なるものはいつも主語的に自己を限定するのである[8]」と述べる。述語的なものにはいつも主語的なものがある。さらに、その主語的なものの中には、いわゆる判断の主語として、概念的一般者によって限定することのできないものがある。我々はそのような主語の例をすでに一つ知っている。個物と言われるものがそうである。個物は概念的一般者の限定をさらに特殊化したものとして、すでに概念的一般者を破っている。その意味で概念的述語面を超越しているのである。しかしながら、個物は判断的一般者の自己限定であるかぎりで、自己自身に還った具体的一般者として、すなわち、主語面が述語面となった自己同一的なものとして、超越的述語面に於いてある。これが自覚の始まりである。「自己同一なるものは超越的述語面自身の限定として、自己自身を媒介するものの端緒を開くのである。超越的述語面たる自覚的意識は、先ず自己同一なるものとして自己を媒介して自己を限定するのである[9]」。

個物を超えてさらに個物的な私は、超越的述語面における自己同一を超えて、これを破って超越的述語面の底深く没していく。述語面を「私がある」という仕方で主語的に限定することは、述語面の内に主語的なものを見ることである。「無限に深い超越的述語面は、自己の内に所謂判断の主語として限定できない、無限に深い主語的なものを見るのである。『私がある』といふことも、かゝる意味に考へれば、一種の主語的限定といふことができる[10]」。しかし、無限に深いものを見る超越的述語面の主語的限定によって見られる私は、私の影に過ぎない。私とは主語的統一として成立せないものを主語とすることによつて、自己自身を限定する超越的述語面の直接なる自己限定として考ふべきものである。自己同一なるものに至つて、主語的なるものが超越的述語面に撞着したと云ひ得るであろう。併し「私」といふのはかゝる自己同一なるものを内に包んだものである。自己同一なるものに於ては、主語と述語とが合一すると考へることができるも、尚述語的に限定されると考へることができる。「私」

の意識に於ては、唯自己の中に自己同一なるものを見るのみである。抽象的一般者に於ては、外に超越的なるものを見、自覚の意識に於ては、内に超越的なるものを見るのである。自己自身の中に自己の影を見るのである、自己自身の影を自己の中に映すことによって自己を限定するのである(11)。

しかも、このような、自己の中に自己の影を見る超越的述語面の自己限定によって、判断的一般者のみならず、推論式的一般者も成立する。言い換えれば、概念的知識の世界が可能になるのである。「述語面の主語的限定の極限として、か丶る自覚的限定が成立するかぎり、尚概念的知識の世界が構成せられるのである。我々が判断的一般者を越えて、尚推論式的一般者に於て成立する概念的知識の世界を有し得るのは、か丶る限定に基づくのである(12)」。ここで、すでに第Ⅱ部第四章で見た推論式的一般者に、もう一度帰ることにしよう、そして自覚的一般者との関係を考察することによって、推論式的一般者について、いっそう判明な理解を形成できるよう努めよう。

推論とは、形式的に言えば、判断と判断とをつなぐものである。したがって、推論式的一般者があるとすれば、それは、判断と判断とをつなぐために判断について判断するものの於いてある場所でなければならない。それは、判断の判断として、判断的一般者をさらに包む一般者である。ところで、判断するとは知ることである。判断の判断として判断的一般者を包む推論式的一般者とは、知ることを知ることの成立している場所である、知るものの於いてある場所に他ならない。知ることを知るとは自覚することである、自覚の一様態としての知的自覚である。コギトが「私は私が考えることを考える」という自覚であるならば、同じ言葉で表されている「考える」の意味は、定式の最初の「考える」と、後の「考える」とでは意味が存在論的に異なっているのでなければならない。デカルトの方法的懐疑が証明するように、最初の考えるは、たとえば判断的知識として、なお疑い得るのである。しかし、後の「考える」に関しては、それがコギト体験であるかぎりにおいて、決して疑うことができないものでなければならない。これはアンリが、デカルトの「見ているように私に見える」(videre videor) においてコギトの解釈を遂行して、明らかにしたことである。(13) 西田はすでにこの存在論的差異に気がついていた。西田はこの差異を、於いてある場所の違いとして把握する。「自覚といふのは考へることを考へることであると云つても、前の考へると云ふことと次の考へるといふこととは異なつた意義を有たねばならぬ。同じ意義の考へるといふことを、幾度重ねても新たな意義は出てこない(14)」。西田はこの存在論的差異を場所の違いとして捉えた。判断的一般者とそれを包む推論式的一般者の違いがそれである。というよりもむしろ西田にとっては、自覚があるから推論が可能なのである。自覚があることによって推論式的一般者が成り立ち、その推論式的一般者の限定面として判断的一般者が成立するのである。論理の根本には自覚がある。

このような自覚と推論式的一般者との関係を明らかにするのが次の引用である。すでに第Ⅱ部第四章で見てきたことであるが、推論式的一般者においては、対立する小語と大語とが媒語によって結合されて一つの一般者が形成されたことを思い出そう。

> 小語的なるものと大語的なるものとが、相対立し、小語的なるものが直に大語面に於てないと考へられることによつて、推論式的一般者が判断的一般者から区別されるのである。然らざれば、主語が直に述語的一般者に於てあるものとして、判断的一般者と異なる所はない。推論式的一般者に於て主語的意義を有する小語的なるものは、単に主語となつて述語とならない個物的意義を有するのみならず、所謂主語的統一として成立せないと云ふ意義を有するものでなければならない、超越的述語面の直接なる自己限定の意義を有するものでなければならない。即ち自覚的意識に於てあるのでなければならない。逆に云へば、自覚的意識といふものがあつて、超越的述語面が反省せられ、之によつて推論式的一般者といふ如きものが構成せられるのである。(15)

推論的一般者の小語的なものは超越的述語面の直接の自己限定として、自覚を意味する。そして、推論式的一般者において重要なものは大語面ではなくて小語面である。「普通には推論式の根柢を大語面に置いて考へるのであるが、然考へるならば、推論式は一種の循環論証と云はれても致方なく、判断的一般者の形に萎縮する外はない。推論式を基礎付ける真の一般者は、小語面的に自己を限定する直覚面でなければならぬ[16]」。この場合の直覚面とは、「超越的場所其物の直接限定として自覚面といふものが成立する[17]」と言われるときの、その自覚面である。なぜ推論式的一般者においては、小語面が大語面を基礎づけると考えられなければならないか。それは大語面が、「推論式的一般者が小語面的に、即ち主語的に自己自身を限定することによつて現れる述語面的限定でなければならぬ、超越的述語面の抽象的限定面[18]」であるからに他ならない。「それで推論式的一般者は直接に小語面的に自己自身を限定することによつて、間接に大語面的に自己自身を限定すると云ふことができる。推論式的一般者は小語面的に自己自身を限定するのであるが、その内容が大語面的に限定せられ、媒語的なる『時』に於て限定せられなければならない。推論式的一般者の内容は時間的に自己を限定して行くのである[19]」。推論式的一般者は小語面的に限定した自己の内容を、時を媒介にして、大語面において展開する。そのことによって我々の自然界は成立するのである。「自覚的意識によつて小語面的に内容が限定せられると共に、之に対して大語面的なる対象界が成立し、嘗て『知るもの』に於て論じた様に、媒語的なる『時』によつて推論式的一般者が自己の内容を発展するのである。我々の世界と考へるものは斯くして成立する推論式的一般者の内容である。我々の自己といふのは見る眼といふ如きものであり、世界は『時』によつて自己自身を顕現するのである[20]」。

第三節　自覚的一般者と知的叡智的一般者（カントの意識一般）

これまで推論式的一般者と自覚的一般者との関係を見てきた。推論式的一般者の根底をなす小語面が自覚的一般者によって裏打ちされて、初めて、推論式的一般者は可能となる。しかしながら、その自覚的一般者がさらにカントの意識一般を予想しているとなると、自覚的一般者の理解のみならず、それに基礎づけられている推論式的一般者の規定も、いっそう広い視野のもとで見通されなければならない。次の引用がその問題を提起する。

然るに推論的一般者に於ては、小語面的なるものは自覚的限定によつて与へられたものとして、小語面は超越的述語面即ち場所の直接の限定面と考へられ、小語面と大語面とが対立するのである。かゝる推論式的一般者の限定に於て、その大語面的方向即ち所限定面的方向に限定せられたものが客観的世界と考へられるものであつて、かゝる客観的世界が推論式的一般者の場所（超越的述語面）即ち能限定面によつて限定せられたるものとして、範疇的に限定せられたものと云ふことができる。範疇的限定とは推論式的一般者の場所其者の限定を意味するのである。而してかゝる場所其者の限定が述語的限定として自覚的限定と考へられるが故に、認識主観の自覚的限定と考へることができる。意識一般的自己の自覚は小語面的に自己自身の内容を限定すると共に大語面的に客観的世界を限定する。(21)

意識一般的自己は、範疇的に自己を限定することによって自覚する。ところが、範疇的に限定することは、推論式的一般者の場所そのものを限定することに他ならない。推論式的一般者の後ろに自覚的一般者があり、自覚的一般者の後ろに意識一般がある。さらに次の引用は、意識一般が、叡智的一般者の限定面に他ならない知的叡智的一般者であることを告げる。

後の論文によつて明になる如く意識一般的自己といふのは知的叡智的自己といふべきものであつて、その意識面といふのは叡智的一般者の限定面と考へられるものである。か丶る意識面に於てはノエマ的限定とノエシス的限定とが対立し、そのノエマ的限定の極限に於て判断的一般者といふものが考へられるのである。推論的一般者といふのは判断的一般者の中に於て既に自覚的限定の意義を含んだものである、意識一般的自己の意識面を有つたものである。故に既にノエシス的なる小語面とノエマ的なる大語面とが対立し、小語面の底に於てノエシス的限定面たる自覚的一般者によつて限定せられた意識界に連結すると考へることができる。併しそれは尚広義に於ける判断的一般者に属するかぎり、意識一般的自己の意識面から自覚的限定の意義を除去したるものとして、そのノエマ面が推論的一般者の場所と考へられるのである。

小語面といふのは、推論式的一般者に於てあるものとして、無論ノエマ的面であるが、場所其者の直接の限定として、一面にノエシス的限定の意義を有つて居るのである。故に自覚的限定によつて裏付けられ、自覚的限定の意識を有つといふのである。(22)

ノエシス、ノエマについては、すでに触れたように、大まかに言えば、自覚的一般者に於いて限定される意識面で主語述語の関係に当たるものを、西田はノエシス—ノエマの関係で表現している。判断的一般者で言えば主語に当たるものが、また、推論式的一般者で言えば小語面に当たるものが、ノエシスであり、判断的一般者の述語や推論式的一般者の大語面に当たるものがノエマである。自己の内容を限定する自覚的なものがノエシスであり、そのように限定された内容を表すものがノエマである。判断的一般者の「これは猫である」では、「これ」は主語であり、「猫である」は述語である。これに対して、自覚的一般者にあっては、「我輩は猫である」として、主語の我輩が、自分を「猫である」と限定するのである。猫として自覚するのである。その自覚の内容が、「猫である」という述語として表現される。

このノエシス―ノエマに関する西田独特の用語法は、西田哲学とフッサールの現象学との接点と相違点とを同時に示すとともに、一方で、後期西田の鍵概念である弁証法的一般者の二つの契機、個物的限定と一般的限定へとつながる可能性を覗わせるが、このことに関しては後に考察の機会を待つことにして、上の引用で、今、我々の関心を引くのは、推論式的一般者とは、意識一般からその自覚的限定すなわちノエシス的限定の意義を除去したノエマ面であると述べている箇所である。「併しそれは尚広義に於る判断的一般者に属するかぎり、意識一般的自己の意識面から自覚的限定の意義を除去したるものとして、そのノエマ面が推論的一般者の場所と考へられるのである」。場所の包含関係で言えば、判断的一般者は推論式的一般者に包まれ、推論式的一般者は自覚的一般者に内接し、自覚的一般者は、本章の第一節で見たように、意識一般すなわち知的叡智的一般者の限定面である。上の引用箇所は、自意識一般的自己の自己限定からその自覚的意義を無視すれば、あるいは、別の西田の用語を使って、極小にすれば、狭義の判断的一般者を含む広義の推論式的一般者が、意識一般的自己のノエマ面として残ると、言っているのである。判断的一般者に於いて客観的自然界が見られ、自覚的一般者に於いて意識界が成立している考える西田にとって、客観的世界とは、意識一般すなわち知的叡智的一般者のノエマ面に他ならない。

そして、自覚的一般者の限定する意識面とは、意識一般すなわち知的叡智的一般者のノエシス面、それも抽象的なノエシス的限定に他ならない。ここに我々は、この章の冒頭で述べた、『一般者の自覚的体系』に見られる自覚的一般者についての矛盾した記述ついて、納得いく説明の端緒を期待することができる。自覚的一般者は、判断的一般者を超えてそれを包む超越的述語面の自己限定として判断的一般者より広いより深い一般者であるべきであるのに、他方では、判断的一般者に於いてある客観的世界から逆に限定され、影響を受ける存在でもある。次の節で、西田の身体論に見るように、我々は感情という仕方で、まず何よりも身体という仕方で、客観的世界を被っているのである。なぜこのような矛盾を自覚的一般者は抱えているのだろうか。

この矛盾は、西田哲学の思索の方法から生まれる見せかけの矛盾である。西田哲学は処女作の『善の研究』に如実に示されるように、純粋経験が体現する意識の統一を、小さい統一から出発して、それが対立によって破れ、その破れをさらに大きな統一によって包括するという仕方で、拡大発展するものとして捉えている。後期の、底の方から、あるいは裏の方から、絶対無の方から現実を把捉する方法を採らないかぎり、我々の今の関心である中期のように、表から、すなわち自覚を手がかりに判断から行為へと反省の道を進めるかぎり、実在の真の解明は常に反省が今明るみに出した一般者よりもさらに広い一般者に先送りされる。反省が先に進んで初めて前の事柄の真の意味が明らかになるという、反省の構造がある。今の我々の問題に即して具体的に言うと、自覚的一般者の本当の姿は、自覚的一般者がその抽象的限定面である知的叡智的一般者の解明を待ってしか見えてこないということである。もっとも、知的叡智的一般者にしても叡智的一般者の抽象面であるかぎり、これが自覚的一般者の最終の規定というわけではないという留保は必要であるが、少なくとも、判断的一般者との包含関係で自覚的一般者が抱える矛盾は見せかけの矛盾として解決される。次の西田の『一般者の自覚的体系』第三論文第二節の初めの注記は、その点で注目すべきものである。

こゝに自覚的一般者が判断的一般者を包むといふも、厳密なる意味に於て斯く云ひ得るのではない。自覚的一般者は意識一般的自己のノエシス的抽象面として、尚完全にそのノエマ面たる判断的一般者を包むとは云へない。

真に判断的一般者を包むものは意識一般の意識面といふ如きものでなければならない。この論文では未だそれ等の区別及び関係が考へられていない。唯、ノエシスはノエマを包むといふ意義を有するを以て、斯く云つたのである。こゝでは主として判断的一般者から之を包む一般者への推移及び両者の関係を論じて居るのである。(23)

推論的一般者を含む広義の判断的一般者は知的叡智的一般者の抽象的ノエマ的限定である。抽象的ノエマ的限定と言われるのは、知的叡智的一般者は自己自身を限定して内容をノエマとして判断的一般者において、客観世界として構成するのであるが、その構成するという自覚的な限定ないしは能作であるノエシス的限定が極小化されているからである。極小化を言い換えると、自覚されないからである、ノエシス的限定・自覚が抜け落ちているからである。推論式的一般者は、狭義の判断的一般者と比べると、自覚的なものを予想させる小語面を持っている分、その分だけ、そのノエシス的限定は保持されていると言えるだろう。判断的一般者の場合とは反対に、自覚的一般者は、知的叡智的一般者の抽象的ノエシス的限定と言われるのは、自覚的一般者のノエシス的限定である自覚的限定が、その自覚の内容を展開するノエマ面において、知的叡智的一般者のノエマ面である判断的一般者・客観的世界を包むことができないからである。逆に、判断的一般者に覆われ、自然界に限定されているからである。すぐ前の引用と重なる部分もあるが、この間の事情を簡潔に述べているのが、以下の引用である。これも西田が『一般者の自覚的体系』第四論文第二節に付した注記である。

併し自覚的一般者の限定といふのは固、叡智的自己の抽象的ノエシス的限定なるが故に、単に自覚的一般者に於てあるものとしては、そのノエシス的限定が真に判断的一般者の超越的述語面に於てあるもの即ち対象的なるものを包むと云ふことはできぬ。対象界と考へられるものは叡智的自己其者のノエマ的内容といふべきものなるが

> 故である。故に自覚的一般者に於てあるものはすべて志向である。（中略）自覚的一般者のノエシス的限定は抽象的とはいへ、ノエシス的限定としてノエマ的なるものを包むといふ意味を有つて居なければならない。而もそれは抽象的限定であるかぎり、包むといふことはできない。真に包むといふ時、自覚的一般者は叡智的一般者となるのである。是に於て単に志向するのみではなく、知るといふことができるのである。自覚的一般者のノエシス的限定は抽象的なるが故に、叡智的自己のノエマ的内容たる客観的対象を自己の内容として限定することができないのみならず、却つて対象界からの限定を脱することができない。唯、そのノエシス的限定が叡智的自己其物のノエシス的限定となるに及んで、客観的対象界を自己の内容として限定するといふことができるのである。この論文の始に於ては、尚判断的一般者に於てあるものの超越によつて自覚的一般者といふものを考へて居るから、未だ此等の関係は明になつて居ない。(24)

この注記はもう一つ重要な内容を含んでいる。それは、意識の志向性についての西田の理解の仕方である。西田にとって意識とは自覚的一般者の限定面を指す。現象学の規定する意識の志向性を彼は、自覚的一般者が知的叡智的一般者の抽象的ノエシス的限定面であることから考える。すなわち、意識の志向性は、自覚的一般者のノエシス的限定が知的叡智的一般者の抽象的ノエシス的限定であるが故に、知的叡智的一般者のノエマ面である客観的対象世界を包むことができない、それに達することができずに、ただ、それを表象として志向することしかできないのである。意識的志向の志向対象とは、したがって、知的叡智的一般者のノエマ面にある客観的対象の影であり、影像であり、表象に過ぎない。

対象を志向する意識の志向作用そのものについても、西田の場所論は、なぜ意識は志向性として、何ものかについての意識として、常に対象を志向するのかという問いに対する答えを提供することができる。西田の自覚的一般者は意識を根拠づける一般者であるが故に、意識の志向作用に根拠を与えることができる。意識が志向的であるのは、自覚的一般者が知的叡智的一般者の抽象的ノエシス的限定であるからである。意識に志向された意味が充実されるとは、したがって、自覚的一般者のノエシス的限定をなす自覚が深まって、知的叡智的一般者にまで到り、客観的世界を構成することを意味する。判断的一般者における個物に相当するのは、自覚的一般者においては、意志的自己である。意志的自己は自覚的一般者に直接於いてあるものとして、意識面においては、最も深い自覚である。意志性とは弱められた意志である、弱き意志である。さらに意志的自己とは、知的叡智的一般者がその限定された表層面である叡智的一般者的自己を、自覚的一般者の意識面から見たものである。意志作用とは、叡智的一般者の根底をなす行為的一般者が自覚的一般者の意識面に映った影に過ぎない。

知的直観の一般者（叡智的一般者のこと[25]——引用者注記）の立場から見れば、自覚的一般者の内容と考へられるものはその抽象的限定面に映されたる叡智的自己の内容に外ならない。意識的自己の底には叡智的自己があるのである。我々の自己が意識的自己を超越すると云ふのは、抽象的自覚から具体的自覚の立場に至ることである、自己が自身の影を見るものから自己自身を見るものに至ることである。意識一般の立場といふも自己がなくなるのではない、知られた自己から真に知る自己となるのである。[26]

自覚的一般者に於いてあるものは、自覚的自己も含めて、すべて、叡智的自己そのものの影像である。判断的一般者において客観的自然は、叡智的一般者の、知的叡智的一般者の抽象的ノエマ的限定として、そのノエシス的限定を極小にしたものであるとすれば、判断的一般者そのものの限定である個物については、どのように考えたらよいのであろうか。次の引用にその答えを見出すことができる。「自覚的一般者の限定といふのは固、叡智的ノエシスの限定なるが故に、之に於てあるものは叡智的自己其者の影像であり、その限定作用は意識作用と考へられねばならぬ、之に於てあるものは意識作用によつて自己自身を限定するのである。(中略)之に反し、判断的一般者の限定といふのは固、叡智的ノエマの限定に基づくものなるが故に、之に於て自己の影像は見られない、自己は個物的なるものに萎縮するのである。判断作用とは、上に云つた如く知的直観から、見るものを除去したものと云ふことができる」[27]。

また、個物に関する同じ言明を次の引用にも見ることができる。「客観的対象界といへども、知的叡智的一般者たる意識一般の自己限定面として考へ得るのである。併しそれは自己限定作用を含まない抽象的一般者の如くに、一般的自己の限定面たるに過ぎない。之に於ては、もはや自覚的自己は成立せない、自覚的自己の代わりに、唯個物といふ如きものが見られるのみである」[28]。

第四節　身体とは何か

身体と感情について中期西田はどのように考えたか。この節では、そのことを、『一般者の自覚的体系』所収の論文「自覚的一般者に於てあるもの及それとその背後にあるものとの関係」において見ていくことにする。

これまで論じたところで、推論式的一般者を含む広い意味での判断的一般者と、自覚的一般者とは、いずれも、知的叡智的一般者すなわち意識一般の抽象的な限定面として理解されなければならない。判断的一般者については、それが、知的叡智的一般者においてそのノエシス的限定すなわち自覚的限定を除去ないしは極小にしたものであるかぎりで、知的叡智的一般者の抽象的ノエマ的限定である。他方、自覚的一般者については、自覚的一般者のノエマ的限定が、すなわち、それの自覚の内容の対象的限定が、知的叡智的一般者のノエマ的限定すなわち対象的限定を覆うに到らないという意味で、知的叡智的一般者の抽象的ノエシス的限定である。逆に言えば、自覚的一般者のノエシス的限定が、叡智的自己に裏打ちされた意志的自己の限定を超えて、自覚的一般者が叡智的一般者に包摂されたとき、自覚的一般者のノエマ面は知的叡智的一般者のノエマ面すなわち判断的一般者と合致し、知的叡智的一般者の具体的なノエマ面となる。

自覚的一般者のノエシス的限定そのものについてもここで言及しておかなければならない。自覚的一般者のノエシス限定が、すなわち自覚的限定が、知的叡智的一般者の抽象的ノエシス的限定であるということは、叡智的一般者に於いてある叡智的自己が自己自身を見ていくものであるかぎり、自己自身を見ていく叡智的自覚の抽象態が、自覚的一般者に於いてある意識的自己の自覚のあり方となる。なるほど、知的叡智的自己というのは、叡智的自己の表層として叡智的自己の形式的なものである。すなわち、自己自身を見ていく叡智的自己において未だ自己自身の内容を見るに到らないものである。自己自身を見るという叡智的自己の自覚形式を内容とする自覚である。西田がたびたび繰り返すように、一般者の形式的限定は未だ自己に固有の内容を持たず、その一般者が包むそれに先行する包まれる一般者の内容をそのまま自己の内容とする。しかしながら、今問題となっているのは、まさしく叡智的自己のノエシス的限定としての自覚のあり方であって、その自覚の内容ではないから、知的叡智的自己と叡智的自己そのものとの差異を考慮する必要はないであろう。それでは、自己自身を見ていくという叡智的自覚の抽象態として考えられた自覚的一般者の限定する意識的自己の自覚は、どのような遂行形態を取るのであろうか。自己自身を見るものの影を、影像を映し、それを見るという仕方が、叡智的自己のノエシス的限定である自覚の抽象態であり、それが自覚的一般者の自己のノエシス的限定に他ならない。

さて、知的叡智的一般者のノエマ面は、カントの意識一般の対象界として、客観的自然界である。それでは、その限定が、抽象的ノエシス的限定であるが故に、客観的自然界に至らない自覚的一般者のノエマ面とは何であり、また、それは、客観的対象界である知的叡智的一般者のノエマ面と、どのような関係にあるのだろうか。まず、関係の方から見ていくと、自覚的一般者のノエマ面は、知的叡智的一般者のノエマ面である自然界を包み得ないかぎりで、客観的対象界によって制限されている。「併し意識的自己のノエマは無論直に判断的一般者の内容たる客観的対象界ではない、意識一般の如く客観的対象界を包むとは云はれない、故にいつでもノエマ的には客観的対象界から制限せられて居る。それは単に主観的対象界と考へられるものでなければならない。併しそれが叡智的自己其物のノエシス的内容を映すものとして、所謂客観的対象界と考へられるものよりも具体的と云ふことができる」[29]。しかし他面、自覚的一般者のノエマ面は、叡智的自己の内容を抽象的に映すものとして、自然界との接触を保っていなければならない。

それでは、意識的自己に含まれるノエマ的内容とは如何なるものであらうか。意識的自己が自覚的一般者に於てあるものと考へられる以上、意識一般の内容たる所謂自然界を包むと云ふことはできない、併し意識的自己が叡智的自己を映すものと考へられる以上、之に於て含まれるものは叡智的ノエマの意義を有せねばならぬ、意識的自己の内容も自然界との接触を保つものでなければならない。元来、意識一般の内容として客観的対象界と考へられるものは、既に叡智的自己の内容として、形式的とは云へ、ノエシス的内容を有つて居なければならない、少くとも之を含み得る可能性を有つて居なければならない[30]。

知的叡智的一般者のノエマ的限定面として自然界と、その抽象面であるかぎりにおいて、接触を保持している自覚的一般者に於いてある意識的自己のノエマ的限定面とは、身体に他ならない。「真に自然を自己の内容として内に含むといふには、自然が自己実現の手段とならなければならない、自己の道具とならなければならない。自己の身体として自然が始めて自己の内容となるのである。意識的自己の内に包まれたノエマ的なるものは、身体的なるものでなければならない。我々の身体は啻に意識的自己の道具たるのみならず、意識的自己の表現とも云ふべきものである」[31]。

自覚的一般者に於いてある意識的自己は、自己の内容として、自然界を包むことはできない。意識的自己の自覚のノエマ的内容は身体である。身体は意識的自己の表現である。ここでもう一度、意識的自己のノエシス的限定である自覚に帰ってみよう。そしてそこから、改めて、身体を、意識的自己の自覚の内容のノエマ的限定として、考察することにしよう。意識的自己の自覚とは、デカルトの「我思う我あり」として、広い意味で「知ることを知る」ことである。しかし西田によれば、真に自己を知ることは、自己を愛すること、自愛に他ならない。自己を知ることは自己を愛することの抽象的面に過ぎない。

アウグスチヌスの云つた如く、自己が自己を愛するといふことは、自己がある、自己があることを知ると云ふのと同じく、自明である、すなわち直覚的である、私は寧ろ自己が自己を愛するといふことが自己があるといふことであり、自己が自己を知るといふことは、そのノエシス的内容を抽象してノエマ的に見たものに過ぎないと考へるのである。自己自身を愛せない単なる知的自己といふものは真の自己ではない。此の如き自愛的自己の直覚面から、そのノエシス的内容を除去したものが、知的自覚の直覚面となるのである。自愛的自己のノエシス的内容を除去すると共に、それは一種の身体なき自己と考へられるであらう。非身体的なる意識作用といふものを考へる時、我々は多くの場合かゝる自己を考へて居るのである[32]。

我々はすでに、叡智的一般者に於いてある叡智的自己が超越的述語面である意識面に映った影を、影像を、見るところに、意識的自己の自覚が成立することを知っている。叡智的自己の影像を意識面に見ることに存する自覚と自愛的自覚とはどのような意味で、同じ自覚的一般者の自己の自覚と言えるのであろうか。この点について西田は主題化して述べてはいないと思われるので推測すると、真の愛は、自己愛にあるのではなくて、自己を否定し他者を愛することによって自己を肯定するところにある。このアガペとしての愛は、まさしく叡智的一般者との関係において初めて可能となるものであり、そのためには自覚的一般者の底をノエシス的に破って、それを包む叡智的一般者の場所に進まなければならない。「愛に於ては、自己が自己を否定することによつて喜を得るのである。些にても自己の欲求の満足といふ意味が含まれて居るかぎり、純なる愛といふことはできない。自己を否定することによつて自己を見出す所に、真の愛があるのである[33]」。真の愛は、自己が自己自身を見ていく叡智的一般者においてしか可能ではないのであるから、自己自身ではなくて自己の影像を映し、それを見る自覚的一般者においては愛は別の形を取るだろう。というよりも、西田は、自己を愛するとは、自己の影像を見ることであると考えたのである。もっと言えば、叡智的一般者に於いて自己自身を見ていくという、そのことの影が、影像が、自己を愛するという自覚に他ならない。自愛とは真の愛の影である。

自愛をもって自覚とする意識的自己の自己限定の内容が、情意の対象界である。

自覚的一般者に於てあるもの、即ち意識的自己と考へられるものは、叡智的自己を映すものとして、自己自身を愛するものが、その限定面に於て自己自身を限定するものである。かゝる自己の限定面は、之を内から見れば、情意の対象界と考へられるものであり、之を外から見れば、身体の世界と考へられるであらう。併し我々の身体は固、外から見られるものではなく、いつでも内から見られたものでなければならぬ。意志が自然界の一部分を切り取つたものを、我々は外から見た身体と考へるのである。我々の情意的自己の内容には、知的自己から見て無限に深い或物がある、知的反省の達すべからざるものがある。知的自己から見て、それは外とも考へられるものである。併しそれは知的自己の対象としての自然ではない、自然界の何処を探しても情意的内容は見出されない。我々の情意的自己は叡智的自己の影像として、その内容は叡智的自己のノエシス的内容を映すものでなければならない、知的自己を超越するが故に、外と考へられるのである。我々の情意的自己の根柢には、叡智的自己がなければならない。自己自身を愛するものの奥底には、自己自身を見るものがなければならない[34]。

叡智的自己の影像である情意的自己の対象面すなわちノエマ面が身体に他ならない。さらに強く、身体の本質は想像的影像であるとさえ言われる。「我々の身体とは固、叡智的ノエシスの具体的限定に基礎付けられて居るものである、叡智的自己の客観的影像を映すものである（意識的自己が抽象的ノエシス的限定と考へられるかぎり、そのノエマも自己の単なる影像と云ふの外はない）。元来、我々が想像的影像と考へるものが、我々の身体の本質を成すものであり、夢に於て現れる種々の影像も我々の身体に外ならない。夢の如き想像的影像が、叡智的ノエマ的に限定せられた我々の身体的内容といふべきものである、自愛的自己の自己限定面に於てノエマ的に映された自己の反映に外ならない[35]」。

この身体的定義から、死の定義も出てくる。

我々の想像的影像から其情意的内容を減じて行けば、即ちノエシス的内容を減じて行けば、単なる叡智的ノエマの限定面に近づく、即ち所謂自然界に近づく、その極、自然界と合一する所に所謂身体と考へられるものが見られるのである。我々の身体は自然に精神的内容を入れたものではなく、我々の精神的内容から情意的内容を除去したものである。而して斯く我々の意識内容が所謂身体的限定に近づくと云ふことは、我々が漸次自己を失うことであり、その極、死に至ることである。想像から情意的内容を除去すれば、単なる記憶となる、記憶に於ては尚自己は自己を維持して居る、併し知覚に至り感覚に至るに及んで、自己は自己を失って自然と結合する。さらに感覚をも失へば、身体は単なる自然となると共に、身体といふものもなくなるのである、それが所謂死である[36]。

生きているとは身体があることである。身体とは何か。身体とは、叡智的ノエシス、とりわけ知的叡智的ノエシスの抽象的限定面である自覚的一般者に於いてある意識的自己のノエマ的限定面である。知的叡智的一般者のノエマ的限定が客観的自然であるとすれば、その抽象的ノエシス的限定のノエマ面である身体も、また、ある種の同じ自然である。西田はこの意味で身体を、「身体的自然」と呼ぶ[37]。身体も自然もともに叡智的ノエマに属している。異なる点は、身体は、「叡智的自己のノエマ的に全からざる抽象的ノエシスの内容なるが故に、未だ形式的叡智的自己の内容即ち自然の内容にも到らないと考へられる[38]」ことである。言い換えると、「身体の客観性は自然の客観性によつて基礎付けられて居るのではなく、直に叡智的ノエマによつて基礎付けられて居るのである[39]」。西田の含蓄のある言い方で言えば、「我々の身体は物質から成つて居るのではない、物質的自然と同じ物質から成り立つて居るのである[40]」。したがって、意識的自己すなわち知的叡智的自己の抽象的ノエシス的限定の直接の対象界は、そのノエマ的限定である身体的自然である。「例へば、視覚的自己に対して直接の対象界と考えられるものは、視野といふ如きものでなければならぬ[41]」。身体的自然の対象界と客観的自然界との接触面が感官に他ならない。

我々は少し上で、意識的自己の死について触れた。意識に映った叡智的自己の影像を見るという仕方で自己を愛する意識的自己は、その自己の情意的内容を、身体的自然としてノエマ的に限定する。意識的自覚的自己からそのノエシス的限定を減じ、身体的自然から情意の内容を除去していき、ついに、そのノエシス的限定が極小に達したとき、身体的限定としての自覚的自己のノエマ面は、知的叡智的一般者の抽象的ノエマ的限定に一致し、客観的自然の内に溶解する。そのとき、自覚的自己は身体を失い、同時に生を失うのである。意識的自己は自覚的一般者の限定をノエマの方に超えることによって、客観的対象界に呑み込まれて単なる自然となる、死ぬのである。これに対して、意識的自己には、自覚的一般者の限定を超えるもう一つの超え方がある。それは、ノエシスの方向に、叡智的一般者の方に超えることである。この超え方も身体的自然を失うという点では、死に他ならないが、前の死が単なる死に過ぎないのに対して、この死は、死ぬことによって生きる死である。

自覚的一般者は、知的叡智的一般者の抽象的で不完全なノエシス的限定面として、そのノエマ的限定は、身体的自然である。これに対して、知的叡智的一般者は、そのような自覚的一般者を内に含む一般者として、そのノエシス的限定は完全であり、そのノエマ的限定は客観的対象界を構成する。したがって、自覚的一般者がノエシスの方に自己を超えるならば、それは、自覚的一般者が知的叡智的一般者に含まれることを意味する。そのとき、自覚的自己は、自己のノエマ的限定である身体的自然を、知的叡智的一般者のノエマ面である客観的自然界に吸収されて、失う。しかし、単に失うのではない。ノエシスの方に自己を超越する意識的自己は、知的叡智的自己となり、そのノエマ的限定において知的叡智的一般者のノエマ面と一致し、認識主観として、客観世界を、自己の身体として構成するのである。「自己がノエシス的方向に超越して、形式的叡智的自己の立場に至る時、我々の自己は自己自身を失つてその身体は叡智的ノエマと一致する、即ち意識一般の対象界と考へられるものが、自己の身体的意義を有するものとなるのである[42]」。

しかし、知的叡智的一般者は叡智的一般者の抽象面として、そこに於いてある自己は、まだ、叡智的一般者に於いてある自己の形式的で、抽象的な自己に過ぎない。真の叡智的一般者に於いてある叡智的自己は、そのノエシス的限定がさらに深くなるとともに、そのノエマ的限定も、さらに広くなり、知的叡智的一般者のノエマ面である客観世界に単に合致するのみならず、さらにそれを超えて、客観世界を自己のノエマ面の内に包み込んでいく。すなわち、認識主観から、行為的主観の方へ進んでいく。叡智的一般者に於いてある叡智的自己は、芸術的直観の自己として、客観世界を直ちに自己の表現と成す。さらに深い行為的自己に於いては、客観世界を自己の中に包み、客観的事実を自己自身の限定と成す、自己実現と成す。叡智的一般者に於いてある叡智的自己は、自己自身を見るものである、どこまでも自己自身を見ていくものである。見ていく自己自身の内容がそのまま客観世界の内容である。自覚的一般者に於いてある意識的自己は、こうして、ノエシス的に自己を超えることによって自己のノエマ的限定である身体を失い、一度、死するけれども、叡智的一般者における自己としてノエシス的に自己を限定することによって、客観的世界を自己のノエマ的、身体的限定として、死して生きるのである。

知的叡智的自己とは、未だ叡智的自己としては自己自身の内容を持たない形式的叡智的自己である。知的叡智的自己の内容は、判断的一般者において限定されている対象界である。もちろん、その対象界は、知的叡智的一般者に於いてあるかぎり、その意味を変える。それは、判断的一般者に於いてあると考えられた場合とは異なって、客観的世界となる。あるいは、判断的一般者に於いてある対象界がすでに客観的実在として理解されているとしたら、それは、知的叡智的一般者のノエマとしての裏づけがあったからである。このように、知的叡智的自己が形式的で無内容であるとしても、少なくともそのような自己がある以上は、ある種の自覚がなければならない、すなわち、何らかのノエシス的限定がなければならない。知的叡智的自己がそうであるノエシス的限定が形式的で抽象的な認識主観に対して、そのノエシス的限定が具体的で完全なものが行為的主観である。行為的主観にとって、客観世界は単なる認識対象界ではなくて、意志実現の世界である。

形式的叡智的自己の身体ともいふべきものは、そのノエマ的立場に於ては所謂意識一般の対象界として、客観的自然と考ふべきものであるが、そのノエシス的立場に於ては行為的自己の対象界として、意志実現の世界と考へることができる。私は従来意識一般を直に形式的叡智的自己と云つたが、無内容的であつても、苟も知的直観の一般者に於てあるものとして、有と考へられる以上、ノエシス的意義を有つてゐなければならない、斯るノエシス的立場の具体的なるものが行為的主観と考へることができる。(43)

本書第Ⅱ部第三章で取り上げた彼という名の個物は、中期西田哲学に言う、叡智的一般者に於いてある行為的自己のノエマ的限定に当たるものと考えることができるだろう。また、我々の自己がお互いに出会い、相互に限定し合う「公の場所」というのも、叡智的行為的自己のノエマ面である意志実現の客観的対象界であるだろう。しかも、それは、我々が叡智的一般者のノエシス面に於いて行為的自己として、ノエシス的に相互に働き合っているからに他ならない。我々が自己自身の身体を持つかぎり、したがって、意識的自己であるかぎり、我々は直接にお互いの自己に触れ合うことはできないのである。

唯、我々の自己限定面が叡智的ノエマ面に合一し、我々の身体が叡智的身体にまで高められた時、客観界はすべて表現の世界となり、我々は公の場所を有つ、我々はこの世界に於て相語り相感ずることができる（所謂客観的精神の世界といふ如きものが成立するのである）。併し我々の自己は、そのノエマ的方向に於て叡智的ノエマ面に接触し、そこに公の場所を有つもののみでなく、そのノエシス的方向に於て、叡智的ノエシス共者に結合するのである。即ち自己自身を見るものに至るのである。而してかゝる方向が、前に云つた如く意志的行為の方向である。我々は行為に於て客観界を包むのである。所謂客観界を単に自己の限定面と見るのではなく、自己自身の限定と見るのである。(44)

第五節　感情、悲哀の形而上学的意味

この節の冒頭で見たように、自覚的一般者とは、知的叡智的一般者の抽象的ノエシス的限定面であり、したがって、そのノエマ面は、知的叡智的一般者のノエマ面である客観的自然に到らないものである。そのようなノエマ面が我々の身体に他ならない。したがって身体の内容は、自然の内容とは異なっている。身体の内容を成すものは、自覚的一般的自己、言い換えれば意識的自己の内容である。意識的自己とは、自覚的一般者を包みさらに限定する叡智的一般者に於いてある叡智的自己の影を、影像を、自覚的一般者の限定する意識面に映った影を、見ることによって自己を限定する自己である。叡智的自己の影を見るという意味で自己自身を愛する自愛的自己である。我々は叡智的自己の方に自己を見ていく、それが自愛である。喜びとは、自愛的自己に於いて自己を見ることである。「それで我々の自己は自己自身の底に即ちそのノエシス的方向に自己自身を見て行く。斯く自己の中に自己を見て行くことが自愛であり、而して自己自身を見うるかぎり、そこに喜びがある[45]」。

すぐ後に見る悲しみの定義と同じように、西田の喜び悲しみの定義は、スピノザ的である。スピノザは、間接無限様態として持続の内で限定された現実的本質であるコーナートゥスが拡張・助成されることが喜びであり、反対に、縮小抑制されることが悲しみであるとした。コーナートゥスを延長属性に即して身体の次元で言えば、身体能力の拡張助成が喜びであり、縮小抑制が悲しみである。そして真の喜びとは、今度はコーナートゥスを思惟属性に即して言えば、第三種の認識である直観知において、個物をその本質において知ることである。このことは、永遠の相において事物を見ることであるから、神を知ることに他ならない。西田の感情の定義もスピノザのそれに似ている。

喜といふことは、自己が自己自身の発展を見ることである、故に記憶なくして喜といふものもない。喜といふには、先ず自己を内から動かす欲求がなければならない、而してかゝる欲求は外より来るものではなく、自己自身の中から起るものでなければならない、それは見られた自己でなければならない。自己自身の内にといふのは叡智的自己の射影面を意味するのであり、見られた自己といふのは叡智的自己の影像である、衝動的要求といふのは自己自身を見ようとする努力である、主客合一の直観に到らうとする過程である。直観其者に至れば、そこに無限の喜があるであらう、それが真の幸福 beatitudo といふべきものである。それに至る一歩一歩が自己自身の実現として満足であり、喜である。我々は物によつて満足されるのではない、物が自己の限定面に於てあり、自己のノエシス的内容として、その発展が満足と考へられるのである(46)。

悲しみに関しては次のように定義される。「之に反し、我々の自己が叡智的ノエマの方から限定せられる時、それが悲である。我々の意識的自己といふのは叡智的ノエシスの抽象的限定なるが故に、叡智的ノエマの方から否定せられ、身体的に破壊せられる時、それが苦痛である、悲である、その極、意識的自己自身を失うて死に至るのである。感覚的快不快といふのも、我々の自己からそのノエシス的内容を極小にすることによつて、自然と接触した所謂肉体的自己の苦楽に過ぎない(47)」。

悲しみについてさらに見ていくことにしよう。悲しみとは、「我々の自己が叡智的ノエマの方から限定せられる時」と、上の定義にはある。我々の自己が叡智的ノエマの方から限定されるとき、我々は自己自身の発展が妨害されるのを見る、自己自身が消滅の方向に向かっているのを見る、そして、その極限においては自己の死を見るのである。しかし、ここで、一見矛盾した奇妙なことが言われる。「かゝる自己の消滅を見るものは、すでに自己の発展を見るものよりも大なるものでなければならぬ、自己自身の悲を見る限定面は、自己自身の喜を見る限定面よりも広いものでなければならぬ、後者は前者に於てあると云ふことができる」(48)。なぜ奇妙かと言えば、すでに見たように、喜びは、自己自身の発展拡大を見ることであり、悲しみは、反対に、自己自身の発展が妨げられ、自己自身の存在の縮小を見ることである。喜びが自己の発展の拡大であり、悲しみが自己の発展の阻害であるならば、そこからの結論としては、自己の発展を見るものは自己の消滅を見るものより大きいというのが自然であろう。ところが、西田はここで反対のことを主張しているのである。身体的に生を得て生きる我々の人生は、その本質からして、喜びよりも悲しみが大きいということであれば、我々の人生はまさに悲哀と言うしかない。

「我々の自己はノエマ的に自己自身を限定することによつて、即ち身体的に自己自身を限定することによつて生きて居るのである。我々の自己が叡智的自己の影像として自己自身を見て行く所に、自己の生命を有するものとするならば、我々の自己は死に於て自己自身の目的を有するものと云つてよい。我々は死する為に生きるのである、生きとし生けるものの底には死があり、悲哀があると云つてよい。叡智的自己が身体的に限定するといふことは、自己自身を見るべく自己自身を限定することであり、生きることは死することである」(49)。生きることが死することであるが故に、人生は悲哀に満ち、この悲哀の矛盾故に、人は哲学をしなければならないのである。この矛盾故に、西田にとって、哲学は驚きからではなくて、悲哀から始まらなければならなかったのである。

しかし、なぜ、この生においては、喜びよりも悲しみが大きいのか、なぜ、この生においては、生きることが死することであり、死するために生きるのか。なぜ、この人生は悲哀であるのか。問題の生とは、自覚的一般者に於いてある意識的自己の生である。その自覚的一般者は、知的叡智的一般者の抽象的ノエシス的限定面であり、知的叡智的一般者のノエマ面が客観的自然界であるのに対して、自覚的一般者のノエマ面は身体的自然である。すなわち、自覚的一般者は知的叡智的一般者に包まれ、その場所に於いてあるが故に、ノエシス面においてもノエマ面においても、知的叡智的一般者に達しない一般者であり、その意味で、知的叡智的一般者に較べるとき、抽象的とも、不完全とも考えられるのである。意識的自己はノエシス方向においては、知的叡智的一般者に、またそれを通して叡智的一般者に接している。他方、ノエマ方向においても、身体を通して、知的叡智的一般者のノエマ面である自然界によって限定されている。叡智的一般者によって両側から制限されたその内部に、身体的に限定された我々の意識的生がある(50)。

同じことを別の言葉で表現すれば、意識的自己とは、直接に見ることのできない叡智的自己を、想像的影像として見るものである。自己を想像的影像において見ることが自愛に他ならない。そのようにして想像的に見られた内容が、すなわち、ノエマ面が、情意的内容に他ならない。意識的自己のノエシス的限定とは、自己自身を想像的に見ていくことである。その想像的に見られた内容が、知的叡智的一般者のノエマ面である客観的対象世界に接触し限定されるところが我々の身体である。「我々の自己は抽象的ノエシス的限定として、そのノエマ的方向に於ては、遂に叡智的ノエマとしての自然に触れない訳にはゆかない、肉体的基礎なくして意識的自己はないと考へられる所以である。しかし我々の意識的自己は固、叡智的自己のノエシス的内容を映せるものなるを以て、単なる知的叡智的自己のノエマたる自然とは異なつた自己自身のノエマを有つ、即ち自己自身の身体を有つのである、而してそれが我々の情意的対象界と考へられるものである(51)」。

喜び、悲しみの定義に現れる、自己の発展や自己の縮小とは、このように、叡智的一般者によって、ノエシス方向とノエマ方向との両方面によって制限されて、身体的に生きる自己のことに他ならない。意識的自己は、どちらの方向に進んでも、自己の限定面を超えれば、自己の消滅であり、死である。意識的自己の喜びは、叡智的一般者によってノエシス的、ノエマ的に両面から制限された限定面においてしか可能ではない。これに対して、悲しみは、自己の発展の縮小は、意識的自己の存在を超えてしかもそれを限定する叡智的一般者に由来する。身体が客観的対象界によって阻害されることによって自己の発展が止まり、ついには、死に至る方向がその一つである。また、叡智的自己の想像的影像を見るところに成立する意識的自己は、叡智的自己を直接見ることによっても自己を失うことになるだろう。というのも、このとき意識的自己は自己に固有の存在場所を失うからである。自己が自己自身を見るということが自覚である。そして私があるとは、自覚するということに他ならない。自己の想像的影像を見ることに存する意識的自己も、その存在は自己を見るというところに成立している。意識的自己が自覚を深めていく方向は、自己を影像において見るのではなくて、叡智的自己として直接見ることである。そして、この自覚の深化は、意識的自己にとっては破綻を、死を意味する。自己の存在は自覚にあり、自覚は自己自身を見ることに存する。しかし、このことは自己の映像を見ることによって身体的に生きる意識的自己にとっては、自己の消滅が宿命づけられていることを意味する。死ぬために生きるとは、まさしく悲哀以外の何物でもない。「自己の発展が止められると云ふには、二つある。一つは、自然のイデヤによつて限定せられて、自己自身を失ふことである、それは永遠の死である。一つは、美のイデヤ、善のイデヤによつて限定せられることである。それは死することによつて、生きることである。美を見る自己、善を見る自己から云へば、意識的自己の発展の方向は却つて醜であり、悪であるのである[52]」。

しかし、自己は身体を超えることによって真の自己を見る。叡智的自己のおいてはすべてが喜びである。まさしく身体的に死することによって生きるのである。「併し逆に叡智的自己其者から見れば、叡智的ノエマ的に自己自身を限定することは、自己自身を見ることであり、身体的に死することは、真に自己自身に生きることである。我々の自己は自己の身体を越ゆることによつて、真の自己自身を見るのである、即ち自己自身の個性を得るのである。それで、我々はいつでも悲哀を通して、自己自身を見るものに至るのである。叡智的ノエマ的に即ち客観的に映されたる自己自身の影は、いつでも悲哀ならざるを得ない。（中略）叡智的自己其者に於ては、それが脱体的なると共に悲といふものはない、すべてが喜である」[53]。

第六節　社会と歴史的世界

最後に、自愛と他愛との関係を瞥見するために、同感という感情現象を西田がどのように理解したかを考察する。同感とは、「我々が人の喜を喜び、人の悲を悲しむ」ことである。共感のことである。アダム・スミスは同感を、他人の立場・境遇に、自分の身・身体を置き代える想像力の働きによって説明した。また、カントは、美学的判断力を美的共感として、構想力と共同体感覚（sensus communis）によって解明した。しかし、アダム・スミスはそのような想像力の働く基盤については触れないままであった。また、カントにしても、美学的判断力はア・プリオリな能力であり、限られた地球空間で人々が平和裏にともに暮らすための人類の原初的契約と言うべきものであった[54]。これに反して、西田はここで、同感の可能性そのものについて考察を進めている。

同感の主体である自己は意識的自己である。意識的自己は自覚的一般者に於いてあり、自己自身の内容を身体的に限定する。意識的自己の於いてある場所すなわち自覚的一般者が、意識的自己のノエシス面であり、その背後には、叡智的一般者の叡智的自己がある。他方、意識的自己の内容の身体的限定面がノエマ面であり、それは、知的叡智的一般者のノエマ面である客観的自然によって限定されている。このような状況下で、意識的自己のノエマ的内容を極小にすることによって、ノエマ面がノエシス面に合一する。こうして、ノエマ的内容がノエシス的限定の中に没すると、身体的限定も消滅し、それとともに利己的自愛も消失する。そのとき、我々は純なる愛の世界に入る。「身体的限定の存するかぎり、意識的自己といふものが限定せられ、意識的自己といふものが限定せられるかぎり、我々は利己的自愛を脱することはできない。ノエマ面がノエシス面に合一すると共に、我々は身体的限定を脱し、純なる愛の世界に入るのである」[55]。ちなみに、逆方向に、ノエシス面がノエマ面に一致するとき、知的自覚は、ノエシスをノエマ的に見ることで、自己自身を見る。このときも身体は消失し、数学的思惟におけるような純粋思惟が現れる。同感は、純なる愛の意識次元で成立する。しかし、同感において、我々は自分を失うことがない。同感において我々は自分を捨てて他人となるのではない。自分自身を保ちながら、他人の気持ちに思いを馳せ、アダム・スミスふうに言えば、もし自分が彼であったらと、彼の怒りを、悲しみを是認できると「判断している」のである。純なる愛においては、ノエシス的限定の極限においてノエシスが直ちにノエマとなり、ノエシスがノエシス自身を限定し、もはやノエマ的限定が成立しない以上、自己のノエマ的限定の消滅とともに自己そのものもなくなるのではないか。確かに、純なる愛にあってはは、ノエシス的限定の極限においてノエシスが直ちにノエマとなり、ノエシスがノエシス自身を限定し、もはやノエマ的限定が成立しない以上、自己のノエマ的限定としての身体は消滅する。しかし意識的自己は失われてはいない。「もはやノエマ的限定が成立せないといふ意味に於て、自己が自己を失ふとも考へられるであらう。併しノエシスがノエマを包むと考へられるかぎり、自愛的自己の自己限定面が自覚的一般者の純なるノエシス的限定面として、自覚的一般者の場所にまで深められ、広げられると考へることができる、是に於て意識的自己が直に意識的自己を意識するのである」[56]。

自覚的一般者というのは、そこに於いて無数の意識的自己が成り立っている場所に他ならない。意識的自己がそのノエマ的限定をノエシス的限定の内に包み込み、ノエシスがノエシス自身を限定するという極限的場面は、自覚的一般者そのものが自己自身を限定することを意味する。ノエシスが直ちにノエマとなり、ノエシスが直ちにノエマとなる。それはちょうど、判断的一般者の自己限定が、超越的主語面しての個物そのものの自己限定であり、またそのとき主語面は、判断的一般者である超越的述語面と合致し、主語面は述語面となり述語面は主語面となるのと同じことである。そしてそのとき、超越的述語面はまさしく主語的統一を超越するが故に、どの個物の超越的述語面でもあり得るのである。「ノエシス的限定がノエマ的限定を越えることによつて、他人のノエシス的限定も自己のノエシス的限定と同一の限定面の中に入り来たるのである。何処までも他人の意識を意識することはできない、かういふ意味に於て我々は何処までも他人の意識を意識するといふことはできない。唯、他人のノエシス的限定が自己のノエシス的限定面と同一の限定面に入り来たることによつて、之と同感するのである[57]」。

同感はあくまで、自覚的一般者に於いてある意識的自己の出来事である。同感は感情移入とは区別されるべきである。また、感情移入を基礎づけている芸術的直観からも区別されるべきである。「我々は感情移入によつて、他人の自己と同感し、之と共に喜び之と共に悲しむと考へられる。併し感情移入といふのは、我々が芸術的直観の立場に入つて情意の客観的内容を見ることである、叡智的ノエマの具体的内容を見ることである。感情移入によつて我々は客観的に他人の情意的内容を見ることができるであらう、否その深き個性を見ることもできるであらう。併し他人と共に喜び他人と共に悲しむといふことはできない、意識的有として他人の自己と私の自己との結合は、かゝる立場から出て来ない。（中略）芸術家の立場に於ては、喜ぶとか悲しむとかいふ如き意識的自己の立場はなくなるとも云ひ得るのである[58]」。カントは美学的判断力をア・プリオリな能力とすることによって、その根拠をさらに問う問題意識を封殺したが故に、同感と美学的感情との混同を招いたと、西田ふうに言うことができるかもしれない。

同感の意識の存在は、ノエマ的限定、言い換えれば、身体的限定を超えて、これを包むノエシス的限定が現実に存在することの証拠に他ならない[59]。このような純粋なノエシス的限定の別の例として、我々の意識統一が挙げられる。昨日の私と今日の私が同一であることも、この種のノエシス的限定による。「我々の意識統一と考へるものは、実は之によつて成り立つて居るのである。特に昨日の私と今日の私とが直に一つの私と考へられる場合、昨日の意識と今日の意識とがノエマ的に結合するのではない、ノエシスとノエシスとが直に結合するのである[60]」。フッサールは他者の存在について議論する中で、過去の私を現在の私にとっての一人の他者と見なした。私と他者とは、昨日の私と今日の私とがつながるように、同じ原理でつながっているのではないだろうか。また、アーレントはカントの美学的判断を基にして共同体の原理を構想した[61]。中期西田にとって、同感と社会との関係はどのように考えられているのだろうか。その一端を我々がこれまで考察の対象としてきた論文「自覚的一般者に於てあるもの及それとその背後にあるものとの関係」において、見てみよう。

ベルクソンは『道徳と宗教の二源泉』で、人間社会の原型を蟻や蜂の昆虫の社会と本質において同型のものと認めた。これらの昆虫の社会にあって本能が果たしている役割を、知性的存在である人間社会においては、習慣によって形成された責務ないしは義務が果たしている。もちろん、人間社会は、単に自己の構成員を守り他を排除する本能型の閉じられた社会であるばかりでなく、同時に、神秘主義者によって発明された、愛の躍動に根ざした人類愛、おそらくはさらには人類をも超えて、生きとし生きるものすべてに開放された愛に鼓舞された開かれた社会でもある。しかし、人間社会がその自然な基盤を本能的な社会に持っていることには変わりがない。これに対して、西田にとって、本能的な社会は「自愛的自己が自己の限定面に於て、身体的に自己自身を限定し行く自愛と、その性質を同じうするもの」である[62]。本能的社会は身体的自愛の拡張に過ぎない。これに対して、人間社会は、ノエシスがノエシス自身を限定する「純なる同感の意識面」の上に立てられている[63]。

社会的意識について西田は次のように要約している。「自覚的一般者が直に自己自身を限定するに従つて、之に於てあるものが自己自身を限定し、互に相媒介するものとなる、その極、純なるノエシス的限定面といふものが成立する。かゝるノエシス面の背後に叡智的自己が見られた時、社会的意識といふものが成立するのである。そこには、我々の自己が身体的に自己自身を限定して行くノエシス面と異なつた意味の意識面が成立するのである[64]」。

すでに前節で見たように、純なるノエシス的限定面において同感が成立するのは、そこでは我々が身体的限定を脱しているからであった。しかし、純なるノエシス的限定面の背後に、自己自身の影を映す叡智的自己が見られるとき、それが社会的自己に他ならない。社会的自己は叡智的自己でもないし、また、叡智的世界にあるものでもない。社会的自己を定義するためには、意志的自己とは何かを考察する必要がある。というのも、「併し純なるノエシス的限定の背後に叡智的自己が考へられる時、即ちノエシス的限定が叡智的自己に於てその根柢を有すると考へられる時、意志的自己といふものが考へられなければならない、ノエシス的限定は意志的限定と考へられる」からである[65]。意志的自己も意識的自己と同じく身体的限定を伴っている。しかしながら、意志的自己の身体との関係は、意識的自己のそれとは異なっている。「意志的自己といふものが尚意識的自己の底に考へられるかぎり、意志的自己の限定と身体的限定とは離すべからざるものでもあらう。併し意志は身体的に限定せられることによつて、身体と結合して居るのではなく、身体的限定を自己の限定となすことによつて結合して居るのである[66]」。

意志的自己は純なるノエシス的限定として一度、身体から自由になった後、改めて身体的限定を自己の限定として取っているのである。だから、意志的自己は純なるノエシス的限定面も自己の限定面とすることができ、その結果単なる利己的自愛を超えて他者を愛することもできるのである。しかしその他愛は、「死することによつて生きる真の無限なる愛[67]」であることはできないのである。というのも、死することによって生きる無限の愛に到るためには、意志的自己をも否定して叡智的世界に入らなければならないからである。意志的自己と身体との関係については次の引用に詳しく見ることができる。

意志的自己が身体的自己と結合するのは、一度他人の自己を自分の自己と同一に見る立場に立つた後、即ち身体的自己から一度自由になつた後、翻つて自利的自愛の形に於て、身体的限定を自己限定となすことによつて、身体的自己と結合するのである。故に、意志的自己が自己自身を限定する自己限定面は、身体的自己の自己限定面とは異なつた意義を有つものでなければならぬ。意志的自己の自己限定面は直に他愛的自己の限定面ともなり得るものである、純なるノエシス的限定面をも自己限定面と成し得るものでなければならない[68]。

意志的自己はその根底において叡智的世界を持っている。しかしながら、叡智的自己そのものではない。というのは、意志的自己は依然としてまだ、意識的自己のノエシス面を離れてはいないからである。しかし、意志的自己は一度意識的自己の身体的限定を脱しているが故に、そのノエマ的内容は、単なる意識的ノエマの内容ではなくて、叡智的ノエマの意義を帯びているのである。その点で、意識的自己とも異なるのである。

意志的自己といふのは、すでにその根柢を叡智的世界に於て有つものでなければならない、叡智的有の意味を有つたものと云ふことができる。その純なる叡智的自己其者と異なる所以は、意識的自己のノエシス面に即して、超越的に考へられる点にあるのである。自覚的一般者といふのは叡智的自己の抽象的限定面なるが故に、その超越的場所とは云へ、之に即して自己自身を限定するかぎり、それは未だ抽象的限定面たるを免れない。しかし意志的自己は右の如く、既に叡智的有の意義を有するが故に、そのノエマ的内容は単なる意識的自己のノエマ的内容といふべきものではなくして、叡智的ノエマの意義を有つたものでなければならない、単なる身体的限定の意義を脱したものでなければならない。我々の社会的生活といふのは、かゝる意志的自己の自己限定に基いて建てられるのである。(69)

最後に、不十分な説明になることは承知で、それでもなお、歴史的世界について述べなければならない。というのは、彼自身も認めているように、西田には自然についての独特の考え方がある。それは本書第一部の大きなテーマとなっているもので、自然界は歴史的世界の中に含まれているという主張である。このような自然観は西田哲学のどこにその基礎を持っているのだろうか。そのことを明らかにするためには、西田が、客観的自然を認識対象として構成するカントの意識一般と同じものと見なす知的叡智的一般者そのものを取り上げなければならない。実は、西田は、カントの意識一般は真の意識一般ではないと、これまでの彼の言を訂正する。意識一般が客観世界についての認識を与えるものであるならば、それは歴史的世界をも構成するものでなければならないからである。真の意識一般としての知的叡智的一般者において、自然界は歴史的世界に含まれている。ノエマがノエシスに含まれるが故に、含まれるのである。

自覚的一般者を包む一般者の一般者が、知的叡智的一般者である。その知的叡智的一般者は、未だ叡智的自己に固有の内容を持たない形式的叡智的一般者として、叡智的一般者の抽象的ノエシス面である。ところで、すでに見たように、自覚的一般者は知的叡智的一般者の抽象的ノエシス面であり、その自覚的一般者が一般者の一般者として包む判断的一般者は、同じ知的叡智的一般者の抽象的ノエマ面であった。したがって、自覚的一般者から、それを包む知的叡智的一般者へと行くには、ノエマ面を上行する道と、ノエシス面をさらに深行する道との二つがあるように見える。知的叡智的一般者の抽象的ノエシス面である自覚的一般者はノエマ面を持ち、それは、知的叡智的一般者のノエマ面である客観的自然の限定面としての身体的自然、すなわち、身体である。したがって、ノエマ的に自覚的一般者を超えていくと、身体は客観的自然の中に消失して、知的叡智的一般者のノエマ面に到る。身体を客観的自然の方へ寄せていくということは、自覚的一般者にとっては、そのノエシス的限定を極小化していくことである。すなわち、その情意の内容を希薄化し、知的自覚となることである。判断的一般者を自己の内容となす知的自己となることである。

自覚的一般者をノエマ方向に知的叡智的一般者へと超えるということは、知的自己を知的叡智的自己へと超えることであり、知的自己の内容である判断的一般者が単なる思惟から、知的叡智的自己の内容として、客観性を獲得して、客観的自然となることである。こうして客観的自然の認識が成立し、それを構成するカントの意識一般が、知的叡智的一般として現れる。

もう一つは、ノエシス的に自覚的一般者を知的叡智的一般者へと超えていく道である。このノエシス超えの道が歴史的世界すなわち「客観的意味の世界」へ通じる道である。「歴史的世界といふものが考へられるのは、我々の意識的自己からノエマ的方向へ超越して、所謂意識一般の対象界として考へられるのではなく、之と反対にノエシス的方向に超越して、客観的意志の立場に立つことによつて考へられるのである、歴史的世界は超越的自己の身体的限定によつて成立すると云ふことができる」[70]。その上で、歴史的世界と意識一般との関係について次のように言われる。「歴史的世界といふものを考へるには、意識一般の意味を変ぜなければならない。我々の歴史的世界と考へるものは客観的意味の世界である。歴史的内容を限定する一般者は客観的意味と考へられるものを『有るもの』として限定する超越的自己でなければならぬ、客観的意志といふべきものであらう」[71]。

客観的意志とは、意志的自己の底に超越したものである。意志的自己というのは、さきに社会を論じたときに見たように、意識的自己でありながらもその背後を、あるいは、その底を叡智的自己によって裏打ちされた自己である。言い換えると、意識的自己が一般的にそうであるように身体との結合が身体の方から限定されているのではなくて、意志的自己は、一度身体的限定を離れて叡智的内容を自己の内容とし、その内容の実現のために身体と結合した自己である。したがって、意志的自己においては、自己が身体を道具として限定し、その結果、自然は意志的自己の自己実現の手段として現れるのである[72]。意志的自己はすでに叡智的内容を自己の意志の内容とするのであるけれども、意志的自己があくまでも自覚的一般者に於いてある意識的存在であるかぎり、その叡智的内容は意志の目的に関わる主観的内容にとどまる。主観的なものとして客観的なものとして対立し、客観的なものはその主観的目的実現のための道具となる。意識的自己が客観的意志になるとは、意志的自己が意識的自己の意味を失うことである。「意志が客観的となるに従つて、意志的自己は意識的自己の意味を失つて叡智的自己其者に近づく。その極限に於て意志が客観的意志となつた時、客観的に有るものが意志の内容を表すものとして、意味的実在となる、既に客観に於て主観を見るといふ相を呈するのである[73]」。

真の知的叡智的自己とは、この客観的意志であり、客観的世界は、客観的意志の内容である。したがって、客観的自然も、歴史的世界と同じく、この客観的意志としての知的意識的自己の、真の意識一般の内容として成立する。

私は屡、知的叡智的自己をカントに於ける意識一般と同意義に用ゐた、即ち単にノエマ的に超越することによつて考へられる超越的自己の意味に用ゐた。併し元来我々の自己がノエマ的方向に超越するといふのは不十分なる言ひ表し方であつて、我々の自己はいつでもノエシスの底に超越するのである。ノエマ的方向に超越するといふのは、ノエシス的限定を極小とした知的自己の超越を意味するに外ならない。真の知的叡智的自己といふのは、意志的自己の底に超越したものでなければならぬ、客観的意志といふ如きものでなければならぬ、我々の客観的世界と考へられるものは客観的意志の内容として成立するのである。自然界と考へられるものも、その根柢は此にあるのである、即ち客観的知的意志の限定として成立するのである[74]。

カントの意識一般は客観的意志のノエシス的限定を極小にしたものであり、ノエシスがノエマを包むという意味で、自然は歴史の中にある。「ノエシスがノエマを包むといふ点から云へば、所謂意識一般とは客観的意志のノエシス的限定を極小にしたものと云つてよい。普通の考へ方とは反対に、私は自然は歴史に於てあると云ふことができると思ふ。自然界といふのも客観的意味の世界として理解し得るのである、自然界とは過去と未来とが極小となつた現在のみの歴史的世界である。自然界が意味を有たないと考へられるのは、ノエシス的限定を極小とした知的叡智的自己の内容なるが故である、所謂意味を有たないといふ意味を有つたものである[75]」。

注

(1)〈西田幾多郎全集〉第五巻、岩波書店、一九七九年、一五頁。
(2)同上。
(3)同書、二七―二八頁。
(4)同書、二八頁。
(5)同書、二八―二九頁。
(6)同書、二一頁。
(7)〈西田幾多郎全集〉第六巻、岩波書店、一九七九年、一一四頁。
(8)〈同全集〉第五巻、前掲書、三五頁。
(9)同書、三三頁。
(10)同書、三五頁。
(11)同書、三六頁。
(12)同上。
(13)Cf. Michel Henry, *Généalogie de la psychanalyse. Le commencement perdu*, Presses Univesitaires de France, 1985, chapitre I "Videre videor". 山形頼洋・宮崎隆他訳『精神分析の系譜――失われた始源――』法政大学出版局、一九九三年、第一章「見ているように私に見える」。
(14)〈西田幾多郎全集〉第五巻、前掲書、六五頁。
(15)同書、三七頁。
(16)同書、六三頁。
(17)同書、六二頁。
(18)同書、三七頁。
(19)同書、四五頁。
(20)同書、三九頁。
(21)同書、三九―四〇頁。
(22)同書、五三頁。

(23) 同書、一一〇頁。
(24) 同書、一九七頁。
(25) 同書、一四〇頁。「知的直観の一般者といふ代りに、後には叡智的一般者といふ語を用いゐることとした」。
(26) 同書、二一二頁。
(27) 同書、二二七頁。
(28) 同書、二〇八頁。
(29) 同書、二六八頁。
(30) 同書、二七〇頁。
(31) 同書、二七一頁。
(32) 同書、二八七頁。
(33) 〈西田幾多郎全集〉第六巻、前掲書、二七二頁。
(34) 〈同全集〉第五巻、前掲書、二七九頁。
(35) 同書、二八二頁。
(36) 同書、二八二―二八三頁。
(37) 同書、二八三頁。
(38) 同書、二八九―二九〇頁。
(39) 同書、二九〇頁。
(40) 同書、二八九頁。
(41) 同書、二九八頁。
(42) 同書、二八四頁。
(43) 同上。
(44) 同書、三〇一―三〇二頁。
(45) 同書、二九〇頁。
(46) 同上。
(47) 同書、二九〇―二九一頁。

(48) 同書、二九四頁。

(49) 同書、二九一頁。

(50) 本書第Ⅱ部第二章で見たように、西田は、ラヴェッソンに倣って、努力の範囲を意識の範囲とする。すなわち、その範囲は、能動的意志的運動から受動的で非意志的な感覚にわたる。しかも、能動的運動も、また受動的感覚も、習慣化することによって無意識の機械的運動や無感覚となり、意識を失うが、しかし、能動的運動のみならず受動的感覚においても、意識に代わってある種の自発性ないし傾向性が現れてくるというラヴェッソンの考えを、西田は積極的に評価する。習慣は意識の底に、意識の源泉を探り当てるのである。「意識はいつも感覚と運動との中間に位し、運動の方向に於て意識は明瞭となつて行く。併しその極、却つて意識は無意識的となり、盲目的傾向となる、遂に空間に於て分散する。而もそれは単に物質化せられ終わつたのではない、当の知性的活動を離れたのではない。習慣は何処までも意識の光を携へて、自然の奥底へ、暗夜へと下つて行く。（中略）意識的努力には努力なき傾向が先立ち、意志的運動は欲望に、その根源と源泉を有ち、欲望は原本的な本能である。本能に於ては目的と行動とが合致して居る、それは自然の状態である。（中略）第二の自然たる習慣が、意識から得て来た光の最後の微弱な光線は、習慣も立入ることのできない深淵にまで及び、自然の最深の所に於て、観念的なるものと実在的なるものとの対立等、すべて我々の思惟に於て対立的なるものの合一を照らし出すのである」（〈西田幾多郎全集〉第一一巻、岩波書店、一九七九年、三六七―三六八頁）。「すべて我々の思惟に於て対立的なるものの合一」とは、実在的直観としての行為的直観に他ならない。

　こうして見てくると、努力の範囲と重なる意識の範囲とは、自覚的一般者の限定する意識面以外の何ものでもない。したがって、習慣が暴き出す意識の根源とは、叡智的一般者でなければならない。叡智的一般者のノエシス面とノエマ面に挟まれて、その中に、叡智的一般者の想像的影像として、意識面が自覚的一般者としてある。表象は、実在の外部にある外皮ではなくて、実在の内部にあって、実在に届かない内皮であり内膜でなければならない。

　このような意識や表象の考え方は、アンリの超越すなわち脱自的時間的超越とそれを根拠づける、受肉が可能にしている自己触発としての内在との関係について、異なる見方を与える。アンリにとって、志向性の本質である脱自は、外在性として表象的世界を構成する。実在である内在にとっての外である。しかし、西田的な見方に立てば、表象世界を構成する外部とは、実在を意味する内部に達しない不完全な内部であり、そのような不完全なものとして、内部の影像に過ぎない。たとえば、ビランにとって自我とともに実在の他方の契機をなす抵抗としての世界に対して、表象的な知覚世界は、その抵抗としての実在的世界の、影であり、まさしく現象に過ぎない。アンリの内在と超越との関係については、拙著『声と運動と他者』萌書房、二〇〇四年、第一五章「肉と芸術」、同じく拙著『感情の自然』法政大学出版局、一九九三年、第四章「超越と内在」を参照されたい。

(51) 〈西田幾多郎全集〉第五巻、前掲書、二九六頁。
(52) 同書、二九七頁。
(53) 同書、二九二頁。
(54) この点に関しては、山形頼洋編著『社会と感情』萌書房、二〇〇八年、第Ⅱ部第四章「共同感情と所有」を参照のこと。
(55) 〈西田幾多郎全集〉第五巻、前掲書、三〇六頁。
(56) 同書、三一〇—三一一頁。
(57) 同書、三一一頁。
(58) 同書、三〇九—三一〇頁。
(59) 同書、三一二頁。
(60) 同上。
(61) この点については山形編著『社会と感情』、前掲書、第Ⅱ部第四章「共同感情と所有」を参照のこと。
(62) 〈西田幾多郎全集〉第五巻、前掲書、三一三頁。
(63) 同上。
(64) 同書、三一五—三一六頁。
(65) 同書、三一六頁。
(66) 同書、三一二頁。
(67) 同上。
(68) 同書、三一三—三一四頁。
(69) 同書、三一四頁。
(70) 同書、三三〇頁。
(71) 同上。
(72) 同書、三二四—三二五頁。
(73) 同書、三二五頁。
(74) 同書、三三一—三三二頁。
(75) 同書、三三二頁。

あとがき

　私事から書かせていただく。西田哲学との付き合いは、期間としては短くはない。福山にある広島大学附属高等学校の何年生だったか、物理の先生が、「君たちはもう高校生なのだから、西田哲学くらいは読まねば……」という話をされたのを覚えている。ほんの、ひと言か、ふた言であったが、かすかに覚えている雰囲気から考えれば、少なくとも、この先生、何がしかの見解は持たれていたのではないか。みな、しらーっとする中、私は、多少の予備知識があって聞いていたような気がするので、あるいは、その頃は、何か、読み物のひとつくらい読んでいたかもしれない。

　大学に入るとすぐに、私は、科学をベースとした世界観を作り始めた。ほとんど予備知識なしにであるから、大したものではないし、内容も覚えてないが、ともかく考え始めて、比較的簡単に結果は出た。理科系の大学の、教養程度の知識があり、多少でも哲学的な構想力があれば、誰にでもできる程度のことである。その頃、同時に西田哲学も読んでいて、この論文の、導入部分のどこかに相当する程度のことを理解した。『哲学論文集』にはほとんど歯が立たなかったのは覚えているから、理解して読んだのは、西田本人のものというよりも、高坂正顕の『西田幾多郎先生の生涯と思想』あたりだったかもしれない。

　結果として、私の幼稚な科学哲学は危機にさらされてしまった。この時点で、うまく研究の道が開けていたら、この程度のものは、ずっと以前に書けていたかもしれない。しかし、現実はそこから少しも進まず、西田哲学の理解にしても、実は、西田さんは、こういう問題についてさしたる結論は持っていないのだ、これ以後は、自分で作るしかないのだ、と、思ってしまった。私は落とし所を誤解したのだ。解決は、科学や数学よりずっと手前にあるはずだったのに、むしろ、先にあると錯覚してしまった。それでは先に進めるはずがない。一種の問題提起としては、たしかに理解したつもりだったのだが、それが、そのまま結論につながるとは思えなかった。幼稚な頭脳には最初の一歩が越えられなかったようである。先に書いた、幼稚な科学的世界観が災いしたかもしれない。何しろ私は理科系の学生であった。

この頃、一体、私は何をしたかったのか。今の視点から一端を整理すれば、上記のような面もあったように思う。おかげで本業に対する興味も失ってしまった。もう止めよう、と、何度も思ったが、身から出た錆というものは、なかなか捨てられないものらしく、仕事は続けながら、一面では、どこか、つねにトンネルの中にいた。しかし、作業としては、事実上は停止していたに等しい。まともに向き合ったのは、ガンが再発してからである。再発がわかったのは、肺ガンの手術から八年半ほど後、定年の歳も過ぎ、そろそろ、仕事は店じまいにしようと思っていた矢先である。副腎を中心に七センチ、「長くて二年」というのが、国立ガンセンター中央病院の見通しであった。とすれば、以後は古い宿題に取り組むくらいしかなかろう。それで、旧友たちには、書くぞ、と宣言して始めた仕事だった。以来三年。満足には至らないが、そろそろ限界である。

山形君と出会ったのは、たしか、三回生の時。彼は哲学、私は工学部であり、専攻は全く違ったが、それは山形君が主宰していた、キルケゴールの『死に至る病』の読書会であった。五、六人の小さな会だったが、当時のメンバーの大半とは、今のところ連絡が途絶えたままである。彼は哲学科の学生ではあったとしても、当時は小説家でもあり、短篇小説を大学新聞に掲載したりしていた。その文学的資質について、私には批評する資格は全くないが、哲学が一面に持っている、普遍性というか、論理性とは相容れ難い性格のものだったのかもしれない、と、私は想像している。その後、哲学が身に付くにつれて、小説が書かれることはなくなったように思う。しかし、いつか哲学が一巡した暁には、両者は調和可能となって、再び、小説家・山形君が登場する姿を想像することもある。

彼とも長い中断を経て、共通の友人が亡くなり始めたこと等を契機に復活した。久しぶりに会った当時、彼は、西田については「一〇年ほど前から読んでいる」と言っていた。奇遇と言うべきであろう。彼も、上記の旧友たちのひとりである。研究助手として周辺は自分が調べてやろうか、という過分の申し出もいただいたが、現実問題としては難しかろう。それにしても、もう少し近くにいたら、教わることも、もっと多かっただろうが、実際は、東京在住の私が郷里の岡山と行き来する時に、時間が合えば、京都駅前のホテルのロビーで会って話ができた程度である。哲学の専門家と素人が共著で学術書を出すということについては、危惧がなかったわけではない。が、おかげで、私一人では考えられない豪華な内容の本ができた、と思っている。

最初に共著の話が出た時は、無理だろうとも思ったし、それからしばらくは話は進まなかった。進み始めたのは私の方が時間的に追いつめられてからである。私の方からお願いするような形であっさりと決まってしまった。内容については大凡の合意はあったと思うが、特に話し合って決めたわけでもないし、その余裕もなかった。西田の解釈についても、骨格的な部分においてさえ、必ずしも整合はしていないかもしれない。が、極端な齟齬がなければそれでよい、と、少なくとも私は思っている。

西田とフランス哲学という範囲に限っても、執筆の予定は必ずしも完結していないにも拘らず、私の病状という勝手な都合に合わせ、また同じ都合による入稿の期日に間に合わせるため、相当な無理をお願いすることになってしまった。何も言わず全てを受け入れてくれた山形君の御厚意に感謝するとともに、この事情を御承知の上で出版を引き受けてくださった、萌書房の白石徳浩氏にも感謝の意を表したい。

最後に、わずかな人数でよいから、我らの子供が末永く読書界に受け容れられることを祈るのみである。

二〇〇九年二月

三島 正明

【追記】 我々はそれぞれ西田哲学の異なる場所に取り付いた。二人が同じ風景を見るということはなかった。あと一年もあれば何とかできたかもしれない。今年の一月に入って電話をするたびに力を失っていくのがわかる三島君の声を聞きながら、彼が死について一度も語ったことのないのを思っていた。以前、せっかく死ぬのだから死について考えてから死にたい、と私が水を向けたのに対して、彼は全然関心を示さなかった。自分の論文の最後の章を書きながら、私はその理由がわかったような気がした。三島君は、西田の科学や数理についての研究を通して自然に身についた答えを得ていたので、死の問題について特に考える必要がなかったのではないか。もしそうであれば、我々はやはり西田哲学において同じものを見た。最後の論文を書くことができたことを、三島君に感謝する。この論文は私の西田研究にとっても哲学研究にとっても重要なものとなった。

コブシの花が咲き、桜の花が散った。正月は越せても桜はだめだろう担当医に言われたと、三島君が語った通りになった。「そんなもんだよ」と彼が言うのが聞こえるような気がする。何がそんなものなのか、医者の診断が当たったことか、それとも人の一生のことなのか。ともかくも、彼は、「我々の内なる深い生命の流れ」の絶対無の内に帰って行った。（二〇〇九年四月・山形頼洋）

■著者略歴

山形頼洋（やまがた　よりひろ）
1943年　宮崎県に生まれる
1971年　京都大学大学院文学研究科博士課程単位取得退学
2003年　10月より同志社大学文学部教授・大阪大学名誉教授
主要著作
『社会と感情』〈同志社大学ヒューマン・セキュリティ研究叢書〉（編著：萌書房，2008年），『声と運動と他者——情感性と言語の問題——』（萌書房，2004年），『感情の自然』（法政大学出版局，1993年），*Michel Henry*（共著：Editions L'Age d'Homme, 2009）；*Michel Henry. Pensée de la vie et culture contemporaine*（共著：Paris Beauchesne, 2006）; *Perspektiven des Lebensbegriffs. Randgänge der Phänomenologie*（共著：Georg Olms, 2005）他多数。

三島正明（みしま　まさあき）
1943年　岡山県に生まれる
1967年　京都大学工学部機械系工学科卒業
㈱ＮＣＲを経て，㈱エス・エフ・アイ取締役。システムエンジニアとして長年システム開発に従事する一方，㈻二松学舎の理事を務める
2009年　2月死去
主要著作
『最後の儒者——三島中洲——』（明徳出版社，1998年），「西田幾多郎と漢学」二松学舎大学21世紀ＣＯＥプログラム（2006年），「西田幾多郎の科学観と日本の近代」『二松学舎大学学術総合研究所集刊』第35集（2005年）他多数。

西田哲学の二つの風光——科学とフランス哲学——

2009年6月20日　初版第１刷発行

著　者　山形頼洋・三島正明
発行者　白石徳浩
発行所　有限会社 萌《きざす》書房
〒630-1242　奈良市大柳生町3619-1
TEL（0742）93-2234 / FAX 93-2235
［URL］http://www3.kcn.ne.jp/~kizasu-s
振替　00940-7-53629

印刷･製本　共同印刷工業・藤沢製本

ISBN 978-4-86065-048-3